2018

四川省综合档案馆事业
发展报告

四川省档案馆

著

人民日报出版社
北 京

2022

图书在版编目（CIP）数据

四川省综合档案馆事业发展报告：2018—2022 / 四
川省档案馆著 . —北京：人民日报出版社，2023.9

ISBN 978-7-5115-7964-5

Ⅰ . ①四…　Ⅱ . ①四…　Ⅲ . ①档案工作—研究报告—
四川—2018-2022　Ⅳ . ① G279.277.1

中国国家版本馆 CIP 数据核字（2023）第 167201 号

书　　　名：四川省综合档案馆事业发展报告：2018—2022
　　　　　　SICHUANSHENG ZONGHE DANGANGUAN SHIYE FAZHAN
　　　　　　BAOGAO: 2018-2022
著　　　者：四川省档案馆

出 版 人：刘华新
策 划 人：欧阳辉
责任编辑：曹　腾　季　玮
版式设计：九章文化

出版发行 人民日报 出版社
社　　　址：北京金台西路 2 号
邮政编码：100733
发行热线：(010) 65369509　65369527　65369846　65363528
邮购热线：(010) 65369530　65363527
编辑热线：(010) 65369523
网　　　址：www.peopledailypress.com
经　　　销：新华书店
印　　　刷：涞水建良印刷有限公司
法律顾问：北京科宇律师事务所　010-83622312

开　　　本：787mm×1092mm　1/16
字　　　数：303 千字
印　　　张：17
版次印次：2023 年 11 月第 1 版　2023 年 11 月第 1 次印刷

书　　　号：ISBN 978-7-5115-7964-5
定　　　价：79.00 元

编 委 会

主任委员：祝　云

委　　员：张辉华　林　红　王学群　蒋希霖　徐拥军

编 写 组

主　　编：祝　云

副 主 编：林　红　徐拥军

编　　辑：刘昭霞　张朋松　赵　书　王　琪　王　月　江明珠
　　　　　王豆豆

特邀编辑：加小双　郭若涵　嘎拉森　王兴广　陈晓婷　裴佳杰
　　　　　王春蕾　林妍歆　唐懿飞

  档案是历史的真实记录,是党和国家的宝贵财富。档案工作是党和国家各项工作中不可缺少的基础性、支撑性工作。2021年7月6日,习近平总书记对档案工作作出重要批示,提出了新时代档案工作的总体思路和要求,明确了档案工作四个"好"、两个"服务"的目标任务,深刻回答了新时代档案工作"怎么看、怎么做"的重大问题,为做好新时代档案工作指明了方向,提供了行动指南。

  近年来,四川省各级综合档案馆坚持以习近平新时代中国特色社会主义思想为指导,深入学习贯彻习近平总书记对档案工作重要指示批示精神,认真落实省委和中央档案馆国家档案局关于档案工作的决策部署,紧紧围绕四个"好"、两个"服务"的目标要求,以2018年机构改革为契机,紧扣主责主业,扎实推进各项工作,充分发挥档案工作存史资政育人作用,不断推动全省档案事业提速增效,为四川省加快实现高质量发展注入了强劲动能。当前,四川省正处于开启全面建设社会主义现代化新征程、在新的历史起点推动治蜀兴川再上新台阶的关键时期。档案作为重要信息资源和独特历史文化遗产,对推动四川省经济社会各项事业发展的基础性、支撑性作用更加突出。2023年是全面落实党的二十大精神、建设社会主义现代化四川的开局起步之年,也是推动档案事业现代化发展的关键一年。凡益之道,与时偕行。在这关键的历史节点,回顾过去一段时期全省各级综合档案馆发展取得的成绩,分析当下存在的问题、谋划未来的方向具有重要意义。

  日前,中共中央办公厅印发了《关于在全党大兴调查研究的工作方案》,作出在全党大兴调查研究的决策部署,强调"要紧紧围绕全面贯彻落实党的二十大精神、推动高质量发展,直奔问题去,实行问题大梳理、难题大排查,着力打通贯彻执行中的堵点淤点难点"。为认真贯彻落实习近平总书记关于大兴调查研究之风的系列重要指示批示精神，推动四川省档案事业更好地服务党和国家中心大局、助力四川省经济社会高质量发展，四川省档案馆联合中国人民大学档案事业发展研究中心主任徐拥军教授及其团队，经过专题调研、论证分析，组织专班着手研制《四川省综合档案馆事业发展报告（2018—2022）》，以期宣传推广全省各级综合档案馆工作鲜明亮点和先进经验，着力破解新时代四川省档案事业高质量发展瓶颈，同时为推动工作加快转型升级、奋力写好中国式现代化的四川档案新篇章作出贡献。

《四川省综合档案馆事业发展报告（2018—2022）》以 2018 年—2022 年为时间跨度、以四川省各级综合档案馆事业发展情况为研究对象，致力于提炼可供推广借鉴的"四川经验"、发现掣肘四川省档案事业高质量发展的"核心问题"、提供有助于化解困难与挑战的"科学方案"。《四川省综合档案馆事业发展报告（2018—2022）》采用文献研究法、实践调查法、案例研究法、政策分析法、对比研究法等，围绕五年来四川省各级综合档案馆事业的成绩亮点、困境挑战、应对策略等进行系统梳理与深入分析，以向四川省档案系统乃至全国档案系统提交一份扎实的"工作答卷"。就主体内容而言，《四川省综合档案馆事业发展报告（2018—2022）》共分为三编。一是总揽编。该部分是基于宏观视野与全局角度对近五年四川省各级综合档案馆事业发展情况的概述。二是专题编。该部分是对总揽编的细化与深描，从四川省各级综合档案馆服务中心大局、档案治理、资源建设、开放利用、档案安全、科技与信息化建设、文化建设、人才队伍建设八个方面展开，全面剖析其发展状况。三是案例编。该部分选取省、市（州）、县（市、区）三级综合档案馆极具代表性与典型性的案例，对其加以深入描述与阐释，以作为"四川样板"进行推广与宣传，提供经验借鉴。

回看来时路，行向更远处。《四川省综合档案馆事业发展报告（2018—2022）》将四川省各级综合档案馆事业发展的过去、现在与未来加以串联，为其高质量、高标准、高要求发展添上了浓墨重彩的一笔。

2023 年 6 月 18 日

总 揽 编

专 题 编

案　例　编

总　揽　编

开创档案赋能新局面 谱写治蜀兴川新篇章

——四川省综合档案馆事业发展报告

一、2018年—2022年四川省综合档案馆事业发展的成绩与特点

（一）档案馆事业发展环境不断优化，汇聚干事创业合力

党的十八大以来，以习近平同志为核心的党中央高度重视档案工作。习近平总书记多次就档案工作、历史学习与研究、文化遗产保护作出重要指示和重要论述。2021年7月，习近平总书记对档案工作作出重要批示，强调"档案工作存史资政育人，是一项利国利民、惠及千秋万代的崇高事业"，把对档案工作重要地位作用的认识提升到了前所未有的高度，档案馆事业发展环境得到前所未有的优化。

1. 党委政府更加重视

2018年机构改革以后，四川省各级档案机构由"局馆合一"改为"局馆分设"，综合档案馆由政府序列变为党委序列，进一步强化了档案工作的政治属性，党对档案工作的全面领导进一步加强。自此之后，四川省档案馆为省委直属事业单位（参公管理），依法履行省直机关、团体、事业单位、国有企业及其下属单位档案保管、利用职能，对市（州）档案馆业务进行指导。现有13个处（室），参公事业编制127名，工勤人员控制数20名。下属四川省档案科学技术研究所、四川省档案学校两个直属事业单位。

在习近平总书记对档案工作一系列重要指示批示精神指引下，四川省各级党委切实加强对档案工作的领导，加大保障支持力度，为档案事业创新发展创造了良好环境和条件。省委、省政府高度重视档案馆工作。2021年，四川省委书记亲临四川省档案馆调研，对四川省档案馆围绕中心主动服务、开发利用档案资源、注重培养专业人才等方面取得的成绩表示肯定，并对做好新时代档案馆工作作出重要指示。省委分管领导多次就相关工作作出批示，协调解决工作中的困难和问题。在省委、省政府的重视支持下，"建设省档案馆新馆和数字档案馆（室）"作为"文化发展重

点工程"被列入《四川省国民经济和社会发展第十四个五年规划和二〇三五年远景目标纲要》，为四川省档案馆事业发展提供有力政策依据。地方各级党委政府高度重视本地区档案馆工作。成都、自贡、绵阳、遂宁、内江、达州等市委主要领导多次对档案馆工作作出重要指示批示，攀枝花、广元、南充、雅安、眉山等市委、市政府领导到档案馆调研指导工作，为档案馆事业发展把脉定向，极大地鼓舞了档案工作者干事创业的信心决心。其中，"实施民生电子档案接收和跨区查档服务"被纳入《成都市"十四五"新型智慧城市建设规划》；"促进档案资源收集、保护和利用，推进档案数字化建设""加快推进市级国家综合档案馆建设"被纳入《泸州市国民经济和社会发展第十四个五年规划和二〇三五年远景目标纲要》；"加快推进档案信息化建设，整合各级各类档案资源，实现档案资源的统筹管理和共建共享"被纳入《合江县国民经济和社会发展第十四个五年规划和二〇三五年远景目标纲要》。档案管理、资源开发、信息化建设等纳入地区经济和社会发展规划，进一步夯实了助推本地区档案馆事业高质量发展的政策支撑。

2. 相关部门大力支持

四川省各级综合档案馆积极争取组织、编办、发改、财政、机关事务管理等部门支持，进一步加大编制使用、职能职责确定、工作经费、基础设施等方面的支持和保障力度，推动档案馆事业发展同经济社会发展相协调。

在省级层面，人力、财力、物力保障进一步加强。在四川省委组织部、省委编办的关心支持下，四川省档案馆继续列为参公事业单位，正厅级。在四川省发展改革委、财政厅、省机关事务管理局等部门的关心支持下，四川省档案馆就近租用 2600 平方米商业用房投入使用，这是其在成都建馆 33 年以来第一次增加用房面积，有效缓解了档案抢救、数字化等业务用房不足问题，为保障档案安全提供了有利条件；争取大量财政资金，实施数字档案资源建设项目，数字档案馆建设基础进一步巩固。

在市（州）层面，四川省各级综合档案馆积极争取相关部门支持，推动档案事业发展。成都市档案馆与市档案局、市委社治委、市发改委联合发文，开展幸福美好生活十大工程档案收集工作；与市扶贫办、市农业农村局、市档案局联合印发《成都市精准扶贫档案工作实施方案》，推进成都市精准扶贫档案工作开展。自贡市档案馆连续 5 年积极向国家档案局申报并获专项资金 75 万元用于开发抗日战争档案项目，并在市委、市文旅投的大力支持下，于中国共产党成立 100 周年重要时间节点，与市国投公司合作在三线建设企业长征机床厂车间举办《难忘的奋斗　永远的激励——自贡三线建设专题展》，以 6000 平方米的专题展唤醒自贡的时代记忆。泸州市档案馆在市扶贫移民局、市脱贫攻坚办等相关部门的关心支持下，编纂《档案见证小康路——泸州市脱贫攻坚掠影》，有效提升了档案馆的社会影响力。

3. 部门（单位）联动日益增多

四川省各级综合档案馆结合工作实际，切实加强馆际交流，深化与党史、方志、图书、文博等单位和高校的合作，在借势借力上迈出坚实步伐，档案馆"朋友圈"不断扩大，合作共赢发展模式逐步形成。

在省级层面，四川省档案馆先后与省委党校（四川行政学院）、省委省机关党校合作共建党性教育基地，与中国人民大学信息资源管理学院签署战略合作框架协议，与成都博物馆联办"红星耀蓉城 百年铸辉煌"展览，与省直机关工委、四川日报社共同主办"新时代四川省机关党的建设成就展"，联合邓小平故居陈列馆、川陕革命根据地红军烈士陵园管理局、四川长征干部学院阿坝雪山草地分院等单位开展"千人读档"活动，有效整合分散的文化资源，实现功能互补、融合发展，档案工作影响力不断提升，民众参与度、知晓度、认同度大幅提高。

在市（州）层面，四川省各级综合档案馆通过资源共享、优势互补，以开放促发展，以合作求共赢，在对外合作交流中进行了多种有益尝试，取得了一定成效。成都市档案馆与成都"学习强国"主题街区签订联合开发档案资源战略合作协议，创新档案文化宣传模式，拓展档案文化传播渠道。泸州市档案馆联合市委宣传部、市文广旅游局开展重大历史事件和活动档案接收征集工作，留存好、保护好泸州历史文化发展成果。宜宾市档案馆与四川省社会科学院历史研究所签订历史档案编研开发合作协议、与宜宾学院签署《战略合作协议》《清代至民国宜宾涉酒档案整理及研究项目合作协议》，持续深化档案研究利用。南充市档案馆与西华师范大学合作申报国家社科基金重大项目《清代南部县衙档案整理与研究》，实现档案部门资源优势和高校学术优势的深度融合。

（二）围绕中心服务大局，助推四川现代化建设有力有效

新时代 5 年来，四川省坚定以习近平新时代中国特色社会主义思想为指导，全面贯彻落实习近平总书记对四川工作系列重要指示批示精神和党中央、国务院决策部署，在举全省之力攻克深度贫困堡垒、服务和融入国家战略、创造和转化优势壮大实体经济、加强生态保护和建设、统筹社会发展和人民安全等方面取得重大成果，实现"十三五"圆满收官、"十四五"良好开局。着眼于服务中心大局，四川省各级综合档案馆自觉把档案工作放到全国、全省、全市的工作大局中

去考量，牢记档案工作四个"好"、两个"服务"的目标任务，把握机遇，找准定位，精准记录并服务好新时代治蜀兴川发展进程，真正与"国之大者""省之要事""市之大计"同频共振，在全面建成小康社会和社会主义现代化新征程中发挥重要作用。

1. 决胜脱贫攻坚，以档为鉴助力乡村振兴

2018年—2022年是全国决胜脱贫攻坚战役，巩固脱贫攻坚成果同乡村振兴有效衔接的关键时期。党的十八大以来，以习近平同志为核心的党中央把脱贫攻坚摆在治国理政的突出位置。作为全国脱贫攻坚主战场之一，四川省坚决落实国家部署，开展精准扶贫工作，在2020年如期打赢脱贫攻坚战役，实现全面小康梦想，在巩固拓展脱贫攻坚成果的基础上，切实做好乡村振兴这篇大文章。

5年来，四川省各级综合档案馆围绕脱贫攻坚与乡村振兴战略，充分实现乡村民生档案和脱贫攻坚档案在保存社会记忆、储存历史信息方面的基本功能，通过资政决策和教育传播等方面发挥其重要价值，取得较为显著的成绩。[①] 一是加强档案收集，借助展览开展宣传。完整、全面、成套的档案资源是后续开发利用服务的前提和基础。四川省各级综合档案馆扎实做好立档单位档案进馆工作，确保应收尽收、应归尽归、应交尽交，市（州）档案馆完成脱贫攻坚档案目录移交1040万余条，县（市、区）、乡（镇）两级档案如期进馆。在此基础上积极探索丰富多样的档案服务方式，切实发挥脱贫攻坚档案在乡村振兴中的价值功能。二是强化基层治理，积极服务乡村振兴。为扎实推进精准扶贫建档工作，四川省各级综合档案馆多级联动、积极配合，通过研究解决各类问题，提升试点工作质效，将脱贫攻坚档案设立为专项工作，并将其纳入民生档案和基层档案工作整体考虑，争取多方支持，助力提升基层治理能力。三是强化平台建设，便捷村民查档利用。四川省各级综合档案馆积极将档案馆职能特色与乡村振兴战略相结合，在开展扶贫工作期间完成乡村档案文件类型的"摸底"调研，进而推动乡村档案资源整合和平台建设工作。

2. 助力双核发展，以档为媒引领共建共享

"十三五"以来，成渝地区发展驶入快车道，呈现出重庆和成都双核相向发展、联动引领区域高质量发展的良好态势。"十四五"时期，我国已转向高质量发展阶段，为成渝地区新一轮发展赋予了全新优势、创造了重大机遇。四川省积极推动成渝地

---

① 韩艳琴.乡村振兴战略视角下脱贫攻坚档案功能发挥探索［J］.兰台内外，2022（24）：38-40.

区双城经济圈建设，为形成优势互补、高质量发展区域经济布局提供全方位支撑，助力构建以国内大循环为主体、国内国际双循环相互促进的新发展格局。

四川省各级综合档案馆紧扣成渝地区双城经济圈建设发展战略，积极与重庆市综合档案馆签署合作协议，联结合作纽带，在档案资政、资源开发、民生档案查阅服务等方面深度融合，以档案资源为媒介推动国家战略落地落实。截至 2022 年底，川渝两地各层级 11 家档案馆陆续签署了助力成渝地区双城经济圈建设合作协议，初步搭建起跨馆查档服务、档案文化宣传、红色档案开发、档案资源建设等多领域合作框架。另一方面，川渝区域网络共享平台构建协同开发通道在归集数据、接入端口、电子证照共享互认等方面的加速发展为推动档案信息服务平台整合贯通创造了良好条件。①

3. 坚持高质量发展，以档资政构建新发展格局

2017 年，中国共产党第十九次全国代表大会首次提出"高质量发展"表述，标志着中国经济发展由高速增长阶段转向高质量发展阶段。高质量发展的根本在于经济的活力、创新力和竞争力。②2020 年 10 月，党的十九届五中全会提出"十四五"时期经济社会发展要以推动高质量发展为主题，四川省作为我国经济大省，在转型发展、创新发展、跨越发展的关键时期，必须以习近平新时代中国特色社会主义思想为指导，统筹推进"五位一体"总体布局、协调推进"四个全面"战略布局。

四川省各级综合档案馆紧紧围绕高质量发展战略，以治理能力现代化为主要发展方向，积极服务实体经济发展与省委发展战略，充分发挥档案资政功能。一是聚焦党和国家政治生活中的大事，不断推出档案文化精品，广泛开展爱党爱国爱社会主义宣传教育。紧紧围绕中华人民共和国成立 70 周年、中国共产党成立 100 周年、庆祝党的二十大胜利召开等重大时间节点，深入挖掘馆藏档案资源，通过举办档案展览、出版档案汇编、制作档案微视频等多种方式，充分展现党的初心使命、奋斗历程和丰功伟绩，宣传弘扬党的光荣传统、优良作风和宝贵经验。四川省档案馆积极助力"壮丽 70 年　阔步新时代——四川省庆祝新中国成立 70 周年大型成就展"，积极参与承办"壮丽史诗、伟大飞跃"为主题的四川省庆祝中国共产党成立 100 周年主题展览，扎实开展"喜迎二十大·档案颂辉煌"主题活动，唱响主旋律，弘扬

---

① 胡仁浩. 跨区域红色档案资源协作开发利用实践与研究——以川渝地区档案馆为例［J］. 档案学研究，2023（2）：87-94.

② 李扬，武力. 从"十三五"到"十四五"看党的新发展理念实践与创新［J］. 中共党史研究，2021（2）：5-13.

正能量。二是以推动成渝地区双城经济圈建设为总牵引，加强省内重大活动档案业务指导工作，深化事中、事后闭环指导服务模式，积极投身新时代新征程四川现代化建设。围绕 2021 成都全球创新创业交易会、世界大学生夏季运动会、中国西部国际博览会等重要活动，成都市档案馆坚持提前介入、精心策划，积极赴现场实地开展文件材料收集及档案业务指导工作。

4. 统筹发展安全，以档为基助推治理体系现代化

安全和发展是一体之两翼、驱动之双轮。统筹社会发展和人民安全是党中央治国理政的一个重大原则，是以习近平同志为核心的党中央基于新发展阶段的新特征、新要求，为防范化解各类风险挑战而确定的重大工作方针。5 年来，四川省统筹"两个大局"，胸怀"国之大者"，坚决贯彻落实习近平总书记关于加快推进社会治理现代化、努力建设更高水平的平安中国的重要指示批示精神，系统谋划部署建设更高水平平安四川，奋力开创平安四川建设新局面。

四川省各级综合档案馆积极响应国家社会治理体系现代化建设工作，将社会发展和人民安全作为工作的主攻方向，把收集好、保管好、利用好各类民生档案与疫情防控档案作为工作重心，充分发挥新时代档案工作的基础性、支撑性作用。一方面，积极建设民生档案资源，为社会发展奠定坚实基础。一是健全民生档案保障。四川省各级综合档案馆抓好社保、生态环境等主管部门机关档案业务指导工作，在制度层面明确对养老、医疗、低保等涉及民生档案资源的整合利用。二是完善线上利用平台。四川省档案馆积极对接国家档案查询利用服务平台，以"四川省档案综合管理服务平台"建设为抓手，推行查档服务标准化，促进查档服务均等化、普惠化、便捷化。三是强化档案开发利用。四川省各级综合档案馆深度开发馆藏资源，构建开放共享、联合编研的新机制。参与档案开发利用优秀成果征集活动，推介凸显四川特色的优秀档案开发利用成果。另一方面，建设好疫情防控档案资源，为突发事件处理提供参考。四川省各级综合档案馆切实做好疫情防控工作，因时因势优化调整疫情防控措施，最大程度保护了人民生命安全和身体健康，最大限度减少疫情对经济社会发展的影响，及时派员指导疫情防控文件材料收集归档，如期完成疫情防控档案进馆工作，运用抗疫档案资料传承弘扬伟大抗疫精神；内江市委宣传部、市档案馆联合主办"全民抗疫中国必胜——内江抗击新冠肺炎疫情档案展"；南充市档案馆与市档案局、市卫健委主办《人民至上·生命至上——南充市抗击新冠肺炎疫情防控档案微展览》；自贡市档案馆联合承办"盐都壮歌——典藏自贡市抗疫记忆主题展"，生动讲述抗疫斗争中涌现出的英雄事迹和感人故事，以伟大抗疫精神激励党员干部。

（三）档案治理体系建设扎实推进，稳固提升治理效能

1. 与时俱进，推动档案管理体制优化完善

四川省各级综合档案馆在顺应机构改革要求的基础上，全面加强党对档案工作的全面领导，健全档案局馆工作协调机制，切实做到工作一盘棋、分工不分家，聚焦主责主业，提升履职能力，推动四川省档案事业高质量发展。

一是顺应机构改革部署要求，完成综合档案馆机构改革。四川省各级综合档案馆严格执行机构改革方案，在内设机构设置、人员调整等方面严密部署，建立了一套运行顺畅、上下贯通、执行有力、管理科学的工作体制和运行机制，确保了思想不乱、队伍不散、工作不断。

二是切实履行党管档案责任，贯彻"档案工作姓党"原则。四川省各级党委着力将档案事业的发展提上重要议事日程，把档案工作纳入党委办公室工作总体布局，与中心工作同谋划、同部署、同推进、同督促，切实把坚持和加强党的领导落实到档案工作的全过程和各方面。四川省多地市（州）委主要领导和分管领导亲自到档案馆指导工作，并就档案馆工作作出批示和要求，帮助协调解决工作中遇到的困难和问题。各级财政加大了对档案馆建设的投入，通过国家中西部地区县级综合档案馆建设项目、国家发改委"十二五"支持四川藏区经济社会发展建设项目以及各地自建项目的实施，不断改善档案馆工作的基础条件。部分市（州）、县（市、区）还将档案馆绩效目标考核纳入了同级党委办公室。各级党委、政府的高度重视和相关部门的大力支持，为档案馆工作创造了良好的发展环境，持续鼓舞广大档案馆工作者埋头苦干、再创佳绩。

三是健全完善局馆协同机制，共同构建档案事业新格局。机构改革后，四川省各级综合档案馆在保证各项工作平稳有序运行的基础上，树立档案工作"一盘棋"意识，积极发挥专业技术优势。探索在党委领导下加强局馆工作融合的有效机制，通过重点工作会商、专项工作协作、日常工作联络等工作机制，不断加强档案局、馆间沟通联系，理顺工作关系，搞好协同配合，形成工作合力，共同推动档案事业发展。

四是聚焦主责主业转型升级，提高综合档案馆业务能力。四川省各级综合档案馆主动顺应新形势、适应新变化，围绕主责主业积极推动档案工作转型升级，进一步优化档案接收整理、保管保护、开发利用及"双重"档案管理、声像档案管理等制度流程，确保其工作科学高效运行。重视对下一级档案馆的业务指导，促进全省

档案工作提质增效。

2. 依法治档，发挥制度优势营造法治氛围

四川省各级综合档案馆牢固树立依法治档理念，运用法治思维和法治模式推动工作不断发展。

一是加快档案制度体系建设，促进档案事业健康有序发展。四川省各级综合档案馆以国家相关法规为根本遵循，持续加强制度体系建设，深化档案工作的规范化、法治化建设。全面健全内部制度体系建设，以制度为引领，进一步提升了各馆精细化、规范化、流程化管理水平，健全完善了科学有效的内部管理机制和业务流程体系，有效提升了档案治理效能。

二是加强制度的贯彻与执行，确保档案工作的规范化开展。四川省各级综合档案馆在加强制度体系建设的基础上，通过创新工作模式、加强业务培训、增设内部监督考核等方式推动制度的落地执行。

三是加大档案法治宣传力度，全面牢固树立依法治档理念。四川省各级综合档案馆深入开展档案法治宣传教育，积极推进档案治理能力建设，通过将法治宣传教育纳入领导干部学习内容，利用馆藏档案资源开展法治宣传教育，针对不同主体开展形式丰富的法治宣传活动，借助新媒体平台形成形式丰富的档案宣传产品等不同模式，开展了一系列法治宣传活动，并总结形成一系列具有特色的档案法治宣传教育经验，推动依法治档理念和意识进一步增强。

3. 多维共治，优化治理结构释放共治动能

在档案事业不断走向开放的趋势下，四川省各级综合档案馆积极通过协商、合作、参与等方式促进不同主体间的互动关系，优化档案治理结构，引入更多力量充分激活和释放档案治理的动能。

在四川省各级综合档案馆内部，探索建立省、市（州）、县（市、区）综合档案馆三级联动模式。在与其他主体的协同方面，开创了跨地区、跨部门、跨行业的三维档案事业协作格局。一是在党委领导下加强档案局馆工作融合，通过重点工作会商、专项工作协作、日常工作联络等工作机制，不断加强局馆间沟通联系。二是立足成渝地区双城经济圈建设等重大区域发展战略，灵活创新建立与其他地区档案部门的协作关系，推进区域民生档案"异地查档、跨馆服务"共享协同机制落地落实。三是凭借业务特长与馆藏优势，加强与其他部门的交流合作与业务互鉴。这些举措一方面发挥了档案工作服务中心大局作用，另一方面也为加强档案业务管理和创新型档案事业的发展注入了新活力、新动力。

（四）档案资源体系建设稳步推进，全面留存四川记忆

1. 以专题化为导向，记录好、留存好四川发展历程

《四川省档案事业发展"十三五"规划》《四川省档案事业发展"十四五"规划》均强调专题档案资源建设，以更具针对性、系统性、全面性地反映四川省不同方面的发展过程与工作成绩。基于此，四川省各级综合档案馆以国家战略导向为基础，尤其注重"四重档案""两类档案""红色档案"与"民生档案"资源建设，以充分彰显四川省之于"国之大者"的责任担当与特色探索。首先，聚焦"四重档案"，将四川省发展过程中的重大事件、重大活动、重大工程和重要人物等，以档案形式永久留存于历史长河当中。其次，围绕"两类档案"，全面记录习近平总书记亲自部署、亲自指挥，带领全国人民坚决打赢脱贫攻坚战和抗击新冠疫情的伟大实践。再次，关注"红色档案"与"民生档案"，系统阐释党和人民的奋进历程与实践故事。其中，红色档案资源建设开展得尤为如火如荼，《四川省档案馆"十四五"发展规划》《成都市档案馆"十四五"发展规划》《遂宁市档案馆"十四五"发展规划》等均将其作为资源建设的着力重点。在此背景下，四川省各级综合档案馆形成了基于"红色档案开发"的联动图景，为讲好四川红色故事提供了生动素材。

2. 以数字化为导向，有序促进"双套制"应用

近年来，档案资源的数字形态愈发受到关注，四川省各级综合档案馆"双套制"移交与接收的浪潮逐渐拉开。2019 年，四川省委办公厅、省政府办公厅印发《关于做好档案"双套制"移交与接收工作的通知》，明确档案"双套制"移交与接收工作要求。四川省档案馆随后印发通知，对档案"双套制"移交要求作出说明。制度建设与实践探索并行发展，树立了积极的示范引领效应。据统计，截至 2022 年底，四川省档案馆共接收 30 余家立档单位的数字化副本。在此基础上，四川省各级综合档案馆的"双套制"建设也稳步推进。自 2018 年以来，四川省大多数市（州）综合档案馆馆藏纸质档案量基本呈现稳步递增趋势，部分市（州）综合档案馆保持较为稳定的馆藏电子档案量。与此同时，四川省各级综合档案馆馆藏档案存量数字化工作有序开展，通过配备场地、优化流程、严控质量、探索外包模式等，推动档案数字资源建设成效愈加显著。

3. 以社会化为导向，稳步推动档案征集工作

在《四川省档案馆"十四五"发展规划》"加大对散存于民间的珍贵历史档案、名人档案、非遗档案、家谱等档案资料的征集力度"规划指引下，四川省各级综合

档案馆加大档案征集力度，馆藏档案资源结构不断完善。据统计，当前已有 13 个市（州）综合档案馆针对档案资源征集制定了规章制度，其范围、对象、内容、方式、程序、经费等有所明确。基于此，四川省各级综合档案馆围绕四类主要主题（知名人物、城市发展、族谱家谱、其他地方特色）探索出了四种较为成熟的征集模式，包括：公告征集模式、联动征集模式、馆际征集模式、馆媒合作征集模式。

4. 以活态化为导向，积极探索口述档案采集

近年来，档案资源的新形式——口述档案逐渐受到关注。四川省档案馆在口述档案资源建设方面首先形成了示范引领效应，为丰富档案资源结构、增益四川故事表达形式提供借鉴。2018 年—2022 年，四川省档案馆通过建设口述史料采集室、筹划口述历史栏目、推出《口述历史·师说》《口述历史·匠心》系列视频产品等，在一定程度上促发了四川省口述档案资源建设新风潮。各市（州）、县（市、区）综合档案馆以此为鉴，在结合地方特色、捕捉资源热点的基础上积极探索口述档案建设新模式，进一步优化馆藏档案资源结构，生动讲述四川故事。

（五）档案利用体系建设持续推进，档案开放利用水平有效提升

1. 制度化流程化不断加强，档案开放利用更为规范

2018 年—2022 年，四川省各级综合档案馆结合馆藏档案实际情况，积极回应人民群众对档案开放利用的新期待和新需求，深化制度体系建设，优化工作流程，档案开放利用工作取得新进展。一方面，四川省各级综合档案馆结合本馆工作实际，制定或修订了档案开放利用制度规范，省、市（州）、县（市、区）三级综合档案馆的档案开放利用规范化程度大大提升。另一方面，建立了严谨规范的档案开放利用流程，有序推进利用体系建设。四川省各级综合档案馆建立了方便可行的开放审核工作机制，包括规范档案开放审核工作流程和建立开放审核工作台帐等，提升档案开放审核工作标准化水平，依法依规向社会开放档案。省、市（州）、县（市、区）三级综合档案馆均建立了明确、规范的档案利用流程，档案利用规范程度大大提高。

2. 促进开放利用双向发力，档案开放利用效能显现

档案开放是档案利用的前提，档案利用是档案开放的目的。首先，档案开放力度明显加大。新修订《档案法》《国家档案馆档案开放办法》《"十四五"全国档案事业发展规划》为综合档案馆加快档案开放步伐提供了清晰的政策指引。四川省各级综合档案馆进一步贯彻落实相关法规要求，以需求为导向、以服务为宗旨，积极作为，采取有力措施稳步推进档案开放工作。其次，档案利用方式便捷化。近 5 年来，四川省各级综合档案馆积极顺应时代发展，勇于创新，依托全国档案查询利用服务平台，切实提高档案利用的即办率、查准率和满意度。尤其是在疫情期间，四川省各级综合档案馆在做好线下服务、保障公众需求的同时，梳理线上服务思路和服务方法，明确线上服务方向、转变传统服务形式、适应社会发展趋势，发展"互联网＋档案服务"新模式，提升档案利用服务效率，档案利用服务方式朝着便捷化方向发展。最后，四川省各级综合档案馆通过每年开展对馆藏档案资料利用情况的统计分析并采取针对性改进措施，不断提升利用效益，积极履行社会责任，获得社会广泛认可。

3. 民生档案利用扎实推进，档案惠民服务成效显著

近年来，随着馆藏民生档案的数量和种类快速增长，民生档案利用需求大幅增加，四川省各级综合档案馆忠诚履行"为党管档、为国守史、为民服务"职责，坚持档案为民、服务为民，丰富民生档案利用服务方式。民生档案利用服务走向"一网通办"，开展了民生档案"异地查档、跨馆服务"实践，提升了民生档案利用的便利程度和普惠程度，档案惠民服务水平不断提升。例如，成都市档案馆以"目录集中、全文分散"方式实现民生档案在线联动、在线查档，得到国家档案局肯定，为广大人民群众提供了更为便捷的档案利用服务，真正让档案利用出实效、利发展、便民生。

（六）档案安全体系建设深入推进，档案安全屏障更加坚实

1. 坚持制度先行，压紧压实档案安全责任

围绕新时代档案安全体系建设，四川省各级综合档案馆自2018年至今先后出台了一系列合法合规、科学可行的工作制度，不断充实档案管理制度体系。在省级层面，四川省档案馆围绕档案库房日常管理、档案安全责任制、档案应急管理等制定了多项专门性的规章制度，将《四川省档案馆档案资料出入库管理制度》《四川省档案馆档案库房管理制度》等纳入省档案馆内控制度建设内容，并聚焦档案开放审核、档案信息化建设中涉及的档案安全管理作出了具体规定。在市（州）级层面，大多数档案馆主要着眼于统筹保障档案实体安全和信息安全，在档案库房管理、档案备份、档案数字化与数字档案馆建设等方面强化制度供给。比如，成都市档案馆制定《数字化加工现场安全管理制度》《数字档案馆安全管理制度》《信息系统三员管理制度》等；宜宾市档案馆通过《信息安全管理制度》明确档案信息安全管理工作应当遵循"安全第一、综合防范、预防为主、持续改进"的方针。在县（市、区）级层面，分别已有 169 家、162 家档案馆围绕档案保管与整理、档案库房管理制定了专门性的制度规范，占比高达 97.13%、93.1%。

2. 强化馆库建设，档案安全防线全面筑牢

近年来，四川省各级综合档案馆积极推进档案馆库建设，不断夯实档案安全保障体系。在库房面积方面，四川省档案馆、成都市档案馆、攀枝花市档案馆、广元市档案馆等 11 家单位的建筑总面积超过 10000 平方米，成都市档案馆、自贡市档案馆等单位仅档案库房建筑面积即超过了 10000 平方米。在设施设备方面，四川省各级综合档案馆的档案库房大多配备了防盗报警设备等，多数档案馆同时还辅助配备了温湿度控制、火灾自动报警、库房灭火等安全防范系统。此外，四川省各级综合档案馆严格遵从档案"八防"要求，科学开展档案库房安全检查、档案保管情况抽查、库房温湿度监测等常态化业务工作，最大程度地规避档案安全风险、全面筑牢档案安全防线。

3. 聚焦抢救修复，重点档案保护成效显著

自国家档案局 2006 年正式启动"国家重点档案抢救工程"建设以来，四川省各级综合档案馆按照新修订《档案法》和《国家重点档案专项资金管理办法》等法律法规，积极参与申报"国家重点档案保护与开发项目"，对处于濒危状态的国家重点档案进行及时抢救和安全保护，确保馆藏档案完整安全。一是针对国家重点档案开展修复、复制等工作，对列入《中国档案文献遗产名录》的国家重点档案制作仿真件；二是以保存和保护具有四川特色的国家重点档案为目标，大力推进档案特藏库改造、装具更换、设备购置等。四川省各级综合档案馆的国家重点档案抢救工作基本接近尾声。其中，泸州市档案馆、遂宁市档案馆、乐山市档案馆等多家档案馆已完成馆藏重点档案的抢救工作。在档案工作数字转型的背景下，四川省各级综合档案馆国家重点档案抢救工作的重心亦从"档案修裱"加快走向"档案著录"。比如，着眼于数字档案馆建设的总体布局，四川省档案馆严格执行《四川省档案馆民国档案目录数据采集规范（试行）》，加快推进民国档案数字化后的目录著录工作，为完善馆藏民国档案目录体系、提高重点档案开发利用效率奠定了扎实基础。

（七）科技与信息化建设不断发力，推动全省档案事业数字转型

1. 档案信息化基础设施建设稳步推进，筑牢信息化发展根基

在省级层面，四川省档案馆完善基础设施建设，如升级改造数字化加工网络、

统筹分配项目服务器及存储资源、打造闭环管理局域网、确保项目数据安全可控。在市（州）层面，四川省各地综合档案馆紧跟步伐，投入大量资金部署业务系统，实现电子档案收存管用一体化管理，推动档案信息化基础设施建设。在县（市、区）层面，各地综合档案馆同样开展馆内基础设施建设工作，为数字档案馆建设奠定基础。四川省各级综合档案馆建设重点面向满足档案信息化需求的网络设备、应用软件、基础硬件、安全设施、终端及辅助设备等一系列现代化基础设施，为数字档案资源集中管理和科学利用奠定扎实基础。

2. 馆藏档案目录数据库建设覆盖全域，档案数字化成果显著

在省级层面，四川省档案馆稳步推进馆藏案卷的整理和数字化工作，并逐步开展档案数据质检工作。2018 年，原四川省档案局（馆）印发《四川省民国档案文件级目录数据审核验收办法》，明确对全省重点档案保护与开发项目中的民国档案文件级目录进行系统检查。在市（州）层面，四川省各地综合档案馆同样高度重视馆藏档案目录数据库建设工作，以重点档案为切入点，根据国家档案局和四川省档案局关于做好重点档案保护与开发工作的基本要求切实做好目录体系建设工作；同时按照"存量档案数字化"的总体要求，通过制定专门规划、争取数字化专项资金等多种方式持续做好馆藏档案数字化工作。在县（市、区）层面，根据调研数据统计，约有 85.63% 的县（市、区）档案馆已经建立档案目录数据库，包括青神县档案馆、仁寿县档案馆等。可见，馆藏档案目录数据库的建设基本较为完整地覆盖了四川省各级综合档案馆，档案数字化成果逐年累加，为数字档案资源从无到有、从有到全奠定了良好的基础。

3. 电子文件接收工作持续加强，电子文件中心建设有序推进

在省级层面，四川省档案馆以"双套制"移交与接收为抓手，通过发布专项政策等方式致力于扭转数字档案资源建设相对滞后的情况。在市（州）层面，基于四川省档案馆的示范引领效应，部分综合档案馆陆续开展电子文件接收工作，依托信息化管理平台逐渐向电子档案单套制管理过渡。在县（市、区）层面，多数综合档案馆主要接收数码照片、音频视频文件入馆，仅有约 22.41% 的档案馆尚未开展。综上，一方面，四川省各级综合档案馆重视对电子文件、电子档案的接收与管理工作，不断丰富档案数字化资源成果；另一方面，在统一规划下，四川省各级综合档案馆逐步建立并完善相应目录分中心和现行文件中心，加快档案馆目录数据库建设，以此提高档案存贮、检索、开发利用服务的水平，充分发挥档案信息资源在服务政务活动、社会公众中的重要作用。

4.档案科研工作成效日益突出，档案科研成果不断转化

档案科研工作对于档案学术研究发展、档案知识社会化普及、历史文化遗产保护等具有重要意义。在深化档案科研创新能力建设方面，四川省各级综合档案馆和四川省档案科学技术研究所积极开展科技项目立项工作，围绕《四川省档案事业发展"十四五"规划》的重点任务要求，在档案资源体系、档案利用体系、档案信息化建设等领域选育重点课题，不断在课题研究工作中探索创新，提升档案科研能力。在推进科研工作成果转化方面，四川省各级综合档案馆和四川省档案科学技术研究所通过多方调研、资料查阅，总结先进经验，大力推动科研成果转化以适应档案事业和社会发展需求。

（八）档案文化建设蓬勃发展，促进巴蜀文化传播与创新

1.创新展览的传播实践，加强爱国主义教育基地建设

四川档案文化宣传工作形成了集展览、杂志、编研、文创、音视频、品牌和活动为一体的多层次、多维度文化宣传展示的工作格局，其影响力和贡献力带动全省、辐射到川渝、影响至全国。四川省各级综合档案馆创新展览的传播实践，加强爱国主义教育基地建设，充分发挥档案文化教育功能，围绕经济社会发展中的重点和热点问题，采取多形式、多渠道主动开展党史学习教育、红色珍档发布品读活动和档案宣传系列活动，取得显著成果。

四川省各级综合档案馆抓好爱国主义教育基地建设工作，以丰富的档案资源为依托，以爱国主义和革命传统教育为主题，完善"五位一体"功能，提高其公共服务能力和水平。省、市（州）、县（市、区）综合档案馆积极开发独特的红色档案资源，讲好巴蜀档案故事，活动主要涉及专题讲座、爱教基地展陈、研讨会、培训会等。例如，四川省档案馆巾帼党员讲解队多次高质量完成展览参观接待、讲解工作任务，团队先后被评为四川省直属机关"三八红旗集体""四川省巾帼文明岗""全国巾帼文明岗"。内江市档案馆与市委宣传部、市住建局等单位，共同筹建全市重点爱国主义教育基地项目梅家山铁路主题文化公园。

2.融合巴蜀文化的历史，不断丰富档案编研作品产出

四川省各级综合档案馆文化传播效能凸显，档案编研作品彰显巴蜀特色。一方面，四川省各级综合档案馆创新档案编研成果宣传方式，推进档案文化传播。音视频类型的档案作品丰富多彩，生动讲述贴近百姓生活的故事，将档案故事与地方文化融为一体。例如，2021年，四川省档案馆编印《全省档案馆建党百年档案宣传系

列活动集锦》画册；2022 年，成都市档案馆形成《读档时光活动画册》《同一份使命　同一个梦想》等内部汇编。另一方面，四川省各级综合档案馆推出的档案编研作品呈现多平台合作、多元性创作等特点。四川省档案馆和重庆市档案馆合作编辑《成渝地区双城经济圈城市概览》，并与巴蜀书社合作，推出清代川滇边务大臣衙门档案，该工程被列入"国家十四五出版重点规划"。

3. 利用多种新媒体技术，积极推进档案文化活动开展

四川省各级综合档案馆精心利用新媒体平台，通过多元化和多渠道方式，生动展示四川档案故事和地方文化。例如，《档案里的雅安》系列专题片，深挖雅安的红色文化、茶文化和熊猫文化，广泛传播并受到热烈欢迎。此外，四川省各级综合档案馆通过跨地区合作，联合其他档案馆举办展览和活动，逐渐形成四川特色的档案文化品牌。例如，四川省档案馆联合长江黄河流域国家综合档案馆推出"江河奔腾　千人读档"的跨省区联动展播活动，大力推动了红色档案的传播，有效提升了公众对党的初心和使命的理解。此外，通过微信公众号、政务微博等新媒体平台，四川省各级综合档案馆成功扩大了传播范围，深化了社会教育和文化建设的影响。总体而言，新媒体在档案文化传播中发挥了至关重要的作用，促使档案文化实现了跨领域、跨时空的广泛传播。

4. 突出天府文化的特色，稳步提升档案文创产品开发

四川省各级综合档案馆创新档案文创产品开发形式、开发内容，重视红色档案文化产品开发，形成文创品牌百年印记，充分体现了天府文化特色。2021 年，内江市档案馆在拍摄制作《档案见证内江——成渝铁路修建中的内江记忆》专题片的同时，制作独具档案特色的专题片光盘，面向市（州）档案馆、市级部门及有关团体交流赠送 200 余盘，受到了普遍好评。2022 年，四川省档案馆、重庆市档案馆精选了川渝两地 12 件红色珍档，在"6·9"国际档案日联合制作"百年印记"档案文创便签盒。

（九）档案人才队伍建设不断深化，凝聚干事创业强大合力

1. 人才教育培养全面铺陈，趋向系统化、规范化

四川省各级综合档案馆以纵向系统化分配教育资源和横向规范化设置教育内容，将教育培养融入人才队伍建设的中心工作中。

首先，在理论教育与实践锻炼的"知行合一"中规范部署教育培养工作。从四川省档案馆到县（市、区）档案馆均就每年度馆内实际业务需求和总体工作规划设计人才教育培养工作。在理论教育层面，各市（州）档案馆根据地区档案事业发展

特色，以"联合办班""以会代训""档案论坛"等多重方式将理论知识学习融合档案工作日常。在实践锻炼层面，四川省档案馆于2022年举办首届"档案职业技能竞赛"，掀起四川省内档案岗位技能训练的热潮，各市（州）档案馆纷纷开始学习，相继开展"轮岗锻炼""技能竞赛"等系列活动。

其次，在内部教育与外部教育的"内外联动"中落实教育培训常态化。四川省各级综合档案馆进行培训所依托的平台和资源虽各有差异，但教育资源分配呈梯次展开，保障综合档案馆均能充分利用外部资源，增强业务工作能力。四川省档案馆主要依托省档案学校、省档案学会和有关高等院校；市（州）档案馆以定期馆内培训为主，以参加省档案学校培训为辅；县（市、区）档案馆则重点进行馆内培训，定期参加市级或省级培训。

最后，在业务培训与素质培训的"疏密结合"中系统丰富教育内容。四川省各级综合档案馆聚焦"培养能人"和"培养好人"两个目标，贯彻《档案专业人员继续教育规定》[①] 和《"十四五"全国档案事业发展规划》[②]，系统化、规范化设置档案教育培训内容，力求业务能力增强与综合素质提升并举。一方面，在业务培训中，四川省各级综合档案馆着眼档案日常管理工作标准化、程序化与规范化，部署基础业务、专题业务两项培训内容，基础业务涵盖档案编研、档案移交与接收、档案信息化等流程和规范问题，专题业务涉及脱贫攻坚档案、疫情防控"两类档案"、"四重档案"、红色档案的收集与整理、移交与接收等问题。另一方面，在素质培训中，四川省各级综合档案馆主要基于干部管理能力、团队协作能力、思想作风建设等开展定期培训。

2. 人才引进渠道多维拓宽，广纳高学历、跨专业人才

四川省各级综合档案馆认真落实《全国档案事业发展"十三五"规划纲要》《"十四五"全国档案事业发展规划》关于人才队伍建设的总体要求，拓宽人才引进渠道，加大人才引进力度，高素质、复合型人才不断增加，档案人才的数量、质量和结构进一步优化。

在人才引进的方式选择上，四川省各级综合档案馆大致相同，基本囊括公开考录、选调、遴选、转任；在人才引进的专业选择上，四川省各级综合档案馆加大档

---

① 中华人民共和国国家档案局.档案专业人员继续教育规定［EB/OL］.（2019-01-16）［2023-06-02］.https：//www.gov.cn/zhengce/zhengceku/2019-01/16/content_5459903.htm.

② 中华人民共和国国家档案局.中办国办印发《"十四五"全国档案事业发展规划》［EB/OL］.（2021-06-09）［2023-06-02］.https：//www.saac.gov.cn/daj/toutiao/202106/ecca2de5bce44a0eb55c890762868683.shtml.

案专业人才和信息化人才的引进力度，在人才引进的前端"入口"严格把控，将人才引进的专业结构作为重点考虑内容，向着复合型人才建设方向不断发展；在人才引进的学历选择上，四川省各级综合档案馆近年来着力提升档案人才队伍的学历层级，增加研究生及以上人才的引进人数，将学历最低门槛设定为本科学历，一定程度上保证了新进人员的学历水平和工作素养。例如，成都市档案馆在 2022 年一次性引进14 名硕士研究生，其专业背景涉及历史学、档案学、图书情报、汉语言文学等。

3. 多措并举激发人才活力，评价机制科学化、人性化

四川省各级综合档案馆深入贯彻落实习近平总书记关于人才工作重要指示批示精神，进一步加大档案人才培养力度，完善人才使用和激励机制，努力使人才队伍的规模、质量和结构与档案馆事业发展相协调。人才工作呈现出如下特点：一方面，人才评优的评价维度更加多元，建立科学的人才分类评价机制，坚持凭能力、实绩、贡献评价人才，以职业属性和岗位要求为基础，坚持德才兼备，把品德作为人才评价的首要内容。[①] 四川省各级综合档案馆以国家级档案专家、全国档案工匠型人才和全国青年档案业务骨干"三支人才队伍"为榜样，倾力打造一支梯次有序、结构合理、素质过硬的档案干部人才队伍。另一方面，人才晋升的选拔依据更加科学。四川省档案馆通过出台《四川省档案馆干部职工担当作为干事创业激励细则（试行）》《机关年轻干部培养锻炼方案》《干部职工考核工作实施细则》等干部管理制度，对干事创业开拓进取的档案干部优先进行提拔使用和职级晋升，不断激发干部队伍活力。市（州）档案馆积极贯彻落实，并出台具体办法。例如，广元市档案馆出台并落实《科级及以下干部职工年度综合目标绩效考评办法》和《参公人员职级晋升综合评价积分办法》，旗帜鲜明梳理重实干重实绩的用人导向，切实做好档案专业人才晋升工作，为加快地区档案人才晋升速度、激发人才工作热情提供制度支持和智力支撑。

二、2018 年—2022 年四川省综合档案馆事业发展的困难与挑战

（一）服务大局："方式趋同—创新有限—协同不足"有待进一步改善

1. 服务方式有所趋同，工作力度不够

在服务中心大局工作中，四川省各级综合档案馆依托国家、省级发展规划开展

---

① 新华社.中共中央办公厅　国务院办公厅印发《关于分类推进人才评价机制改革的指导意见》[EB/OL].（2018-02-26）[2023-06-02].https://www.gov.cn/zhengce/2018-02/26/content_5268965.htm.

相关工作，但由于档案工作受关注度较低、社会档案意识不足、档案馆基础设施与人才队伍缺乏等问题，导致各项业务仍停留在传统模式，业务同质化问题较为突出，并未很好体现出四川特色。面向公共服务，四川省各级综合档案馆档案资源建设和档案开放审核工作还需要进一步加强；面向政府机构，四川省各级综合档案馆档案利用与资政能力还需进一步提升。

2. 融入战略还需深入，工作创新不足

四川省各级综合档案馆在"一带一路"建设、长江经济带发展、新时代西部大开发、黄河流域生态保护、高质量发展等重大国家战略方面融入程度有限，档案部门的存史资政育人作用有待进一步发挥。在制度建设层面，四川省各级综合档案馆需进一步主动参与各项战略规划研究。在实践工作层面，四川省各级综合档案馆对社会热点和工作重心关注度不足，对于精准扶贫、疫情防控、民生保障、生态环境、区域重大发展战略等重要方面止步于完成资源建设，较少开展各类档案专题编研工作。

3. 协同意识有待加强，主体外向性不足

在社会经济发展过程中，档案工作不再局限于档案馆内，而是融入现代化建设这一复杂的系统性工程中，做好新时代四川省各级综合档案馆各项业务工作，尚需加大跨机构、跨区域间的合作力度。调研发现，四川省多数综合档案馆受档案机构改革后编研力量、档案资源分散、地方人力物力缺乏等因素影响，仅凭一己之力难以全力支撑区域重大发展战略走深走实，档案资源的存史资政育人价值尚待进一步深度实现。

（二）档案治理："工作机制—制度体系—业务水平"有待进一步优化

1. 工作机制有待进一步加强，档案局馆协同机制仍需深化

在档案工作机制构建方面，四川省档案局、馆的协同机制有待进一步制度化与深化细化，以推进局馆之间高效协作。根据调研，虽然机构改革明确了局馆职责分工，但档案局馆协同机制未能以制度形式得以明确和细化，容易导致落实局馆协同机制工作不够扎实。另外，部分地区仍存在局馆协作"接不稳、接不顺、接不紧"的情况。例如，部分地区未能定期召开市（州）工作联席会和县（市、区）工作协调会，这在一定程度上影响了本地区档案工作的整体谋划和统一部署，档案工作合力有所削弱。

2. 制度体系有待进一步健全，档案制度标准尚存漏项弱项

档案和档案工作管理标准化、制度体系化的健康发展需要完备有效的档案管理规范体系。但部分综合档案馆在电子档案管理、档案外包服务、档案安全保护、数字档案馆（室）建设等重点领域存在制度缺项，阻碍了档案工作的标准化、规范化开展。此外，四川省各级综合档案馆在国家、行业、地方标准制定中参与度较低。目前，我国已形成由国家档案局归口管理的 6 项国家标准、98 项行业标准为主体内容的档案标准规范体系，但四川省各级综合档案馆尚未参与标准编制，未能很好地将四川档案工作经验以标准规范方式进行推广应用。

3.馆际档案业务水平不平衡，部分档案馆业务能力待加强

机构改革后综合档案馆职能进一步明确，需要聚焦主责主业，认真履行档案保管利用基本职能，统筹推进档案馆"五位一体"功能建设。但由于发展基础、经费水平、人才储备等多方面原因，四川省各级综合档案馆客观上存在馆际间业务水平发展不平衡的现象，部分综合档案馆需要进一步加强基础业务能力建设。根据调研，部分综合档案馆档案收集工作力度偏弱，档案"双套制"移交进馆工作进展不够理想；档案整理鉴定工作基础薄弱，欠账较多，馆际间开放进度不一；档案信息化建设相对滞后，数字档案馆建设与发达地区相比还有较大差距；重点档案抢救工作推进较为缓慢，实体抢救工作尚有空缺。

（三）资源建设："形式统计—传统管理—双套发展"有待进一步突破

1.侧重形式统计，馆藏内容状况掌握不足

据调研，当前少有档案馆工作人员对自身馆藏能够"如数家珍"，"知之半解、似是而非"的情况居多。对馆藏资源的数量、年代、主题、内容等不甚了解，开发利用工作针对性还不强。

2.偏向传统管理，新型数字技术应用不足

当前，四川省各级综合档案馆档案资源内容管理方式较为传统，主要聚焦于深化检索工具、全宗介绍、组织沿革、大事记、全宗卷编制等方面，立足于数字时代的新理念、新方法、新思路体现不足，信息化、数字化、网络化、智能化水平均有待进一步提升。

3.注重双套发展，单套管理模式探索不足

当前，四川省各级综合档案馆资源建设普遍处于"双套"时代，"单套"管理进展缓慢。根据笔者调研，主要有以下两方面原因：一方面，在主观思想上，多数受访者因"不信任"心理对电子档案资源表现出"抵触"或"排斥"态度；另一方面，在客观条件上，由于设施设备、系统建设、数字技术等条件受限，"单套"管理模

式探索不足。

（四）开放利用："开放审核—利用服务—资源共享"有待进一步发展

1. 档案开放审核工作压力较大

档案开放期限从三十年缩短至二十五年及历史开放审核欠账，使得四川省各级综合档案馆待开放审核的档案数量急剧增长，档案开放审核工作面临巨大压力，还存在档案开放审核权责不明、程序不清，档案开放审核工作量大和专业人员紧缺的突出矛盾等。

2. 档案利用服务存在失衡现象

总体而言，四川省档案馆、市（州）综合档案馆利用服务水平较高、服务类型较为全面，但县（市、区）综合档案馆利用服务水平参差不齐，尤其是在线利用服务方面差距巨大，未来要根据实际利用需求，不断丰富档案查阅服务方式，促进档案利用服务水平提升。

3. 档案资源共享渠道有待畅通

当前，就共享内容而言，四川省各级综合档案馆聚焦于精准扶贫档案等民生档案来推动信息资源共享，在做好民生档案共建共享基础上，共享内容有待进一步拓展，以满足人民群众多元利用需求。就共享利用而言，不同部门之间尚待协同，"馆内＋馆外、线上＋线下"的档案共享利用模式有待进一步推行，以全方位、深层次、高效率做好档案利用服务工作。

（五）档案安全："管理制度—基础设施"有待进一步增强

1. 档案安全管理制度缺乏创新

当前，四川省各级综合档案馆围绕档案库房日常管理、档案安全责任制、档案应急管理等已制定了多项规章制度，但档案安全管理制度的整体性、系统性水平仍有待提升。一是已有制度主要聚焦于对档案库房管理、重点档案抢救修复的规范和指引，而数字档案资源安全管理、档案安全风险评估等方面的制度建设较为欠缺；二是档案安全管理制度的范畴和外延亟待拓宽，应聚焦档案数据安全保密制度、电子档案数据备份与管理、数字档案风险管控与处置等充实相关制度依据；三是县（市、区）综合档案馆的档案安全管理制度体系尚需加快完善，尤其是在档案保护与修复、重特大事件档案工作等制度供给方面任重而道远。

2. 档案安全基础设施仍需完善

在档案库房建设方面，部分县（市、区）综合档案馆的档案库房面积不达标，或属于过渡馆库、危房馆库、无馆库等不佳状态，加快筹建新馆成为其相对迫切的现实需求。在档案库房容量相对饱和的情况下，部分档案馆同时面临基础设施配备相对欠缺、数字档案馆建设尚需加快推进等现实难题，加之数据机房面积狭小、设施设备老化、网络安全保障能力不足等多重因素，也在一定程度上制约了本单位档案信息化建设效能提升。

（六）科技与信息化建设："制度建设—资源整合—技术应用"有待进一步推进

1. 制度体系建设未成体系，难以发挥指导作用

四川省现有的档案科技与信息化制度主要聚焦于数字化业务工作、网络信息安全和网络安全管理等方面，鲜有涉及档案信息化的全过程管理。整体而言，四川省各级综合档案馆现行制定的档案科技与信息化建设相关的制度数量较少，且覆盖范围有限；绝大多数制度大多针对性地围绕某一项目或工作内容，其系统性有待于进一步提升。

2. 资源整合共享程度较低，影响档案服务效用

从资源整合模式来看，四川省各级综合档案馆主要采用档案部门自行主导的档案资源整合建设模式，缺乏统一的标准规范引导，模式较为单一，导致数据结构异构现象较为突出。从资源整合对象来看，四川省各级综合档案馆的馆藏档案资源仅达到信息层面的互联互通，距离知识层面的融合与关联还存在一定差距。

3. 技术应用力度相对较弱，影响数字转型进程

在档案数字化工作的质量和效果方面，四川省各级综合档案馆均馆藏有大量录音、录像、影片等各类载体档案，但因复制、缩拍技术手段与设施配备不完善，导致特殊类型载体档案的数字化存储、保护和利用工作有待于进一步加强。目前，四川省各级综合档案馆拥有的硬件、软件运行能力相对于档案智慧化管理的需求层次较低，已建的档案资源网络尚处于初级阶段，未能较好地契合档案工作数字转型的发展趋势。

4. 档案科研工作力度不足，有的干部热情不高

在档案科研工作方面，四川省各级综合档案馆从档案科研项目立项、开题、结题验收到成果推广转化等各个环节均严格把关，保证项目按时、保质完成。但总体而言仍存在档案科研工作力度不足、有的干部热情不高的问题。由于对档案科学研究的重要性认识不足、科研经费的匮乏以及相关研究机构和团队力量不足等，导致四川省各级综合档案馆的档案科研深度和广度相对受限，无法充分挖掘档案资源的价值和潜力，同时也影响了档案科研工作规范化管理、持续性推进和协调化发展。

（七）文化建设：资源开发和文化传播面临挑战

1. 巴蜀文化品牌有待强化，区域文化建设力量失衡

四川省各级综合档案馆挖掘开发档案资源，建设巴蜀档案文化品牌还有待深化。一是部分市（州）档案馆缺乏凸显自身特色的品牌，档案深度编研、文化品牌建设的意识和动力相对不足。二是档案文化产品有待丰富。目前，四川省各级综合档案馆档案文化产品开发主要采用系统归类、整理档案中的文化信息等方式。然而，档案文化产品开发不只是将档案中的文化信息进行系统归类、整理，需要利用互联网和大数据时代下的各种现代化信息技术对档案中的信息进行深层次的分析和进一步研发，开发出更多具有川蜀特色的档案文化产品，促进档案信息资源管理向文化建设成果转变。

四川省各级综合档案馆的区域文化建设力量不均衡，人才配置和建设规划存在不足。然而，许多新建的档案馆并未充分融合当地文化和档案文化，同时，县（市、区）档案馆的档案编研人才短缺，导致丰富的档案资源无法得到充分挖掘。

2. 档案编研"深度"不足，档案资源叙事能力有待提升

四川省各级综合档案馆在档案编研工作上，更偏重于档案汇编，档案研究未能得到足够的重视。一是编研成果缺乏精品，多以反映工作情况或侧重于文件汇编、大事记编写等基础性工作，学术价值有待挖掘。二是档案馆普遍缺乏编研人才，导致高价值档案无法得到充分的研究和挖掘。此外，编研成果的服务现实性和经济效益也较为有限。

四川省各级综合档案馆在档案叙事上已取得进展，但仍面临诸多挑战。一是缺乏叙事人才，相关培训偏重业务技能，而档案叙事能力的培养被忽视。二是叙事载体单一线性化，仍以传统纸质载体为主，缺乏多感官的互动性。三是叙事内容同质化问题突出，很多档案叙事都聚焦于红色档案或"四史"教育专题，缺乏内容多样性。

（八）人才队伍建设："年龄—学历—编制"结构与功能有待进一步均衡和完善

1. 年龄结构呈现"青黄不接"，影响业务连续性功能发挥

目前，四川省各级综合档案馆近 5 年退休人数和 50 岁以上的干部职工数量呈现出逐年递增趋势，34 岁以下的干部数量虽然也在增加，但增速较为缓慢，业务工作面临"断层"风险，以馆内"传帮带"式的培训实现业务能力的传承，难以从根本上解决年龄老化危机。

四川省各级综合档案馆干部职工年龄分布不均衡，基层档案馆压力巨大。根据各级档案馆的统计年报结果可发现，由于四川省档案馆人员基数较大，人才进出数量差距较小，所以受年龄结构制约较轻微；市（州）档案馆由于每年度新进人才数量较为平稳，仍然可以部分减弱人员老化的危机；受限于编制数量和区位因素，县（市、区）档案馆人员老化现象最为严重，人员流动缓慢，出现年龄结构上较为明显的不均衡。

2. 能力结构存在"专业难专"，制约高素质人才队伍建设

四川省各级综合档案馆虽然正在加大力度引进高学历、跨专业人才，但整体而言，人才队伍中"缺档案专业化人才""缺档案信息化人才""缺研究生以上学历人才"的结构问题仍然压力较重，县（市、区）档案馆专业化人才匮乏现象十分突出。

一是高学历人才数量较少，研究生学历及以上的人员主要集中分布在四川省档案馆和市（州）档案馆，大部分县（市、区）档案馆本科学历的档案人员数量较少；二是复合型专业人才匮乏，"十四五"时期四川省档案工作已不是简单的收集、保管、利用档案，而是收集有序、保管有力、利用高效，专业化趋势增强，跨界特征明显。然而，四川省市（州）尤其是县（市、区）档案馆档案学专业人才较为稀缺，大部分为在实践工作中慢慢积累档案工作经验的人才，拥有"档案学＋信息化"复合型专业背景的人才数量几乎为零。

3. 编制结构存在"数量欠缺"，加重日常业务工作压力

"局馆分离"改革在体制上确定了地方档案行政机构与同级综合档案馆分别设立，在形式上实现彼此独立，在业务上各自负责。一方面，随着档案资源数量持续增加和档案信息化建设持续推进，馆务工作量相较改革前增加趋势明显，日常业务运行压力重重。以成都市档案馆为例，2019 年—2021 年人员编制数量都是 102 人，但 2019 年馆藏纸质资料为 41，202 册，电子资料为 78.12GB，2022 年馆藏纸质资料则增加至 51270 册，电子资料扩充至 80.12GB，人员编制保持不变，但馆藏资源增幅较大，导致档案管理工作较为繁重。另一方面，四川省各级综合档案馆也将"脱贫攻坚"档案、"疫情防控"档案的收集整理和移交接收列为重点实践范畴，积极组织人力资源投身档案征集和专题数据库整理工作。但由于各级档案部门编制限额，人手不足，难以全面掌握档案资源分布情况，两类档案高质量管理、高效率利用进程缓慢。

三、促进四川省综合档案馆事业高质量发展的对策与展望

（一）顺应需求，激活档案工作价值

1. 积极谋划服务中心大局，助力区域发展战略走深走实

第一，运用战略思维，强化规划统领。四川省需要明确目标、把握全局、抓住重点、着眼长远，以战略思维引领实践工作开展，在宏观层面完善档案部门融入发展战略的制度设计，高站位、高起点、高质量参与完成各类区域协调发展规划编制和细则完善工作，为新时代四川档案事业高质量发展奠定基础。

第二，运用精准思维，解决突出问题。四川省各级综合档案馆应充分认识档案普遍产生于各种自然条件、地理和社会环境之中，是最真实的历史记录，不论是经济建设、政治建设、文化建设、社会建设、生态文明建设各方面工作均离不开档案发挥基础性、支撑性作用。四川省各级综合档案馆一方面需要做好经济发展、脱贫攻坚、生态环保档案归集，全面推进新时代四川档案资源体系建设；另一方面应主动出击，聚焦区域重大发展战略积极开展各类档案编研工作，为精准服务中心大局提供档案资政参考。

第三，运用历史思维，突出文化支撑。四川省各级综合档案馆应当以品牌化建设为导向，聚焦地域特色和区位优势，深入挖掘馆藏档案资源的历史凭证与文化教育价值，助推本单位档案工作提质增效、与区域重大发展战略深度融合。

2. 突出重要档案编研工作，强化档案资政育人职能

第一，彰显档案特色。四川省各级综合档案馆馆藏资源丰富，其全面完整地反映了四川人民过往生活与社会变迁。有鉴于此，四川省各级综合档案馆应充分发挥档案工作"为党管档、为国守史、为民服务"的重要职责，推出更多主题鲜明、内容鲜活、感染力强的档案编研作品，让经济社会发展的历史记录、人民群众的历史记忆焕发新的时代光彩。

第二，创新表现形式。传统档案资政成果既有资政、参考文献、简报等载体和形式，同时也需要有知识服务、决策支持系统、智库战略决策平台等新型形式。① 四川省各级综合档案馆应当充分利用数字档案资源拓展资政服务形式，将原本"呈报

---

① 归吉官，邵晓瑜. 新时代我国档案资政服务体系：基本认知、内容框架及结构模型［J］. 档案管理，2023（1）：26-29.

式"的资政服务路径转变成以公共决策需求为导向、以知识服务为主要形式的资政服务体系,努力融入智慧政府大数据平台,实现档案资政服务精品化,推动档案资政服务提质增效。

第三,学习先进经验。目前,四川省各级综合档案馆已基本做好"两类档案"的归档入库和数字化扫描等工作,后续应基于这些宝贵的档案资料,主动汲取省内外档案部门在档案资政、档案编研、开发利用等工作中取得的先进经验,切实提升档案工作服务中心大局的能力和水平。

3. 深入推进多元主体协同,着力打造档案文化品牌

第一,纵向深化资源建设。四川省各级综合档案馆应当立足本职工作,做好馆藏档案资源整理与数字化工作,重点完成濒危档案抢救性保护工作。以新修订《档案法》第十八条规定为遵循,四川省各级综合档案馆可以加强与党史、方志、图书、文博等单位和高校学者的合作,组织专业力量参与重大项目档案、生态环保档案等科学研究、技术运用和资源建设工作。

第二,横向推动资源共享。四川省各级综合档案馆应当依托多元主体协同机制,持续强化跨区域、跨机构协作,基于省域档案信息资源共享平台建设推进实现多源异构档案资源结构化整合与利用,系统揭示党在四川地区百年波澜壮阔的历史征程和奋斗实践,增进社会公众对四川特色档案的理解与阐释。

第三,引入社会力量参与。新修订《档案法》第七条明确规定,"国家鼓励社会力量参与和支持档案事业的发展。"为此,四川省各级综合档案馆可以采取多种方式,鼓励社会力量参与档案资源建设、档案利用开发等工作,吸纳社会力量成为新时代档案资源体系、利用体系建设的重要参与者,助力四川档案事业走向转型创新和高质量发展。

(二)统筹谋划,持续深化档案治理体系建设

1. 践行法治理念,提高档案法治化水平

四川省各级综合档案馆应牢固树立法治思维,践行法治理念,依法治档、依法治馆,切实提高档案馆工作法治化、规范化、科学化水平。从而构建上下贯通的依法治档、依法治馆新格局,更好发挥法治对四川省各级综合档案馆各项工作的引领、规范、促进和保障作用。

一是要深入贯彻实施新修订《档案法》等档案法律法规,进一步修订完善四川省各级综合档案馆内部管理制度,从管理、业务、技术等多个维度系统性地逐步建

立健全四川省各级综合档案馆整体工作制度体系。二是要通过组织开展"学制度、用制度、守制度"学习研讨，印发制度汇编，强化监督检查，提高制度的执行力。三是要通过与高校联合申报等方式，积极参与国家、行业和地区档案标准的研制与申报，鼓励本地区档案学会、行业组织及其他各类主体参与档案标准制定修订工作。

2. 巩固协同理念，推动档案共建共治共享

四川省各级综合档案馆应进一步巩固协同理念，继续加强档案局馆协同机制建设，探索建立档案事业"共建共治共享"创新模式。

四川省各级综合档案馆应通过制度建设进一步深化档案局馆协同机制，通过制定出台《档案局馆协同推进重要工作事项沟通协调会制度》等方式，加强全省各级档案局馆工作统筹，科学布局工作，进一步提升协同质效，更好统筹、推动、监督和指导全省档案工作。同时应聚焦服务发展大局，加强四川省综合档案馆与省内外各级各类企事业单位、专业档案馆等的交流合作，通过协助开展工作、合作开展研究等方式，推动各单位优势互补、资源共享、创新发展。此外，四川省各级综合档案馆应始终坚持人民立场。不仅要进一步建设好覆盖人民群众的档案资源体系和方便人民群众的档案利用体系，提高人民群众满意度。还要探索建立档案馆工作公众参与和反馈机制，推行"馆内＋馆外、线上＋线下"的档案服务开放模式。

3. 坚持系统观念，加强整体业务能力建设

四川省各级综合档案馆应坚持系统观念和问题导向，善于科学统筹、全面协调，通过完善多维共治机制，抓重点、补短板、强弱项，做好四川省各级综合档案馆的档案基础业务能力建设。

一是进一步充分发挥四川省档案馆在全省综合档案馆的示范引领和牵头作用，立足档案馆基本职责职能，进一步加强对市（州）、县（市、区）档案馆工作的业务指导。探索以关键业务制度指导共建的方式，不断提升四川省综合档案馆整体水平。二是充分发挥省档案学校（省档案干部教育培训基地）作用，采取举办档案专题培训班、开展线上培训、牵头开展馆际交流等方式，加大对市（州）、县（市、区）档案馆干部队伍的培训力度，切实为全省档案馆工作高质量发展提供人才支撑。三是建立专家团队。由省档案学会牵头，分类建立政策法规、收集征集、整理鉴定、保管保护、开发利用、信息技术等档案专家团队，有针对性开展咨询服务、业务研讨、学术交流和学术研究，为各市（州）、县（市、区）档案馆工作高质量发展提供智力支撑。四是深化馆际交流。组织带领干部职工外出学习参观，加强省内外档案馆馆际交流，不定期组织开展档案馆业务知识竞赛、技能比武、成果展示等活动，着力营造比学赶超氛围，进一步激发全省档案馆干部队伍干事创业激情与活力。

（三）求实求新，勾绘档案资源体系建设新图景

1. 以普查常态化推进资源状况明晰化

资源普查是资源状况明晰化的重要途径之一。2022 年，四川省档案馆主要负责人在全省档案工作会议上强调："定期开展馆藏档案资源普查。"《成都市档案馆"十四五"发展规划》《遂宁市档案馆"十四五"发展规划》等均对档案资源普查提出明确要求。基于此，推动档案资源普查常态化势在必行。四川省各级综合档案馆应在做好顶层设计的基础上，协调推进数据库建设、共享平台建设（门户网站）、法规标准建设、奖励机制建设、质量控制机制建设、宣传推广等相关工作，以共同探索档案资源普查的"四川模式"，形成可供全国推广借鉴的"四川样板"。

2. 以新技术应用助力内容管理精细化

四川省各级综合档案馆档案资源内容管理有待朝向精细化发展。在数字时代，相较于传统的内容管理方式，包括自动编目、自动文摘、自动标引、信息提取、信息过滤、数据挖掘、Web 挖掘等在内的内容分析技术与工具[①] 亟待在档案资源内容管理中有所应用。《攀枝花市档案馆信息化建设"十四五"规划》《遂宁市档案馆"十四五"发展规划》等无不对新技术应用做出明确规定。为此，四川省各级综合档案馆可参考借鉴其他省份将数字技术应用于档案资源内容管理的先进经验，积极探索、广泛尝试，以技术赋能管理。

3. 以试点建设促进单套管理起步发展

在"双套制"建设背景下，《四川省档案馆"十四五"发展规划》提出："积极探索电子档案'单套制'管理，开展电子档案移交与接收试点工作。"在《电子档案管理办法》（征求意见稿）、《DA/T 92—2022 电子档案单套管理一般要求》《GB/T 18894—2016 电子文件归档与电子档案管理规范》等相关制度标准的指引下，四川省各级综合档案馆数字资源建设可在走稳"双套之路"的基础上探索"单套之路"的发展方向。2020 年 3 月，国家档案局、国务院办公厅电子政务办公室和国家电子文件管理部际联席会议办公室联合发布《关于开展电子文件单套归档和电子档案单套

---

① 丁家友，方鸣，冯洁.论档案内容管理的理论体系与技术路径［J］.档案学研究，2020（1）：19-24.

管理试点工作的通知》，在全国范围内得到良好反响。一方面，四川省各级综合档案馆应积极关注上述试点经验，并尝试在省内开展相关试点工作；另一方面，四川省各级综合档案馆应协同推进技术、系统、标准、制度、人员等多方面建设工作，为电子档案单套管理工作的开展保驾护航。

（四）以民为本，优化完善档案利用体系建设

1. 多措并举突破档案开放审核瓶颈

《"十四五"全国档案事业发展规划》把加快档案开放作为档案利用体系建设的重要内容，针对档案开放中的难点问题提出了"实现档案开放审核法治化、规范化、常态化"的目标任务。[①]《四川省档案事业发展"十四五"规划》也明确提出要"加大省、市（州）、县（市、区）国家综合档案馆馆藏到期档案开放审核力度，贯彻落实期满 25 年档案开放规定"。如何主动作为，积极采取有效措施突破档案开放审核瓶颈，加大开放力度，提高开放质量，满足公众丰富多样的档案利用需求，是四川省各级综合档案馆档案利用体系建设的重点课题。针对四川省各级综合档案馆档案开放审核工作面临的困难和挑战，未来可从完善档案开放审核制度体系、明确档案开放审核不同主体的权责划分、加强档案开放审核的信息化支撑和智力支撑等方面突破档案开放审核瓶颈，加大档案开放力度。

2. 缩小差距提升利用服务整体水平

《四川省档案事业发展"十四五"规划》明确提出要"促进档案公共服务均等化、便捷化"。四川省辖 21 个地级行政区、183 个县级区划，是全国拥有最多县级行政单位的省份，必须要缩小不同区域之间档案利用服务发展水平的差异，为公众提供优质均等的档案利用服务，满足用户多元档案利用需求。四川省各级综合档案馆，尤其是利用服务方面较薄弱的县（市、区）档案馆可以借鉴省、市（州）档案馆的先进做法和成果经验，推进"互联网＋档案利用服务"全面持续发展。对四川省各级综合档案馆而言，鉴于数字化、信息化的背景和趋势，多数综合档案馆将更多重点放在提供线上利用服务方面，反而忽略了线下服务。然而，线下服务作为利用服务的基本方式，在整个利用服务环节中占据至关重要的地位，四川省各级综合档案馆

---

① 中华人民共和国国家档案局.中办国办印发《"十四五"全国档案事业发展规划》[EB/OL].（2021-06-09）[2023-04-20].https：//www.saac.gov.cn/daj/toutiao/202106/ecca2de5bce44a0eb55c890762868683.shtml.

在探索线上服务的同时，必须扎实保障线下服务的高质量推进。

3. 加强协同提高档案资源共享能力

针对四川省各级综合档案馆存在的档案资源共享渠道不畅、档案共享力度仍待提高的问题，首先，应当建立协同机制，加强档案部门与其他部门之间的沟通交流，充分了解公众档案利用需求，建立覆盖全省档案资源、跨域共享范围大的档案资源共享机制，大力提升综合档案馆服务能力，持续优化档案利用环境，简化档案利用程序，满足用户需求。目前已实现省、市（州）、县（市、区）三级全覆盖，将来应当资源下沉，促进档案资源向基层延伸，向农村覆盖，向边远地区倾斜，推动档案查询利用服务延伸到村（社区）基层一线，促进档案基本利用服务覆盖全社会，所有人都可享受到档案服务带来的便捷。其次，应当建立档案利用帮扶机制，促进档案共享均衡化。充分发挥四川省档案馆优势，通过培训、现场指导、交流等途径对市（州）、县（市、区）档案馆特别是利用服务能力薄弱的档案馆开展帮扶，选派政治素质高、业务能力强的档案干部人才进行对口支援，把已有的工作经验、管理手段、服务模式带过去，结合工作实际需要，协助对口单位建立覆盖范围广、方便高效的档案利用体系，推动不同区域之间档案利用工作的协同发展和共同进步，推动全省各级综合档案馆优势互补、资源共享、创新发展。

（五）多点发力，全面夯实档案安全保障体系

1. 贯彻"大安全观"，提升档案安全风险防范能级

党的二十大报告重点强调："坚定不移贯彻总体国家安全观，把维护国家安全贯穿党和国家工作各方面全过程，确保国家安全和社会稳定"。《"十四五"全国档案事业发展规划》明确提出，"贯彻总体国家安全观，统筹发展和安全，坚持底线思维，强化风险防控，加强应急管理，压实安全责任，确保档案安全"。遵循档案事业"大安全观"，是将总体国家安全观贯彻运用于档案领域的具体体现，其核心要义在于以辩证性、系统性思维和方法指导档案安全工作，把档案安全置于党和国家工作大局中来把握，在守牢档案安全底线的同时筑牢国家安全防线。[①]为此，着眼于新时代档案安全体系建设，四川省各级综合档案馆应坚决贯彻落实总体国家安全观，统筹把握总体国家安全与档案安全二者之间的辩证关系，并通过树立风险管理思想，综合运用多种风险管理技术且予以优化组合，不断加强重点领域档案工作监管，防范重

---

① 徐拥军，嘎拉森. 档案安全是国家安全的重要基石［N］. 中国档案报，2022–11–07（3）.

点领域档案安全风险。

2. 践行"依法治档"，完善档案安全制度标准体系

以"依法治档"为目标导向，加快完善档案安全制度标准体系建设，是四川省各级综合档案馆在未来一段时期加强档案安全治理的必由之路。在法规制度方面，应以新修订《档案法》为根本遵循，重点关注数字档案资源安全保存、电子档案接收检测、重要电子档案异地备份保管以及数字档案馆建设等方面涉及的档案安全管理问题，重点聚焦档案安全管理责任制和数字环境下档案安全管理，加快推进档案安全制度走向科学化、完备化、系统化。在标准规范方面，应强化国家标准和档案行业标准运用，切实提升档案馆库建设、档案设施设备、档案病害防治、档案抢救修复、档案风险防控等工作的规范化水平。

3. 坚持"多重防护"，强化数字档案资源安全保障

在数字时代，档案工作环境、对象、内容发生巨大变化，迫切要求四川省各级综合档案馆不断创新档案工作理念、方法、模式，促进档案安全工作加快实现数字转型和智能升级。着眼于新时代档案安全风险管理，应强化多种手段运用，以确保馆藏数字档案资源在各业务流程中持续处于安全可控的状态。具体而言，一要深入探究现代化信息技术之于维护档案馆库安全、档案资源内容安全、档案管理系统安全等的重要作用，加快推进档案信息管理系统安全保密防护体系建设；二要加强馆藏数字档案资源异质异地备份，探索建立档案容灾备份机制，逐步提升重要档案信息系统应对重大灾害与突发事件的能力；三要强化大数据、人工智能、区块链、物联网等新一代信息技术在档案馆库建设、档案安全修复、数字档案馆等工作中的应用。在此过程中，四川省各级综合档案馆应立足自身实际，加快档案安全设施设备的迭代与更新，同时积极争取多方资金支持本单位档案安全管理，重点培养一批高质量、复合型的档案安全专门人才，为完善人防、物防、技防三位一体的档案安全防范体系打下坚实基础。

（六）全面深耕，谱写档案科技与信息化建设新篇章

1. 科学谋划顶层设计，加强制度标准体系建设

加强相关标准体系建设的顶层设计、统筹规划和系统布局，建立联合合作机制，并推动制度建设和完善，是四川省各级综合档案馆今后在档案科技和信息化建设方面的重点工作之一。一方面，四川省各级综合档案馆应有意识地将档案科技与信息化标准建设纳入档案科技与信息化建设的全过程之中，并将其按照内在联系进行有序整理以形成一套完整的标准体系，从而系统地推进档案信息化工作开展。另一方面，四川省各级综合档案馆应加强与信息化工作部门、档案形成部门以及标准化管理部门的联系与合作，通过组织研制小组、委托和招标等多种形式和途径，开展档案信息化标准规范建设工作。

2. 协调联动形成合力，推动档案数据共建共享

一方面，四川省各级综合档案馆应主动融入政府数字化转型，争取将档案工作纳入各地政府数字化转型的组织领导和总体方案中，通过建立协调机制、形成合力，借势借力推进本地区档案工作数字转型。另一方面，档案资源涉及主体众多，实现其共享利用不能依靠档案部门的单打独斗，需要相关部门共同参与。为此，四川省各级综合档案馆应在档案部门之间、档案部门与涉民部门及乡镇（街道）之间建立有效联结，通过专门领导机构、档案业务指导部门、技术团队的有力支持和配合，搭建档案信息化建设领导小组以负责本地区档案信息化建设工作的组织领导、指导协调、检查督促，切实保障档案信息化建设工作稳步推进。

3. 强化技术应用能力，发挥先进科技支撑作用

档案科技与信息化管理工作升级转型的难点在于技术。只有全面强化技术支撑，才能有效解决档案科技与信息化管理落后的问题。因此，四川省各级综合档案馆的档案工作人员应有意识地主动发现问题、提出问题，并在应用场景中不断思考信息技术的可应用之处。比如，在多数场景下，利用大数据技术可以实现对海量数据信息的动态化管理，充分挖掘档案信息资源并发挥其应用价值；利用区块链技术可以进一步保障档案数据的真实性，确保档案数据信息传输过程的安全可控。

4. 加大科研经费投入，完善科研干部激励机制

一方面，科研经费是科技创新的重要保障，四川省各级综合档案馆应积极争取档案科研的专项拨款，加大科研经费投入，同时还可以与企业、高校等合作，通过联合开展科研项目的方式加强优质档案科研成果供给，为档案科研领域创造更多机遇与条件，为档案事业的发展注入源源不断的创新活力。另一方面，激励机制是激发干部工作热情和创新能力的重要手段，四川省各级综合档案馆应根据档案科研工作的特点和需求完善科研干部激励机制，如建立绩效考核和奖励制度，根据科研成果、技术专利、学术论文等绩效指标进行评估，鼓励科研干部提升其科研水平和创新能力等。

（七）协同发展，增强档案文化创新能力

1. 创建巴蜀文化品牌，提升文化协同建设功能

四川省各级综合档案馆应从巴蜀文化品牌建设入手，提升档案文化创新能力。

一是打造档案文化知识产权（IP），并构建文化创新及产业聚集平台。可参照四川省林业和草原局与峨眉电影集团共建"大熊猫 IP"的模式，通过对档案文化的商业化运营和产业融合，将文化内容和流量转化为有形的消费商品，实现档案价值的资本化。二是推行"档案文化品牌建设工程"，建立深入人心的品牌形象。一方面，对档案馆的特色馆藏资源进行深度挖掘和文化包装，塑造档案馆特色文化品牌的独特定位。另一方面，推行一系列连贯、专题化的档案文化活动，形成用户坚定的品牌忠诚。

四川省各级综合档案馆应以爱国主义教育基地为载体，加强多方交流合作，充分发挥其文化教育功能。联合相关部门，创新开展"档案馆开放日""行走的课堂"等主题活动，开展科学普及和文化传播活动。通过举办档案巡展，与图书馆、博物馆、省市高校等联合开展档案文化"六进"活动，如四川省档案馆强调扩大档案对外交流合作，包括交流访问、组织参观、业务座谈等方式，以加强与国家、省、市（州）、县（市、区）档案馆的交流与合作。实践表明，跨区域、跨领域的交流合作，是推动档案文化建设的关键因素。

2. 推动编研四化转型，增强档案叙事表达能力

四川省各级综合档案馆需要推动档案编研工作的"四化"转型，实现选题的市场化和创新性，编研力量的社会化与合作性，档案资源的多样化与丰富性，以及编研成果的特色化和个性化。树立市场导向，充分发挥馆藏资源优势，深入挖掘档案文化资源，并注重独特性和创新性。同时，档案馆还需建立开放式、协作性的编研体系，积极拓展合作领域，鼓励社会公众参与，形成有特色、新颖、多样和优质的编研成果。

四川省各级综合档案馆在促进档案叙事创新方面，需从叙事者、受叙者、载体、叙事目的、叙事内容五个要素出发，以提升叙事者的能力和创新意识，创新叙事载体，丰富叙事目的和内容。叙事者需要具备档案学知识、史学基础，并积极探索多种叙事方式，以创新方式呈现档案故事。叙事载体可以利用多媒体、虚拟现实和增强现实技术，增强叙事的吸引力。叙事目的需要受众导向，考虑观众的需求、兴趣和接受能力。叙事内容则需要全面挖掘档案资源，合作与交流。

（八）人才强档，厚植多层次、复合型人才基础

1. 关注数量与质量"双提升"，促进人才供需动态平衡

档案人才资源配置效率的高低关系到档案治理体系与治理能力现代化建设。其中，人才数量是档案事业有序开展的前提，人才质量是档案事业持续繁荣的基础。

《"十四五"全国档案事业发展规划》明确将"档案人才队伍建设取得新发展"列入"十四五"时期档案事业发展目标，提出"档案队伍结构更加合理、素质更加优良、作风更加过硬"的具体要求。从需求侧来看，四川省各级综合档案馆的档案职业吸引力不足，尤其是县（市、区）档案馆，此外档案技能人才在教育阶段升学通路狭窄，就业后职场发展通道较短，薪酬待遇增长空间相对有限。从供给侧来看，多元协同的档案技能人才开发格局尚未形成，职业教育水平薄弱，高校专业设置与档案馆实际发展匹配度欠缺。

对此，一方面，需要继续发挥省档案学校的职业教育作用与能效，推进档案职业教育技能与档案学历资质相融合，为四川省各级综合档案馆输送更多档案人才。2019 年教育部等四部门联合印发《关于在院校实施"学历证书＋若干职业技能等级证书"制度试点方案》，部署启动了"学历证书＋若干职业技能等级证书"（简称 1+X 证书）制度试点工作。[1]2021 年 4 月 2 日"1+X"档案数字化加工职业技能等级证书由教育部正式发布，5 月 18 日，证书说明会在省档案学校顺利召开[2]。作为全国第一张国家部委认可的档案职业技能等级证书，该证书为相关专业学生实现高质量就业提供了有效支撑。另一方面，应改善基层档案人员的工作条件和薪酬结构，对学历型、高技能人才敞开怀抱。近年来，全国各地以降低落户门槛、提供购房补贴等优惠政策吸引人才，相继出台新政策，呈现出对象更加精细、涵盖范围更广的特点。四川省各级综合档案馆应在人才引进层面落实真招、实招、新招，解决劳动力和人才落户发展的后顾之忧，在留住人才、用好人才上做文章、下功夫。

2. 打通培训与应用"双循环"，落实培训成果显性化

四川省各级综合档案馆应综合运用档案专业人才库、人才专题座谈会、优质人才利用等方式，形成档案专业人才能力建设、学习培养、知识利用等宽口径、多维度工程布局。为此，需打通培训与应用"双循环"，制定明确的培训目标，确保培训内容与组织的需求和发展方向相契合；建立评估体系，对培训进行定期评估和反馈，以确保培训的有效性和实际应用效能；建立内部知识共享和沟通的机制，包括定期举办内部研讨会、工作坊或培训分享会；建立内部知识库或在线平台，用于存档培训材料、案例研究和最佳实践，供工作人员随时参考和学习，提高档案人员的工作能力

① 微言教育.职业教育"1+X"证书制度来了！［EB/OL］.（2019-04-17）［2023-06-03］.http：//www.gov.cn/fuwu/2019-04/17/content_5383660.htm.
② SAN.关注！全国第一张档案职业技能等级证书正式发布了［EB/OL］.（2021-02-23）［2023-06-03］.https：//www.sohu.com/a/468013557_121123743.

和专业水平，增强档案人员的归属感和工作满意度。

3. 促进晋升与评价"双优化"，实现评价机制规范化

良好的人才评价机制可以盘活人才流动的"源头活水"，评价结果既是评先评优、选人用人的重要依据，更能够直接、全面地评估档案人员的专业素质、业务水平、工作成就、创新能力和作风表现。这有利于将档案人才队伍建设的发力点引导到学业务、搞调研、强技能上来，形成人人渴望成才、人人努力成才、人人尽展其才的良性机制。四川省各级综合档案馆需要建立合理的晋升标准和评价体系，制定详细的评价指标和流程。通过明确的标准和体系，确保评价的公正性、客观性和透明度，这些指标可以包括绩效评估、专业能力、工作贡献和个人发展等方面。与此同时，建立公平的晋升机制和激励措施，确保晋升机制的公平性和公正性也十分重要，能够有效激发干部职工的积极性和发展动力，提高工作质量和效率。

专题编

服务中心大局篇

一、引言

新时代新征程上，档案作为一项基础性工作，在社会主义现代化进程中对推进经济建设、政治建设、文化建设、社会建设、生态文明建设和党的建设发挥着不可或缺的作用，与"国之大者"有着天然的契合性。[①]2018 年以来，四川省各级综合档案馆自觉把档案工作放到全国、全省的工作大局中去考量，牢记档案工作四个"好"、两个"服务"的目标任务，把握机遇，找准定位，精准记录并服务好新时代治蜀兴川发展进程，真正与"国之大者""省之要事"同频共振，在全面建成小康社会和社会主义现代化新征程中发挥重要作用。由此，本篇章以四川省各级综合档案馆服务中心大局工作为研究对象，概述其现状与成绩、总结其特点、发现其困难与不足、展望其未来，为奋力谱写中国式现代化的四川篇章提供档案支撑。

二、服务中心大局的现状与成绩

（一）决战决胜脱贫攻坚，全面推进乡村振兴

党的十八大以来，以习近平同志为核心的党中央把脱贫攻坚摆在治国理政的突出位置，作为实现第一个百年奋斗目标的重点任务，纳入"五位一体"总体布局和"四个全面"战略布局，作出一系列重大部署和安排，全面打响脱贫攻坚战。作为全国脱贫攻坚主战场之一，面对 2012 年底总计 88 个贫困县、11501 个贫困村、625 万建档立卡贫困人口的艰巨任务，四川省坚决贯彻中央精神开展精准扶贫工作，直至 2020 年如期打赢脱贫攻坚战役，圆满实现全面小康梦想。2020 年 12 月，中共中央、国务院印发《关于实现巩固拓展脱贫攻坚成果同乡村振兴有效衔接的实施意见》，强

[①] 陆国强.深入贯彻落实习近平总书记重要指示精神　全面提高档案工作质量和服务水平——在全国档案局长馆长会议上的报告［J］.四川档案，2022（2）：5-11.

调在巩固拓展脱贫攻坚成果的基础上，做好乡村振兴这篇大文章。四川省接续推进脱贫地区发展和群众生活改善，各有关部门齐心协力落实落细意见要求，致力于乡村经济高质量发展。可见，脱贫攻坚与乡村振兴是四川省 2018 年—2022 年的中心大局工作之一。

5 年来，四川省各级综合档案馆围绕脱贫攻坚与乡村振兴战略，充分发挥档案工作对于重大战略部署实施的基础性、支撑性作用。脱贫攻坚档案是在脱贫攻坚工作中形成的具有保存价值的文字、图表、音像、电子数据等形式和载体的历史记录，具有保存社会记忆、储存历史信息的基本功能，在资政决策和教育传播方面具有重要价值。[①] 四川省各级综合档案馆积极开展脱贫攻坚档案工作，取得较为显著的成绩。一是加强档案收集，借助展览开展宣传。完整、全面、成套的档案资源是后续开发利用服务的前提和基础。四川省档案馆加大力度完成脱贫攻坚档案收集，基本完成省乡村振兴局脱贫攻坚档案目录移交进馆工作，扎实做好立档单位档案进馆工作，完成 24 家部门（单位）脱贫攻坚档案归集工作，确保应收尽收、应归尽归、应交尽交。成都市档案馆积极探索丰富多样的档案服务方式，切实发挥脱贫攻坚档案在乡村振兴中的价值功能，与成都市农业农村局共同主办，资阳市档案馆和成都市 17 个区（市）县档案馆协办"档案见证小康路、聚焦扶贫决胜期"展览，用档案呈现成都脱贫攻坚成效。在国家档案局"点对点"指导下，凉山州档案局、档案馆充分利用 308.8 万件文书档案、12.01 万卷项目档案、402 册照片档案等脱贫攻坚档案归集成果，精选 300 余张图片图表、100 余件档案文献、260 件实物档案、80 万页数字化副本、100 余件音像档案，举办"美丽乡村展新颜"成就展。二是重视基层治理，积极服务乡村振兴。为扎实推进精准扶贫建档工作，四川省各级综合档案馆主动加强与档案主管部门的沟通联系，争取多方支持，将脱贫攻坚档案设立为专项工作，多级联动、多措并举，通过研究解决各类问题，提升试点工作质效，并将其纳入民生档案和基层档案工作整体考虑。大力推动建立县（市、区）、乡镇（街道）、村（社区）密切配合的三级档案工作管理网络，鼓励有条件地区建立乡镇档案馆，有需要的地方实行"村档乡镇代管"模式，鼓励建立村级档案室，探索构建村（社区）"一户一档"工作机制，助力提升农村基层治理能力。成都市郫都区档案馆通过摸底调查、制定方案、试点推进，在安德街道安龙村试点"一户一档"模式，充分考量村民参加保险、培训就业、领证确权、享受福利、土地归属、分房协议以及反映村民家庭和个人情

---

① 韩艳琴.乡村振兴战略视角下脱贫攻坚档案功能发挥探索［J］.兰台内外，2022（24）：38-40.

况的资料等，制定档案整理方案，明确归档内容和标准要求，为全村 800 余户村民建立"一户一档"，对掌握村情民情，加强村级管理，化解矛盾纠纷，维护集体和个人合法权益等方面发挥了积极作用。三是强化平台建设，便捷群众查档利用。四川省各级综合档案馆积极将档案馆职能特色与乡村振兴战略相结合，利用扶贫工作期间完成乡村档案文件类型的"摸底"调研，主动参与乡村档案资源整合和平台建设工作，按照"存量数字化、增量电子化"的原则，加快精准扶贫档案数字化；以全国扶贫开发信息系统为切入点，研究开展电子扶贫档案工作，建立扶贫档案专题数据库，为精准扶贫工作添砖加瓦。四川省档案馆将茂县设为"民生档案查档'一网通办'服务平台建设研究——以精准扶贫档案查阅利用为例"项目研究的专项试点地区，对茂县进馆精准扶贫档案进行数字化扫描，并启动建立精准扶贫档案查档"一网通办"服务平台，实现了精准扶贫档案网络化管理和异地查档利用，冀以探索可普及、可推广的民生档案"一网通办"模式。

（二）积极开展川渝合作，主动融入国家战略

"十三五"以来，成渝地区发展驶入快车道。中心城市辐射带动作用持续提升，中小城市加快发展，基础设施更加完备，产业体系日渐完善，科技实力显著增强，内需空间不断拓展，对外交往功能进一步强化，呈现出重庆和成都双核相向发展、联动引领区域高质量发展的良好态势，已成为西部地区经济社会发展、生态文明建设、改革创新和对外开放的重要引擎。"十四五"时期，我国已转向高质量发展阶段，共建"一带一路"、长江经济带发展、西部大开发等重大战略深入实施，供给侧结构性改革稳步推进，扩大内需战略落地走实，为成渝地区新一轮发展赋予了全新优势、创造了重大机遇。四川省积极推动成渝地区双城经济圈建设，为形成优势互补、高质量发展区域经济布局提供全方位支撑，助力构建以国内大循环为主体、国内国际双循环相互促进的新发展格局。

四川省各级综合档案馆积极与重庆市各级综合档案馆开展合作，签署合作协议，在档案资政、资源开发、民生档案查阅服务等方面深度融合，初步搭建起跨馆查档服务、档案文化宣传、红色档案开发、档案资源建设等多领域合作框架。2020 年 5 月 9 日，四川省档案馆与重庆市档案馆签署《助力成渝地区双城经济圈建设合作协议》，此后川渝两地各层级 11 家档案馆陆续签署了合作协议，助力成渝地区双城经济圈建设。截至 2022 年，双方先后召开两次联席会议，在档案资源建设、档案利用服务、档案文化宣传、红色档案开发等方面开展业务交流与研讨，联合开展"印记

100"川渝地区档案馆建党百年档案宣传系列活动，并举办成渝地区双城经济圈建设项目档案业务培训班、川渝地区档案馆爱国主义教育基地讲解员风采大赛等，协同助力成渝地区双城经济圈建设，为推进国家战略落地走实贡献档案力量。在档案编研方面，四川省档案馆组织 15 个市（州）档案馆积极参与《成渝地区双城经济圈城市概览》编撰，形成省档案馆牵头、市（州）档案馆积极参与配合的良性合作方式。在该项目中，成都市档案馆深入挖掘馆藏红色资源，梳理城市发展脉络，用档案讲好红色故事，顺利完成《成渝地区双城经济圈城市概览》成都篇的编撰任务。在档案利用服务方面，川渝区域网络共享平台构建协同开发通道在归集数据、接入端口、电子证照共享互认等方面的加速发展为推动档案信息服务平台整合贯通创造了良好条件。[①]截至 2022 年 12 月，川渝两地共推出 3 批 311 项政务服务"川渝通办"，实现两地数据互认、协作共享、全程网办，累计办件量超过 1300 万件次，日均近 2 万件次。[②]这一共享平台的建设有力地促进了数据信息资源互通，川渝地区档案服务一体化建设迈入快车道。

（三）发挥档案工作优势，助推四川高质量发展

2017 年，中国共产党第十九次全国代表大会首次提出"高质量发展"表述，标志着中国经济发展由高速增长阶段转向高质量发展阶段。党的十九大报告中提出的"建立健全绿色低碳循环发展的经济体系"为新时代经济社会高质量发展指明了方向，同时也提出了一个极为重要的时代课题。高质量发展的根本在于经济的活力、创新力和竞争力。[③]2020 年 10 月，党的十九届五中全会提出"十四五"时期经济社会发展要以推动高质量发展为主题，这是根据我国发展阶段、发展环境、发展条件变化作出的科学判断。四川省作为我国经济大省，正处于转型发展、创新发展、跨越发展的关键时期，必须以习近平新时代中国特色社会主义思想为指导，统筹推进"五位一体"总体布局、协调推进"四个全面"战略布局。一方面，深入学习贯彻习近平新时代中国特色社会主义思想，用党的创新理论统一思想、统一意志、统一行动，扎实开展党

---

① 胡仁浩.跨区域红色档案资源协作开发利用实践与研究——以川渝地区档案馆为例［J］.档案学研究，2023（2）：87-94.

② 郭晓静.共用一张卡——川渝通办让办事有速度服务有温度［EB/OL］.（2022-12-30）［2023-07-23］.https：//www.cqrb.cn/content/2022-12-30/1330075_pc.html.

③ 李扬，武力.从"十三五"到"十四五"看党的新发展理念实践与创新［J］.中共党史研究，2021（2）：5-13.

史教育和学习教育，坚持用马克思主义中国化时代化最新成果指导实践、推动工作。另一方面，全面落实新发展理念，以推动成渝地区双城经济圈建设为总牵引，积极投身新时代新征程四川现代化建设，坚持以问题为导向，着力解决产业体系不优的问题，以夯实实体经济为抓手优化产业结构，整体提升产业层次和水平。

四川省各级综合档案馆以治理能力现代化为主要发展方向，积极服务高质量发展战略。

一是聚焦党和国家政治生活中的大事，不断推出档案文化精品，广泛开展爱党爱国爱社会主义宣传教育。紧紧围绕中华人民共和国成立70周年、中国共产党成立100周年、庆祝党的二十大胜利召开等重大时间节点，深入挖掘馆藏档案资源，通过举办档案展览、出版档案汇编、制作档案微视频等多种方式，充分展现党的初心使命、奋斗历程和丰功伟绩，宣传弘扬党的光荣传统、优良作风和宝贵经验。四川省档案馆积极助力"壮丽70年阔步新时代——四川省庆祝新中国成立70周年大型成就展"，共同承办由中共四川省委主办的以"壮丽史诗、伟大飞跃"为主题的四川省庆祝中国共产党成立100周年主题展览，扎实开展"喜迎二十大·档案颂辉煌"主题活动，唱响主旋律，弘扬正能量。例如，在庆祝中华人民共和国成立70周年等重大活动中，四川省档案馆积极参与筹备"四川省庆祝中华人民共和国成立70周年大型成就展""喜迎二十大·档案颂辉煌"系列展览、与省委宣传部等部门共同承办四川省庆祝中国共产党成立100周年主题展览，承办"百年恰是风华正茂""'印记100'川渝地区档案馆馆藏中国共产党红色珍档展"等多个展览，与省直机关工委、四川日报社共同主办"新时代四川省机关党的建设成就展"，积极借助馆藏档案资源服务党史学习教育和理想信念教育。

二是积极开展各类重点工程、重要领域档案工作业务指导。重点工程由于投资大、资金来源多、建设工期长、参建单位多，所形成的重点工程档案具有价值高、数量大、种类多、结构复杂的特征①。其不仅对鉴定工程内在质量具有凭证作用，而且也是项目投产使用后运行、管理、维修、技改和扩建等工作的重要依据。着眼于建设好重点工程档案资源是高质量发展的内在要求，2018年—2019年，四川省各级综合档案馆大力加强能源、交通、环境保护、基础设施建设等项目档案工作的业务指导，开展重大项目档案业务指导或验收。比如，四川省档案馆以"铁公机"（铁路、公路、机场重大建设项目）为重点，开展成都至兰州、成都至都江堰等铁路项目，雅安至康定、都

① 李元.重点工程档案管理存在的问题及对策［J］.城建档案，2021（10）：56-57.

江堰至汶川等公路项目，天府国际机场、巴中恩阳机场等项目档案工作现场指导，服务现代综合交通运输体系建设；针对水电、风电、光伏发电、火电、天然气等不同项目制定分类指导方案，推进能源项目档案工作，服务能源产业高质量发展；完成《基于 EPC 总承包模式下的项目档案工作实践与研究》并积极推广使用；指导省交投集团开展全国建设项目电子文件与电子档案管理试点工作；开展建设项目档案工作专题片、微视频征集活动，并推荐参加全国评选，获得若干奖项。雅安市档案馆主动服务川藏铁路第一城、绿色发展示范市建设，充分发挥档案工作在服务新发展格局、增强经济发展新动能中的基础性作用。自贡市档案馆成立工作专班，重点开展"三线"建设极具代表性企业——四川长征机床集团有限公司相关的档案接收征集工作。

三是以推动成渝地区双城经济圈建设为总牵引，深化运用事前、事中、事后闭环指导服务模式，积极配合新区建设开展各类园区档案和省内重大活动档案业务指导工作。投身新时代新征程四川现代化建设，为认真落实中央、四川省委推进高质量发展决策部署，成都市围绕建设现代化开放型产业体系，以产业生态圈引导功能区建设取得了阶段性成效，以产业功能区为牵引优化空间结构重塑经济地理的态势全面形成，已整合形成 14 个产业生态圈、66 个产业功能区，产业形态发生了质的飞跃。[①] 以四川省自由贸易试验区为例，四川省各级综合档案馆以资源调查为基础制定园区各类档案资源进馆方案，进而指导开展园区档案管理工作。基于调研成果，2019 年，四川省档案馆起草加强自由贸易试验区档案工作的指导意见，形成《自由贸易试验区档案工作调研报告》，为四川省各地区新区、园区建设档案工作提供参考。同时，四川省档案馆加大工作经验宣传推广力度，通过举办全省项目档案业务培训班的方式将相关工作经验进行普及分析，推动《四川省产业园区档案管理办法（试行）》贯彻落实，促进产业园区档案工作与园区建设同步推进，确保园区档案及时、完整进馆保存。此外，聚焦 2021 成都全球创新创业交易会、世界大学生夏季运动会、中国西部国际博览会等重要活动，成都市档案馆坚持提前介入、精心策划，积极赴现场实地开展文件材料收集及档案业务指导工作。泸州市档案馆注重加强重大建设项目档案的业务指导，做好中国国际酒业博览会、中外地理标志产品博览会等重大国际化会展档案的业务指导，为中国（四川）自由贸易试验区川南临港片区、泸州综合保税区、中国（泸州）跨境电商综合试验区等国家级开放平台建设提供优质档

---

① 濮寒梅.加强产业功能区档案管理 助推产业功能区能级提升［J］.未来城市设计与运营，2022（4）：34-37.

案服务。四川省各级综合档案馆使治蜀兴川发展史得到完整记录和有效保存，为档案资政参考工作奠定了资源基础。

（四）统筹发展和安全，积极融入社会治理新格局

安全和发展是一体之两翼、驱动之双轮。统筹社会发展和人民安全是党中央治国理政的一个重大原则，是以习近平同志为核心的党中央基于新发展阶段的新特征、新要求，为防范化解各类风险挑战而确定的重大工作方针。5 年来，四川省统筹"两个大局"，胸怀"国之大者"，坚决贯彻落实习近平总书记关于加快推进社会治理现代化，紧紧围绕"讲政治、抓发展、惠民生、保安全"的工作总思路，坚持党的全面领导，把加强和完善党的领导贯穿于社会治理的全领域、全过程、全环节，着力抓好新的重点任务，进而加快推进社会治理现代化，奋力开创平安四川建设新局面，切实增强四川人民群众的获得感、幸福感、安全感。

四川省各级综合档案馆积极响应国家社会治理体系现代化建设工作，将社会发展和人民安全作为工作主攻方向，将与人民民生和社会进步密切相关的各类民生档案与疫情防控档案管理作为工作重心。一方面，积极建设民生档案资源，为社会发展奠定坚实基础。民生档案与人民群众的生产生活息息相关，是维护人民群众切身利益的历史记录和真实的原始凭证，是政府部门在从事社会管理过程中形成的大量有价值的档案信息。第一，健全民生档案保障。四川省档案馆抓好社保、生态环境等主管部门机关档案业务指导工作，在制度层面明确对养老、医疗、低保等涉及民生档案资源的整合利用，使档案工作更多、更好、更公平惠及广大社会公众。甘孜州档案馆及时出台加强脱贫攻坚、依法治州、城乡提升、交通先行、产业富民、生态文明建设和对口援建档案等规范性管理意见。第二，完善线上利用平台。四川省各级综合档案馆积极对接国家档案查询利用服务平台，推行查档服务标准化，促进查档服务均等化、普惠化、便捷化；探索建立档案馆工作公众参与和反馈机制，推行"馆内＋馆外""线上＋线下"的档案服务开放模式。第三，强化档案开发利用。四川省各级综合档案馆深入学习贯彻习近平总书记关于做好新时代档案工作、文化建设和文化自信等系列重要指示批示精神，大力推进档案文化建设，深入开发档案资源，不断推出符合党和国家要求、符合人民和社会需求、体现四川档案文化特色的档案精品，为夯实文化自信基础、推进社会主义文化强国建设贡献了重要的四川档案力量。阿坝州档案馆深度开放馆藏资源，吸引与文化研究相关的教授、专家、学者等群体共同参与开展档案编研项目，逐渐形成开放共享、联合编研的新机制；积极参与档案开发利用优秀成果征集活动，展

示推介优秀档案开发利用成果。达州市档案馆"十三五"期间共举办各类展览 50 余次，参观人数达 12 万人次，发放资料达 9 万余册；完成《抗日战争档案资料汇编·达州卷》第一卷的初稿送审工作和《达州档案志》初稿编撰工作，编辑出版《独秀山民》《达州珍档》等编研成果。另一方面，建设好疫情防控档案资源，为突发事件处理提供参考价值。四川省档案馆如期完成疫情防控档案阶段性进馆任务，扎实做好立档单位档案进馆工作，确保应收尽收、应归尽归、应交尽交。阿坝州档案馆积极服务疫情防控工作，及时派员指导新冠疫情防控文件材料收集归档，自新冠疫情发生以来，在疫情防控特殊时期坚守阵地，一手抓防控、一手抓业务，加强与四川省应对新冠疫情指挥部办公室、州疾控中心及各县（市、区）档案馆的联系沟通，主动服务、积极配合，针对疫情防控工作文件材料收集归档开展网上、现场指导，确保疫情防控和社会服务两不误。成都市档案馆主动服务疫情防控，及时印发新冠疫情防控档案工作指导意见，收存成都疫情防控和复工复产档案。

三、服务中心大局的特点

（一）以历史为基石

四川省各级综合档案馆重视发挥爱国主义教育基地职能，瞄准重大活动、重要事件节点，积极利用馆藏红色资源开展主题档案文献展览、党史研讨学习等活动，将红色档案的开发利用与党性教育、"四史"教育、革命传统教育和爱国主义教育有机结合，助力赓续红色基因、传承弘扬伟大建党精神。与此同时，四川省各级综合档案馆注重强化红色档案资源研究阐释，利用红色档案资源回击各种历史虚无主义错误言论，坚决维护党和国家的根本利益。

一是坚持区域协同。川渝地区地缘相接、文化相通，区域内的红色档案资源具有较强的内在联系。有鉴于此，川渝两地综合档案馆以区域协同为基础，注重将馆藏红色档案资源整合为共通融合的有机体，使沉寂且分散的红色历史档案焕发新的生机和活力。这种整合对于梳理中国共产党在川渝地区革命进程的发展脉络、剖析历史发展的关键因素具有积极意义，有利于将档案背后的精神隐喻转化为情感认同与社会共识，有效凸显红色档案资源在弘扬社会主义核心价值观中的铸魂育人作用。[①]

① 胡仁浩.跨区域红色档案资源协作开发利用实践与研究——以川渝地区档案馆为例［J］.档案学研究，2023（2）：87-94.

二是立足地方特色。四川省各级综合档案馆立足本地区中心工作,深度挖掘本土红色资源,推出富有地域特色的红色档案文化精品,扎实开展档案宣传。阿坝州档案馆健全口述史料采集工作机制,以此为契机深度挖掘红色资源,将阿坝地区的杰出红色人物事迹融入党性教育、革命传统教育和爱国主义教育,采用展览、专题活动等方式发挥档案存史资政育人的作用,提升阿坝儿女的民族自豪感、增强民族自信心。

三是强化阵地建设。四川省各级综合档案馆充分挖掘红色档案资源,高质量、高标准建设爱国主义教育基地。四川省档案馆围绕庆祝中国共产党成立100周年,承办由中央档案馆、新华通讯社主办的"百年恰是风华正茂"主题档案文献展,展出珍贵档案文献500多件,生动展现中国共产党的奋斗历程和伟大成就,为全省党史学习教育和"四史"宣传搭建生动课堂;与省委宣传部等部门共同承办由省委主办的以"壮丽史诗、伟大飞跃"为主题的四川省庆祝中国共产党成立100周年主题展览,利用1200余张历史图片和400余件实物再现了各个历史时期共产党人在四川不忘初心、砥砺前行的伟大实践和推动巴蜀大地发生的历史性巨变;与成都博物馆探索文博档案资源共享合作途径,共同举办"红星耀蓉城·百年铸辉煌"展览,通过270余件(套)档案、文物及实物资料,较为全面地展现了中国共产党百年奋斗史中的成都时刻;与"学习强国"四川平台联合推出"红色百宝"专栏3期;与成都电视台合作拍摄制作《蓉城先锋》《新天府会客厅》特别节目;与"四川新闻网"联办云宣讲专栏,播放70余部红色档案。自贡市档案馆建设自贡市井盐历史档案研究中心,建成独具地方特色、高规格、高质量的爱国主义教育展厅,不断提升服务水平,努力创建省级爱国主义教育基地;加强与机关、学校、部队、社区等单位的联系,建立长期共建共育机制,将爱国主义教育基地建成中小学生档案教育实践基地,注重面向社会公众开放,不断拓展档案馆的公共服务和宣传教育功能。

(二)以基层为重点

四川省各级综合档案馆面对基层档案管理工作中可能存在的档案管理制度建设不足、归档范围不明、档案管理流程模糊、专业人才匮乏不足等问题,依托省、市(州)、县(市、区)三级综合档案馆积极联动,坚持"统筹推进、确保安全""规范管理、有效利用"原则,在如下三方面推进档案工作服务中心大局。

第一,做好资政服务。四川省各级综合档案馆围绕党委、政府重大决策部署和经济社会热点问题,充分挖掘馆藏档案价值,找准历史档案与现实需求的结合点,及时推出档案资政参考资料,打造档案资政品牌,释放档案潜能,为推进科学决策、民主决策、依法决策提供档案参考。例如，成都市档案馆建立和推行全国首个档案资政参考周报制度，成立由馆主要负责人为组长的领导小组，以目标管理的方式统揽全馆人员"参采、参编、参用"，创新采用"呈现历史＋讲好故事"的形式，每周一期，报送至市委常委、市人大常委会主任、市政协主席、副市长的工作案头；2022年1月创刊至2023年1月已报送43期，先后9次获得市领导的肯定性批示。

第二，聚焦业务指导。四川省各级综合档案馆围绕政策规范普及、组织系统培训、监管文件归档等要点，重点指导立档单位不断提升基层档案工作水平。宣汉县档案馆为扎实推进基层扶贫档案工作进馆工作，通过及早谋划、关口前移，加强指导监督等多重举措确保归档质量；在前期归档立卷过程中，县档案馆提前介入，与扶贫开发局、各乡镇（街道）主动联系，对精准扶贫档案工作提出明确要求。按照国务院扶贫办、国家档案局以及省市有关要求，对精准扶贫档案工作开展业务培训，对档案收集、整理、归档、数字化等各环节进行全过程业务指导，确保精准扶贫档案高质量完整进馆。

第三，建设联动工作体系。四川省各级综合档案馆依照相关制度规范，致力于做好档案规范化管理工作，基本形成市（州）、县（市、区）、乡（镇）、村四级档案工作网络。以泸州市疫情防控档案管理为例，泸州市、县（市、区）、乡（镇）、村四级档案、扶贫部门将精准扶贫档案工作早安排、早部署，将脱贫攻坚文件材料的齐全收集、规范整理、安全保管、有效利用纳入脱贫攻坚目标责任考核重要内容，纳入档案行政执法检查内容，为开展好精准扶贫档案工作提供了坚实机制保障，构建形成"党委政府统筹协调、相关部门各负其责、县乡村户同步建档、市县乡村四级联动"的精准扶贫档案工作体系，确保三个贫困县档案应收尽收、有效管理。

（三）以服务为导向

档案馆工作作为社会治理体系的一部分，有责任也有义务参与社会治理能力现代化的发展历程中。四川省各级综合档案馆主动融入和服务乡村振兴、"一带一路"建设、长江经济带发展、新时代西部大开发、黄河流域生态保护和高质量发展等重大国家战略，积极服务成渝地区双城经济圈建设，主动服务"四化同步、城乡融合、五区共兴"战略部署，更好发挥档案工作和档案资源的基础性、支撑性作用。

第一，服务乡村振兴发展。乡村档案作为乡村发展过程中直接形成的原始材料，记载着乡村的变迁历史和风俗习惯等，是乡村人文资源的有效物质载体，也是乡村振兴发展的重要参考资料。四川省各级综合档案馆积极将档案馆职能特色与乡村振兴战略相结合，确保管好用好乡村档案。比如，内江市档案馆建立健全县（市、区）、镇（街）、村三级联动档案管理，建立健全档案工作各项管理制度，联合内江市档案局将村级档案管理工作列入档案行政执法检查，从组织建设、收集整理、安全保管、查阅利用等方面指出村级档案工作中存在的问题；各镇、街道按照《乡镇档案工作办法》要求，把村级档案工作纳入目标考核管理体系，确定分管领导，落实具体人员；深入学习《村级档案管理办法》，提高档案业务水平；联合镇（街）开展村级档案人员集中业务培训，重点讲解村级档案整理归集方法步骤和档案管理要求，并进行实操演练，推进村级档案工作制度化、规范化建设。

第二，融入区域发展战略。四川省各级综合档案馆积极落实"四向拓展、全域开放"战略部署，助力"一带一路"建设，拓展国际交流。四川省档案馆服务建设国际门户枢纽城市，积极参与"一带一路"国家档案领域合作，履行好国际档案理事会（ICA）东亚地区分会会员职责，推进国际档案学术交流和档案文化传播。成都市档案馆积极扩大国际影响力，成功加入国际档案理事会东亚地区分会并成为会员单位；坚持走出去，派员赴葡萄牙、日本、中国台湾等地开展档案文化交流，赴香港举办境外档案业务培训班；主动迎进来，圆满承办中俄档案合作分委会第三次会议、中俄"档案修复"国际会议和"庆祝中华人民共和国成立70周年——中俄友好关系历史档案文献展"；开展"6·9"国际档案日系列宣传活动，持续在国际档案理事会官网"亮灯"。

第三，助力区域经济发展。四川省各级综合档案馆围绕国家重大区域发展战略、全省区域发展战略，积极提供档案利用服务。聚焦成渝地区双城经济圈建设，四川省档案馆与重庆市档案馆签署合作协议，在档案资政、资源开发、民生档案查阅服务等方面深度融合，在建设项目档案业务培训班、爱国主义教育基地讲解、档案整理鉴定、保管保护、编研开发、信息化建设等方面开展业务交流与研讨，为成渝地区双城经济圈建设营造良好的合作氛围，架起档案信息资源共享利用的桥梁。成都市档案馆完成市委全会、成都"两会"、成都市科技创新大会等"双重"活动文件归档工作，较为完整地记录成都抢抓成渝地区双城经济圈建设的战略机遇；贯彻落实市委发挥"主干"引领辐射带动作用的决策部署，先后与资阳、眉山、德阳市档案馆签订合作协议，助力成德眉资同城化发展。

四、服务中心大局的不足与展望

（一）服务方式同质化，工作开展受到限制

就公共服务而言，档案资源建设和开放还需进一步丰富。调研发现，四川省各

级综合档案馆的档案服务大多数为简单的档案查询、档案借阅，聚焦于传统业务领域，其档案编研成果形式也主要是微视频、出版书籍、开设展览等。面对新发展格局下的档案创新发展战略，四川省各级综合档案馆应当灵活创新形式，主动赋能，融入社会治理体系现代化进程，提高公共服务水平。

第一，构建基础保障平台。民生档案跨馆利用已成为目前档案工作者提升服务效能的重要课题，也是民生档案价值充分发挥的重要途径。一方面，四川省各级综合档案馆应牢固树立档案信息安全意识，坚持底线思维、增强忧患意识，严格把住档案信息安全关口。建立完善档案信息共享利用相关管理制度，规范和优化档案开放审核工作程序和审批手续，做好共享档案信息的前置审核。^①另一方面，四川省各级综合档案馆应在现有工作的基础上进一步推动与重庆市及各地综合档案馆的合作协议签订，并细化民生档案各领域相关制度的推出，以民生档案跨馆利用为基础，搭建馆际之间业务交流平台，推动深化档案利用、资源互通、信息开发等方面的合作，为服务中心大局奠定坚实保障。^②

第二，构建数字资源平台。民生档案管理工作在发展中呈现出显著的信息化、数字化、平台化趋势，档案馆如何顺应数字时代潮流，建设数字资源平台，更好地展示综合档案馆民生档案管理工作的各项成果，意义深远又迫在眉睫。一方面，四川省各级综合档案馆可以针对现有馆藏数字资源深度开展民生档案需求调研工作，将《"十四五"公共服务规划》中的重点民生保障目标纳入档案数字资源建设工作中，对涉及农村土地确权、林权、社保、残疾人及病残儿童鉴定、新农村建设、脱贫攻坚、房产、婚姻等领域民生档案应收尽收，逐步推进进馆民生档案数字化工作；另一方面，四川省各级综合档案馆应当加快建设全省档案资源目录数据平台，进一步做好与全国档案查询利用服务平台对接，促进档案工作向汇总统一、精准服务的方向发展。

第三，构建文化展示平台。民生档案是人们在社会活动直接形成的原始记录，汇集着大量的各门类知识，具有重要的历史凭证和文化记忆价值。为充分展示地区民生特色，最大化利用民生档案，四川省各级综合档案馆应"因地制宜"开展主题丰富、形式多样的民生档案文化展示活动。据统计，专业档案、民生档案在

① 沈阳市档案局.深化档案共享利用　提升为民服务效能——沈阳市民生档案跨馆利用取得阶段性成果［J］.中国档案，2023（5）：42-43.

② 锅艳玲，司冬梅.京津冀民生档案整合研究［J］.档案天地，2023（7）：26-29.

近年来综合档案馆馆藏资源中的占比逐步提升，名人档案、疫情防控档案、红色档案、非遗档案等珍贵特色档案脱胎于民生档案，却在社会发展中拥有了新的价值与意义。为此，四川省各级综合档案馆可以在馆库面积充裕的基础上，广泛接收受到省部级表彰的荣誉类实物档案；按照自愿寄存、有偿服务的原则，面向金融、保险、医疗等系统开展档案寄存工作；对不同内容和载体的民生档案进行有序接收，不断丰富馆藏，充分利用各类民生档案积极举办相关展览，为民众提供精神文化服务。

就资政服务而言，档案利用与资政工作仍有进一步完善的空间。唯有在档案资政参考编报工作中做到旗帜鲜明讲政治，围绕中心大局，从各级政府决策需求出发，找准历史与现实的结合点，方能充分发挥档案资政襄政作用。未来，四川省各级综合档案馆应当突出强调创新引领，深度挖掘馆藏珍贵档案资源，切实发挥资政作用，着力推动档案资政工作实现全面创新，高质量服务新时代治蜀兴川中心大局。

第一，彰显档案特色。四川省各级综合档案馆馆藏资源丰富，其全面完整地反映了四川人民过往生活与社会变迁。有鉴于此，四川省各级综合档案馆应充分发挥档案工作"为党管档、为国守史、为民服务"的重要职责，推出更多主题鲜明、内容鲜活、感染力强的档案编研作品，让经济社会发展的历史记录、人民群众的历史记忆焕发新的时代光彩。同时，四川作为红色精神的重要凝结地和发源地之一，其综合档案馆馆藏的红色档案承载着长征精神、红岩精神、抗美援朝精神、"两弹一星"精神、"两路"精神、抗洪精神、抗震救灾精神、抗疫精神、脱贫攻坚精神等伟大精神，是弘扬光荣传统、赓续红色血脉的宝贵素材。有鉴于此，四川省各级综合档案馆应积极与党史、方志、图书、文博等部门（单位）合作，对意义深远、内涵厚重的档案资源进行编研开发，生动讲述档案背后承载的故事，以更好地服务中心大局、服务政府决策、服务社会公众。

第二，创新资政方式。传统档案资政成果既有资政，参考文献、简报等载体和形式，比如达州市档案馆精心拍摄制作党史纪录片《档案里的红色达州》；四川省档案馆在新冠疫情暴发后，第一时间精选档案编印《从馆藏档案看四川疫情灾害及应对措施》；成都市档案馆利用声像档案编辑形成的《成都市委工作实录》《成都市疫情防控工作实录》特色资政专刊在服务市委、市政府中心工作中取得显著成效。同时，档案资政也需要涉及知识服务、决策支持系统、智库战略决策平台等新型形式，其内容既要符合公共决策不同类型的需求特点，又要涵盖公共决策的所有领域和层次。① 四川省各级综合档案馆应当充分利用数字档案资源拓展资政服务形式，将原本"呈报式"的资政服务路径转变成以公共决策需求为导向、以知识服务为主要形式的资政服务体系，努力融入智慧政府大数据平台，实现档案资政服务精品化，推动档案资政服务提质增效。

第三，学习先进经验。目前，四川省各级综合档案馆已基本做好疫情防控和脱贫攻坚"两类档案"的归档入库和数字化扫描等工作，部分地区积极推进相关专题数据库和"一网通办"平台建设，取得了良好成效，但目前而言，对"两类档案"资源的深入挖掘和编研工作较为欠缺；档案利用开发与本土文化、地域特色、风土人情等结合不够；在结合全省中心大局、政府主要任务、社会热点、重大时间节点原创推送档案资政信息时，时效性和实效性需进一步提升。考虑到疫情防控档案蕴藏着四川人民抗击突发公共卫生事件的宝贵经验，脱贫攻坚档案承载着四川人民治蜀兴川发展奋斗的历史经验，四川省档案馆应充分发挥牵头作用，引导全省档案馆整合人力、资金、档案等资源，积极推动省档案馆与基层档案馆、基层档案馆与基层档案馆之间开展档案编研项目合作，积极选派优秀人员作为学术顾问，参与各地档案编研项目，加强业务指导，构建全省上下联动、一体推进的档案编研工作新格局。四川省各级综合档案馆应当主动汲取省内外档案部门在档案资政、档案编研、开发利用等工作中取得的先进经验，切实提升本单位档案工作服务中心大局的能力和水平。

（二）融入发展战略有限，工作切入点有待创新

在实践工作中，四川省各级综合档案馆对"一带一路"建设、长江经济带发展、新时代西部大开发、黄河流域生态保护和高质量发展等重大国家战略融入程度相对有限，档案工作存史资政育人的作用有待于进一步深度实现。

第一，运用战略思维，强化规划统领。四川省地处长江、黄河上游，是"一带一路"重要纽带、长江经济带核心腹地、成渝地区双城经济圈主体区域，生态位置重要，战略地位突出，更需要明确目标、把握全局、抓住重点、着眼长远，以战略思维引领实践工作开展。《科技支撑四川省黄河流域生态保护和高质量发展行动方案》《"一带一路"进出口商品集散中心（四川）建设策划方案》《成渝地区双城经济圈建设规划纲要》《长江经济带发展规划纲要》等国家发展战略重要规划

---

① 归吉官，邵晓瑜.新时代我国档案资政服务体系：基本认知、内容框架及结构模型［J］.档案管理，2023（1）：26-29.

缺乏档案工作的相关内容，在制度层面限制了四川省各级综合档案馆深度融入本区域重要发展战略。为此，四川省各级综合档案馆应明确自身战略定位，在宏观层面完善档案部门融入发展战略的制度设计，高站位、高起点、高质量参与完成各类区域协调发展规划编制和细则完善工作，为新时代四川档案事业高质量发展奠定基础。

第二，运用精准思维，解决突出问题。四川省各级综合档案馆应充分认识档案普遍产生于各种自然条件、地理和社会环境之中，是最真实的历史记录，各方面工作都离不开档案。对于战略落实过程中需重点关注的精准扶贫、省域全面开放、长江与黄河四川段生态保护修复等主要社会问题，四川省各级综合档案馆应当坚决贯彻落实中央和省委决策部署，精准识别于重大发展战略落地过程中形成的对国家和社会具有重要保存价值的档案资料。一方面，四川省各级综合档案馆应做好经济发展、脱贫攻坚、生态环保等重点档案归集，全面推进新时代四川档案资源体系建设；另一方面，四川省各级综合档案馆要主动出击，聚焦区域重大发展战略积极开展各类档案编研工作，为精准服务中心大局工作提供档案资政参考。

第三，运用历史思维，突出文化支撑。四川省各级综合档案馆应当以品牌化建设为导向，聚焦地域特色和区位优势，深入挖掘馆藏档案资源的历史凭证与文化教育价值，助推本单位档案工作提质增效、与区域重大发展战略深度融合。比如，长江和黄河流域综合档案馆可以立足档案资源优势，探索筹办各类档案专题文献展，讲好四川人民为长江黄河生态经济退耕还林、退牧还草、防沙治沙、保护生态的奋斗故事，还原80多年前工农红军的翻雪山、过草地的长征精神。

（三）跨机构合作较少，主体外向型有待扩展

调研发现，四川省多数综合档案馆受档案机构改革后编研力量、档案资源分散、地方人力物力缺乏等因素影响，仅靠一己之力难以全力支撑区域重大发展战略走深走实，档案资源的存史资政育人价值尚待进一步深度实现。四川省各级综合档案馆在未来应加强馆藏档案资源要素的结构性整合，打破介于不同主体的边界壁垒，积极探索构建档案工作"多元主体参与"和"跨域协作联合"模式。

第一，纵向深化资源建设。四川省各级综合档案馆应当立足本职工作，做好馆藏档案资源整理与数字化工作，重点完成濒危档案抢救性保护工作。①根据新修订《档

①　陆国强.新时代档案事业高质量发展的根本遵循［J］.档案学研究，2021（6）：4-5.

案法》第十八条规定，四川省各级综合档案馆可以加强与党史、方志、图书、文博等部门（单位）和高校学者的合作，组织专业力量参与重大项目档案、生态环保档案等科学研究、技术运用和资源建设工作。在此方面，部分地区档案馆已形成可资借鉴的先进经验。比如，在档案资源征集方面，内江市档案馆通过内江电视台、内江日报社以及新媒体广泛宣传内江档案征集方案，扩大征集范围和线索；与市文联、市摄影家协会等合作，举办各种展览，广泛征集珍贵特色档案。在档案资源利用方面，甘肃省档案馆曾与兰州大学共同推进"甘肃省档案馆藏祁连山及黄河生态环境档案调查与叙录"国家重点档案保护与开发项目，该项目成果既可为广大政府部门及学术工作者提供全面、准确、方便检索的档案文献指南，又可为全国生态环境类档案编研提供有益借鉴，兼具现实意义与学术价值。①

第二，横向推动资源共享。四川省各级综合档案馆应当依托多元主体协同机制，持续强化跨区域、跨机构协作，基于省域档案信息资源共享平台建设推进实现多源异构档案资源结构化整合与利用，系统揭示中国共产党在四川地区百年波澜壮阔的历史征程和奋斗实践，增进社会公众对四川特色档案的理解与阐释。四川省各级综合档案馆应进一步健全区域内档案协同治理机制，完善覆盖全省长江流域、黄河流域的档案馆生态环保档案资源共享体系，实现战略档案资源聚合，协同参与"一带一路"和对外开放相关项目档案工作的开展，加大脱贫攻坚、西部大开发等"四重档案"的归集和开发力度，不断提升综合资政能力、协同治理水平。

第三，引入社会力量参与。新修订《档案法》第七条明确规定，"国家鼓励社会力量参与和支持档案事业的发展。"为此，四川省各级综合档案馆可以采取多种方式，鼓励社会力量参与档案资源建设、档案利用开发等工作，吸纳社会力量成为新时代档案资源体系、利用体系建设的重要参与者。此外，探索建立档案馆与社会组织、民间机构的合作共享机制，盘活散存于民间的档案资源，形成档案馆与社会力量的良性互动和资源共享，同样有助于推动四川档案事业走向转型创新和高质量发展。在实践工作中，四川省各级综合档案馆可以鼓励和引导民众将档案文献捐赠至专业机构妥善保存，广泛发动高校、科研机构、研究人员的专业力量以及民间学者、历史文化爱好者、文创企业等社会力量，充分挖掘系列档案文献的历史价值和学术价值，推动四川档案文献征集保护与开发利用的有效结合。例如，四川作为红军长征从南向北的桥梁和中转基地，可以围绕"重走长征路"相关主题重点征集具有四川特色的红色档案，并在此基础上和相关高校联动开展主题教育宣讲和展览活动。同时，四川也是清代的重要的粮仓和盐仓，因此可以围绕"四川全图"等重要历史档案，联合科研机构与历史文化类协会开展相关研究，充分发挥档案的历史凭证价值。

五、结语

总体而言，四川省各级综合档案馆面对全面建成小康社会和建设社会主义现代化两项任务，认真履职尽责、勇于担当作为、持续优化效能，在服务脱贫攻坚与乡村振兴、成渝地区双城经济圈建设、四川高质量发展、统筹社会发展与人民安全等中心大局工作中作出重要贡献。其中，以历史为基石、以基层为重点、以服务为导向三大特点贯穿四川省各级综合档案馆服务中心大局各项工作，既契合习近平总书记对四川工作系列重要指示批示精神，又凸显档案工作存史资政育人的功能作用。未来，四川省各级综合档案馆将以"合作"围绕中心、以"创新"服务大局，为在新征程上全面建设社会主义现代化四川、推动国家档案事业高质量发展贡献更多力量。

档案治理篇

一、引言

党的十八大以来，以习近平同志为核心的党中央从经济社会发展的实际出发，提出将"完善和发展中国特色社会主义制度，推进国家治理体系和治理能力现代化"作为全面深化改革的总目标。档案作为党和国家各项工作以及人民群众各方面情况的真实记录，档案工作作为党和国家各项事业的重要组成部分，其治理体系建设是实现国家治理体系和治理能力现代化的基础工程。《"十四五"全国档案事业发展规划》将"档案治理体系"置于"四个体系"之首，进一步说明了档案治理体系建设的首要地位和重要意义。国家综合档案馆作为档案事业发展的核心主体，更应发挥主体作用，加强档案治理体系建设，提升档案治理效能。2018年以来，四川省各级综合档案馆顺应档案局馆机构改革形势，在加快职能转变的基础上，按照坚持党的全面领导、坚持以人民为中心、坚持全面依法治档、坚持优化协同高效，全面推进档案治理体系建设与治理能力现代化，为推动四川省档案事业高质量发展发挥引领作用、提供强大引擎。由此，本篇章以四川省各级综合档案馆的档案治理工作开展情况为研究对象，总结现状与成绩，分析困难与挑战，找准应对之策，以期推动四川省各级综合档案馆形成档案治理的良好格局。

二、档案治理的现状与成绩

（一）与时俱进，推动档案管理体制优化完善

档案治理体系与治理能力的现代化，离不开健全的档案管理体制机制。为此，四川省各级综合档案馆在顺应机构改革要求的基础上，全面加强党对档案工作的全面领导，健全档案局、馆工作协调机制，切实做到工作一盘棋、分工不分家，聚焦主责主业，提升履职能力，推动四川省档案事业高质量发展。

1. 顺应机构改革部署要求，完成综合档案馆机构改革

2018 年 2 月，党的十九届三中全会审议通过了《中共中央关于深化党和国家机构改革的决定》和《深化党和国家机构改革方案》，明确了新时代深化党和国家机构改革的指导思想、总体要求、决策部署和基本原则。

在此轮机构改革中，档案机构从以"局馆合一"的管理体制为主导转换为以"局馆分立"为主。四川省各级综合档案馆坚决贯彻中央关于深化党和国家机构改革的决策部署，严格执行机构改革方案，以高度的政治自觉认真按照省委统一安排迅速落实责任，精心组织实施，加强各方协调，模范遵守各项纪律规定，确保各项改革任务落实到位。在内设机构设置、人员调整等方面严密部署，建立了一套运行顺畅、上下贯通、执行有力、管理科学的工作体制和运行机制，做到把该做的工作开展起来，确保综合档案馆履行职责不缺位、不越位、不错位。同时注重加强思想政治工作，引导干部职工服从大局、服从改革，进一步统一思想认识，确保思想不乱、队伍不散、工作不断。

比如，2018 年 11 月 12 日，四川省档案馆正式挂牌，省档案馆作为省委直属事业单位，不再保留与省档案馆合并设立的省档案局。自贡市档案馆坚持早谋划、早部署、早开展，于 2019 年实现"三个率先"。一是率先完成机构职能设置。2019 年 2 月，完成市档案馆挂牌工作，明确市档案馆性质、班子成员等。二是率先配齐配强干部队伍。在 5 月馆"三定"方案出台后，6 月迅速调整配齐新科室干部队伍。三是率先全面移交档案行政工作。2019 年 11 月，市委办"三定"方案调整出台后，市档案馆将行政工作及行政印章全部移交市档案局，圆满完成机构改革阶段性任务。

2019 年，四川省档案馆全覆盖调研 21 个市（州）档案馆工作，全面了解机构改革后各市（州）档案馆工作运行情况，及时召开调研汇报会，切实找准制约档案馆转型升级高质量发展的问题症结，形成高质量调研成果报送中央档案馆国家档案局和省委分管领导。

2. 切实履行党管档案责任，贯彻"档案工作姓党"原则

机构改革进一步强化了档案工作的政治属性，明确了"档案工作姓党"的原则，更加强化了党对档案工作的全面领导。

5 年来，四川省各级党委着力将档案事业的发展提上重要议事日程，把档案工作纳入党委办公室工作总体布局，与中心工作同谋划、同部署、同推进、同督促，切实把坚持和加强党的领导落实到档案工作的全过程和各方面。四川省多地市（州）委主要领导和分管领导亲自到档案馆指导工作，并就档案馆工作作出批示和要求，帮助协调解决工作中遇到的困难和问题。各级财政加大了对档案馆建设的投入，通过国家中西部地区县级综合档案馆建设项目、国家发改委"十二五"支持四川藏区经济社会发展建设项目以及各地自建项目的实施，不断改善档案馆工作的基础条件。部分市（州）、县（市、区）还将档案馆绩效目标考核纳入了同级党委办公室。各级党委、政府的高度重视和相关部门的大力支持，为四川省各级综合档案馆工作创造了良好的发展环境，持续鼓舞广大档案馆工作者埋头苦干、再创佳绩。

与此同时，四川省各级综合档案馆始终把党的政治建设摆在首位，认真落实意识形态责任制，抓好中心组理论学习，持续深入学习习近平新时代中国特色社会主义思想和习近平总书记对四川工作系列重要指示批示精神，认真贯彻落实中央、省委有关会议精神，树牢"四个意识"，坚定"四个自信"，做到"两个维护"，"档案工作姓党"意识不断强化。

3. 健全完善局馆协同机制，共同构建档案事业新格局

机构改革后，四川省各级综合档案馆在保证各项工作平稳有序运行的基础上，树立档案工作"一盘棋"意识，积极发挥档案馆专业技术优势，主动服务四川省档案事业发展，确保各项改革任务落到实处、档案工作不受影响，全力构建档案工作新格局。

机构改革后四川省各级综合档案馆积极探索在党委领导下加强局馆工作融合的有效机制。通过重点工作会商、专项工作协作、日常工作联络等工作机制，不断加强档案局、馆间沟通联系，理顺工作关系，搞好协同配合，形成工作合力，共同推动档案事业发展。四川省档案馆主动与省档案局协商沟通省档案馆数字档案馆建设、年度工作要点、业务培训等重大事项、重要培训会议，共同筹备全省档案系统领导干部培训班。泸州市创新建立起局长、馆长"一肩挑"工作机制，深化落实市档案局、市档案馆协同机制，完善市档案局、市档案馆重点工作会商、专项工作协作、日常工作联络等工作机制。凉山州档案馆则始终坚持"零障碍""零距离"配合州档案局开展档案事业统计、2021年机关档案归集指导、档案"双套制"移交与接收指导、省州重点项目档案验收指导、规范档案外包服务、档案行政执法检查、档案专业技术人员职称评审以及开展"6·9"国际档案日宣传活动等工作，统筹派出169人次指导117家单位，实现局馆同轴共转、同频共振、同步发展。

4. 聚焦主责主业转型升级，提高综合档案馆业务能力

机构改革明确了四川省各级综合档案馆主要履行接收、征集、整理、鉴定、利用、开发档案等职责，发挥爱国主义教育基地、档案安全保管基地、档案利用服务中心、政府公开信息和电子档案备份管理中心"五位一体"功能，并对下一级档案馆业务进行指导。为此，四川省各级综合档案馆主动顺应新形势、适应新变化，围绕主责主业积极推动档案工作转型升级，进一步优化档案接收整理、保管保护、开发利用及"双重"档案管理、声像档案管理等制度流程，确保馆务科学高效运行，并采用业务指导、培训交流等方式对下一级综合档案馆业务进行指导，促进全省综合档案馆业务工作提质增效。

在档案接收和征集方面，四川省各级综合档案馆不断丰富以人民为中心的档案资源体系建设，并将"拓展档案资源收集范围"作为"十四五"时期四川省档案资源体系建设的重点任务之一。并全面推进档案"双套制"移交与接收工作，扎实做好机构改革、疫情防控等档案的收集、整理、指导和接收进馆工作，不断丰富馆藏档案资源。

在档案保管保护方面，四川省各级综合档案馆着力加强档案馆库建设，确保档案的实体安全。其中，内江市档案馆聚焦档案实体安全保管，实施隐患大排除，馆长带头开展百日行动，最大限度保障档案实体安全；甘孜州20个综合档案馆馆库建设资金全部到位，基础设施实现由小到大，从功能单一到功能齐全的根本性转变。

在档案利用服务方面，四川省各级综合档案馆充分发挥资源优势，切实满足全社会利用与服务需求。尤其是持续深化民生档案异地查档跨馆服务，扩大民生档案跨馆利用范围。全省已有85个综合档案馆接入全国档案查询利用服务平台，共计办理异地查档跨馆服务已达12297人次。其次，四川省各级综合档案馆深入研究档案利用需求，畅通档案利用渠道，不断丰富异地查档种类，持续推动民生档案服务做深做细做实，为双城经济圈乃至更广范围的群众提供更多档案服务公共产品，让档案利用成为惠民生、暖民心的有力举措。最后，四川省各级综合档案馆积极探索"线上＋线下""业务＋文化"的档案公共服务新模式，做到了服务在时间、空间、内容上的全方位延伸。

在档案信息化建设方面，四川省各级综合档案馆坚持以档案信息化体系建设为目标，认真贯彻落实国家和全省信息化发展战略，积极推进数字档案馆建设试点工作，加快推动档案工作数字化转型。四川省档案馆组织专门力量，研究制定《四川省档案馆档案信息化发展规划》和《四川省档案馆数字档案馆建设方案（草案）》，形成了"搭建一个平台、部署三个网络、形成两个数据库、建成一批试点"的"1321"目标要求。

此外，四川省各级综合档案馆还采用推抓并举的方式，创新工作方法，确保业务工作落地落实。例如部分市（州）综合档案馆探索建立了领导接待日制度、科室轮转制度等，相关领导和科室负责人工作日轮流到窗口服务，县级干部每月定期到窗口监督，提升档案查阅利用服务效能。汶川县档案馆对全县 7 个乡镇、55 个部门档案工作实行分片区网格化管理，业务工作落实到每名干部职工头上，采取互帮的形式带动工作，做到责任到人，工作无盲点。

（二）依法管档，发挥制度优势营造法治氛围

1. 加快档案制度体系建设，促进档案事业健康有序发展

在制度规范建设方面，自新修订《档案法》和《"十四五"全国档案事业发展规划》颁布实施以来，四川省各级综合档案馆以此为根本遵循，逐步推进相关制度规范的立改废工作，强化制度供给，提升依法治档水平。同时全面健全制度体系建设，以制度为引领，进一步提升了四川省各级综合档案馆精细化、规范化、流程化管理水平，健全完善了科学有效的内部管理机制和业务流程体系，有效提升了档案治理效能。

在档案馆工作规划建设方面，《"十四五"全国档案事业发展规划》是 2018 年机构改革以来的第一个五年规划，不仅是档案事业高质量发展的纲领性文件，也将指导今后一段时期四川省各级综合档案馆健康发展，因此具有非常重要的作用和意义。为此，四川省各级综合档案馆按照国家、省、市（州）"十四五"规划编制总体部署，从 2019 年底开始，积极组织开展"十四五"规划编制工作。在此过程中，四川省档案馆先后开展全省档案馆工作大调研、省外经济发达地区档案馆工作调研，全覆盖调研 21 个市（州）档案馆工作，调研部分县（市、区）档案馆工作，赴北京、天津、辽宁、上海、江苏、浙江等 15 个省份、地区调研档案馆工作，形成《全省档案馆工作转型升级高质量发展调研报告》等 15 份调研报告，充分吸收先进经验、基层经验和诉求，为规划编制打下坚实基础。

2022 年，四川省档案馆印发《四川省档案馆"十四五"发展规划》，从"资源立馆""服务活馆""开发兴馆""科技智馆""安全固馆""人才强馆" 6 方面为"十四五"时期四川省档案馆事业发展擘画蓝图，为高质量发展提供基本遵循。各市（州）以此为遵循，结合实际情况，分别制定了"十四五"时期档案工作发展规划，其中成都市、自贡市等 8 个市（州）档案馆单独印发了本地区档案馆"十四五"发展规划或实施方案，详见表 1。

表 1　各市（州）档案馆"十四五"规划印发情况

序号	各市（州）档案馆"十四五"规划名称	印发时间
1	《成都市档案馆"十四五"发展规划》	2022 年 4 月 25 日
2	《遂宁市档案馆"十四五"发展规划》	2022 年 10 月 14 日
3	《凉山州档案馆"十四五"发展规划》	2022 年 7 月 13 日
4	《达州市档案馆"十四五"发展规划》	2022 年 9 月 21 日
5	《巴中市档案馆"十四五"发展规划》	2022 年 3 月 2 日
6	《阿坝州档案馆"十四五"规划》	2022 年 3 月 7 日
7	《自贡市档案馆"十四五"重点工作》	2022 年 4 月 15 日
8	《内江市档案馆关于贯彻落实全国、全省〈档案事业发展"十四五"规划〉的实施方案》	2022 年 1 月 24 日

在档案馆业务制度规范制定方面，机构改革后，四川省各级综合档案馆根据新的职能定位，并结合新修订《档案法》等相关法规制度要求和档案工作实际情况，及时开展了规章制度制修订工作，推动实践工作走深走实。其中，遂宁市档案馆清理完善并建立本馆制度 58 个，并及时汇编成册印发，严格用制度管人、管钱、管事。

在档案接收征集方面，2020 年四川省档案馆修订《四川省档案馆收集档案范围细则》，并与有关省级单位积极对接，按照"双套制"移交要求做好档案移交相关工作。泸州市档案馆围绕新冠疫情防控，在全省率先印发《关于做好新型冠状病毒感染的肺炎疫情防控工作文件材料收集归档工作的通知》，并抽调 3 名业务骨干到疫情防控指挥部对 122 家单位对口指导，接收首批疫情防控纸质档案 109 盒、数字化副本 326GB 及数码照片、音视频等 2100 余张（条），出入证、捐赠证书等实物档案 45 件。阿坝州档案馆详细制定《2022—2026 档案接收工作计划》，2022 年已按计划接收州交通局、州司法局、州民政局等 11 家单位各类载体档案、资料共 750 盒 14542 件，案卷 207 盒，同时征集到本土藏民生产生活用具、嘉绒地区兵器、印章等实物档案 12 套进馆保存。

在档案安全保管方面，四川省档案馆制定《四川省档案馆馆藏档案全宗卷管理办法》，进一步加强档案管理工作。资阳市档案馆完成全市档案事业调查统计工作及档案服务外包情况调查工作，并据此完善《档案入馆须知》《档案外包服务机构须知》，统一细化档案整理标准。绵阳市档案馆认真贯彻落实《关于进一步加强档案安全工作的实施意见》，制定《绵阳市档案馆突发事件应急处置预案》，举行应急演练检验和提升安全应急能力。宜宾市档案馆对照《四川省国家综合档案馆工作规范化管理标准》制定《宜宾市档案馆档案行政执法检查三年行动迎检工作方案》，并倒排工期，分类分项进行工作规范化管理，全面整改达标，确保顺利通过 2023 年全省档案行政执法检查。同时印发《市档案馆主管领导档案工作职责》《市档案馆档案保管制度》《市档案馆档案保密制度》等 12 个档案工作制度并严格执行，完善《档案安全应急预案》，落实防范安全风险责任清单，强化安全风险管控。

在档案开放利用方面，四川省档案馆制定《四川省国家综合档案馆开放审核划控规则》《四川省国家综合档案馆开放审核质量管理办法》《四川省档案馆档案开放审核安全管理办法》《四川省档案馆档案划分控制使用范围工作细则》等，全面推进档案开放审核工作标准化体系建设。在此基础上 2022 年依法依规向社会开放馆藏省政府办公厅、省卫生健康委、经济和信息化厅档案 5500 余件。泸州市档案馆在全省率先印发《馆藏档案开放审核与解密工作方案》，制定馆藏档案开放审核 10 年计划，完成地辖泸州市糖酒公司档案开放审核工作，实施馆藏档案信息筛查（二期）项目，推进档案开放审核法治化、规范化、常态化。为积极探索建立"不见面"档案利用服务新模式，还同步修订、完善《查档须知》《查档流程》《未开放档案查阅制度》等 5 项制度。

在档案信息化建设方面，2022 年，绵阳市档案馆以全省首批数字档案馆建设试点为契机，主动争取省、市主管部门指导帮助，科学编制了《绵阳市数字档案馆建设项目建议书》《绵阳市数字档案馆建设方案》，推动绵阳市数字档案馆建设项目纳入市政务信息化建设项目，建设方案已通过市政府办和市财评中心评审正式进入项目招标阶段。

2. 加强制度的贯彻与执行，确保档案工作的规范化开展

制度的生命力在于执行。只有强化制度执行力，加强制度执行的监督，才能切实把制度优势转化为治理效能。为此，四川省各级综合档案馆在加强制度体系建设的基础上，通过创新工作模式、加强业务培训、增设内部监督考核等方式推动制度的落地执行。

例如，内江市档案馆聚焦档案业务能力提升，实施全员大练兵。由馆长亲自挂帅，将班子成员和科室同志分为 3 个小组，每周定期开展业务实操工作。并启动干部轮值工作，创新压实落细日常监督措施，提升内部监督效。设立 3 个轮值组，由 3 名副县级领导干部带领科室同志组成工作组按月轮值，从党的六大纪律、档案馆日常工作、重点特色创新工作、环境卫生治理四个方面，开展日常监督、提醒纠正、交叉检查、跟踪问效、督促落实。甘孜州档案馆全方位增强档案干部队伍综合素质，培养懂业务熟技能勇创新"一专多能"的复合型人才。近年来组织举办省档案学校甘孜培训班和脱贫攻坚、交通先行等档案业务培训班共计 23 期，各县（市、区）业务培训实现了全覆盖。

3. 加大档案法治宣传力度，全面牢固树立依法治档理念

"七五"普法规划实施以来，四川省各级综合档案馆以习近平总书记系列重要讲话特别是关于全面依法治国的重要论述为指导，深入开展档案法治宣传教育，积极推进档案治理能力建设，推动全省依法治档理念和意识进一步增强。其中，重点围绕深入学习宣传贯彻习近平法治思想和习近平总书记对档案工作重要指示批示精神，学习宣传中国特色社会主义法律体系和党内法规，学习宣传以新修订《档案法》为核心的档案法律制度，学习宣传依法行政相关法律法规等主要内容开展了一系列法治宣传活动，并总结形成一系列具有特色的档案法治宣传教育经验与模式。

一是将法治宣传教育纳入领导干部学习内容。四川省各级综合档案馆在组织实施年度各项工作任务时，特别注重将法治宣传教育内容纳入各类培训、学术交流、知识竞赛、主题活动范围。例如，四川省档案馆已推动将法治宣传教育重点内容列入理论学习中心组、党组织"三会一课"、领导干部研修班、档案职业技能比赛培训计划，列入省档案干部教育培训基地各培训班次，并积极参与国家档案局和四川省有关法治宣传教育活动，实现了法治宣传教育的全覆盖。

二是善于利用馆藏档案资源开展法治宣传教育。馆藏档案是服务法治宣传，尤其是党史学习教育、传承革命基因、赓续红色血脉最生动的教材，为此四川省各级综合档案馆立足馆藏资源，深挖内容，精耕创作，通过多种形式服务法治宣传，用四川故事做好法治教育。四川省档案馆以馆藏 1933 年中共川陕省委翻印的《中华苏维埃共和国宪法大纲》为切入点，制作宪法宣传微视频，凭借独特的馆藏资源优势，在 1.7 万多件同类作品中脱颖而出，在全国普法活动中获奖。在常设展览部分"百年四川"展厅展示了四川解放初期各项规章制度肇始情况，"馆藏精品档案"展厅展示了清代巴县衙门档案中的司法档案专题，从不同的历史时期、政治经济文化方面的不同角度对参观者进行了多维度、立体化的法治宣传教育。

三是通过"请进来"和"走出去"方式，针对不同主体开展形式丰富的法治宣传活动。例如泸州市档案馆 2022 年联合在泸高校开展红色档案研学活动，组织在校师生参观档案馆爱国主义教育基地，参与新修订《档案法》有奖竞猜活动。邀请市民走进档案馆，参加"我心中的档案馆"打卡留影留言活动，组织参观群众参与新修订《档案法》知识问答，收集留影 100 余张、留言 90 余条。与美团配送公司合作，在市区范围内，通过美团骑手随餐配送档案宣传资料 500 余份，将习近平总书记对档案工作重要指示批示精神、新修订《档案法》、《来自档案的一封信》、民生档案查档便民服务小贴士等内容送到群众手中。

四是借助新媒体平台，形成形式丰富的档案宣传产品。四川省档案馆在四川档案网开辟宣传专栏，解读《四川省国家档案馆管理办法》，制作的"我与宪法"微视频《传承》，获得司法部、国家网信办、全国普法办组织开展的 2018 年"我与宪法"优秀微视频征集展播活动二等奖。内江市档案馆则坚持以全员参与形式开展"岗位练兵·干部练笔"活动，着力加大档案宣传力度，推广内江档案工作经验。2021 年，人民网、《中国档案报》、四川机关党建网、《四川档案》等媒体采用内江市档案馆稿件 109 篇（次），2 篇工作案例入选全省档案馆工作创新案例，1 篇论文获市直机关庆祝中国共产党成立 100 周年理论研讨论文优秀奖，档案宣传走向全国。

（三）多维共治，优化治理结构释放共治动能

多元共治的核心议题是参与主体方面处理好政府、市场（企业）、社会组织和个人在治理体系当中的结构关系问题。四川省各级综合档案馆积极通过协商、合作、参与等方式促进不同主体间的互动关系，以优化档案治理结构，引入更多力量充分激活和释放档案治理的动能。

1. 纵向上形成省、市（州）、县（市、区）综合档案馆三级联动模式

机构改革后，四川省各级综合档案馆在机构职能编制规定中明确了对下一级档案馆业务进行指导的职能。5 年来，四川省各级综合档案馆认真履行"三定"规定职能职责，发挥专业技术优势，除依法依规开展档案接收、整理、保管保护和利用工作外，特别注重加强对下一级档案馆业务、技术指导，通过调研、培训、会议、交流、现场指导等多种途径，推动了档案工作持续健康发展。

四川省档案馆充分发挥在全四川省各级综合档案馆的示范引领和牵头作用，立足档案馆基本职责职能，5 年来持续加强对市（州）、县（市、区）档案馆工作的业务指导，并牵头制定档案整理鉴定、档案征集等方面业务指导性意见。此外，四川省档案馆还定期组织召开档案开放审核、档案保管保护和信息化建设、档案馆与文化建设、档案编研工作、档案资源建设等会议，全覆盖调研市（州）和县（市、区）档案馆档案编研工作，通过视频连线方式将档案法专题讲座、档案文化建设专题讲座、档案信息化建设专题讲座等讲座开到市（州）及县（市、区），一体化带动四川省各级综合档案馆业务建设提质增效。

不仅如此，四川省部分地区综合档案馆还积极开展乡镇档案业务指导，组织乡镇、村打造标准化档案室、建设乡镇档案馆、推行村档乡（镇）代管。其中，内江市档案馆按照国家档案局、民政部、农业部联合制定的《村级档案管理办法》，指导健全村级档案工作机制，配套制定《内江市村级建设调整改革村级档案移交处置配套措施》，创新编制通俗易懂、易于操作的《村级档案顺口溜》六则，制定村级建档目录指导清单，指导全市村级组织对照清单，收集归档材料，形成扶贫档案、户籍档案、社保档案、健康档案等大量民生档案，全市村级档案资源得到有效拓展，有力提升村级档案服务能力。截至 2022 年，全市 681 个撤销建制村已全面完成档案归档移交，1119 个行政村全部建档，形成涉及农村各方面档案 12 万余卷、24 万余件。《乡镇档案工作办法》正式施行后，为确保将乡镇档案工作规范化建设要求落到实处，四川省高县档案馆组织专题会议学习并研究贯彻落实举措。通过举办专题培训会的方式，对各镇档案工作人员进行现场培训，全面系统地讲解《办法》相关要求。同时，对照《办法》中的各类标准，县档案馆指导各镇建立健全档案保管利用机制、完善乡镇文件材料归档范围和档案保管期限表；对县内各镇归档情况进行摸排调研，分析目前基层档案工作存在的突出问题并制定整改措施，适时召开专题经验交流会；确定 1～2 个规范化镇、村档案室作为试点，采用以点带面、示范推进的模式，促进全县乡镇档案保管利用科学化规范化。

2. 横向上开创跨地区、跨部门、跨行业的三维档案事业协作格局

首先，积极探索区域合作新模式，整合馆藏特色与业务专长，灵活创新建立跨地区的协作关系。四川省各级综合档案馆主动融入黄河流域生态保护和高质量发展等国家重大发展战略，积极服务成渝地区双城经济圈建设，推进区域民生档案"异地查档、跨馆服务"共享协同机制落地落实。为深化合作助力成渝地区双城经济圈建设，2020 年四川省档案馆与重庆市档案馆在成都签署《助力成渝地区双城经济圈建设合作协议》，近年来围绕档案资政、档案资源建设、档案利用服务、档案资源开发、档案科技教育、档案研讨交流和联合争取国家支持等七个方面开展一系列深入合作。各市（州）综合档案馆也逐步与川渝地区档案部门签订定向合作协议，促进两地合作走深走实。

其次，在档案资源共享、跨馆利用、文化共建等方面建立跨部门的长效合作机制。为整合四川省各级综合档案馆档案资源优势和其他部门行业优势，四川省各级综合档案馆积极探索建立跨部门合作机制，通过业务共建、成果共享的方式推动档案事业共同向好发展。例如，四川省档案馆 2022 年联合长江、黄河流域 20 个档案馆推出"江河奔腾千人读档"跨省区联动展播活动，讲述红色档案故事，诠释党的初心使命，实现长江、黄河流域档案馆首次跨省区联合联动、首次多平台展示展播、首次读档宣讲宣传、首次云端接力接续。组织全省 205 个档案馆开展"百馆联动、千人读档、万人观展"活动，集中发布"6·9"国际档案日全省档案馆 351 项主题活动，集中展播百馆风采风貌，集中组织公众"打卡"档案馆，集中推介百馆优秀案例，展现全省档案馆事业向上向好良好局面。联合邓小平故居陈列馆、川陕革命根据地红军烈士陵园管理局、四川长征干部学院阿坝雪山草地分院等单位开展"千人读档"活动，收到读档视频近千部，发布读档主题 35 期，点击点赞总量近千万，活动专栏被"学习强国"全国总平台收录，实现省级档案馆零的突破。成都市档案馆首次向西部战区档案馆、重庆市档案馆、云南省档案馆、昆明市档案馆、成都市博物馆等征集到与成都有关档案 8000 余件，并且累计与 37 个城市档案馆签订民生档案跨馆合作协议，实现副省级城市全覆盖，是中西部签订省际合作协议最多、覆盖面最广的国家综合档案馆。

最后，主动发挥馆藏资源与业务技术优势，加强跨行业的交流合作与业务互鉴。一方面发挥了档案工作服务中心大局作用，另一方面也为加强档案业务管理和推动档案事业创新发展注入了新活力、新动力。其中，部分综合档案馆客观考虑到自身在声像档案管理和资源积累方面的短板，主动与宣传部门合作，提升档案资源体系建设水平。例如资阳市档案馆与资阳新闻传媒中心签订档案资料接收征集合作协议，共建共享资阳精品声像电子档案资源库，通过此合作方式将反映资阳市城乡建设、重要活动、重大事件、重点工程项目、城市发展变迁、知名企业、老字号形成等历史文化情况的照片、影像、专题纪录片进行全面接收。部分综合档案馆则主动"走出去"，对接相关部门的业务、文化建设需求，为其举办展览、学术研究、编史修志等提供档案服务。例如，遂宁市档案馆主动对接市委组织部、市委党研室、安居区委和市传媒集团等部门，为其提供大量档案资料。部分综合档案馆发挥职能优势，坚持指导与服务并重，高标准高质量做好地区重大活动和突发事件全过程档案收集管理工作。例如乐山市档案馆提前介入省十四届运动会档案工作，派出相关业务人员，深入省运会组委会调研指导档案工作，并与组委会 12 个部（室）档案专兼职人员开展了座谈，就省运会应收集的档案门类、档案载体以及日常工作中应注意档案的形成和收集等内容进行现场指导，确保了省运会档案资料收集齐全完整，整理规范有序，并在省运会结束后及时将档案接收进馆。部分综合档案馆立足馆藏资源优势，充分发挥外部智力支持，通过与科研机构、高等院校合作，加快对馆藏历史档案的整理研究，提升馆藏档案资源开发利用水平，更好地服务地方经济社会文化发展。例如，宜宾市档案馆与四川省社科院历史研究所、西华师范大学历史文化学院、宜宾学院酒史研究中心、宜宾学院马克思主义学院签订合作协议，分别就馆藏清代叙永直隶厅档案、民国档案、酒史档案、红色档案相关研究利用等方面展开深度合作，清代叙永直隶厅档案已著录 40 余万字，取得初步成效。

三、档案治理的困难与挑战

"十四五"时期，完善档案治理体系、着力发展高质量档案事业，是推进四川乃至国家治理体系现代化的关键步骤和迫切需要。四川省各级综合档案馆档案治理体系建设工作处于重要战略机遇期的同时，也面临以下重重挑战。

（一）工作机制有待进一步加强，档案局馆协同机制仍需深化

在档案工作机制构建方面，四川省档案局、馆的协同机制有待进一步制度化与深化细化，以推进局馆之间高效协作。根据调研，虽然机构改革明确了局馆职责分工，但档案局馆协同机制未能以制度形式得以明确和细化，容易导致落实局馆协同机制工作不够扎实。另外，部分地区档案局馆未能建立起常态化的协作机制，导致了局馆协作"接不稳、接不顺、接不紧"的情况。例如部分地区未能定期召开市（州）工作联席会和县（市、区）工作协调会，这在一定程度上影响了本地区档案工作的整体谋划和统一部署，档案工作合力有所削弱。

（二）制度体系有待进一步健全，档案制度标准尚存漏项弱项

档案和档案工作管理标准化、制度体系化的健康发展需要完备有效的档案管理规范体系。但目前部分综合档案馆在电子档案管理、档案外包服务、档案安全保护、

数字档案馆（室）建设等重点领域存在制度缺项，阻碍了档案工作的标准化、规范化开展。此外，四川省综合档案馆在国家、行业、地方标准制定中参与度较低。目前，我国已形成由国家档案局归口管理的 6 项国家标准、98 项行业标准为主体内容的档案标准规范体系，但四川省综合档案馆尚未参与标准编制，未能很好地将四川档案工作经验以标准规范方式进行推广应用。

（三）馆际档案业务水平不平衡，部分档案馆业务能力待加强

机构改革后综合档案馆职能进一步明确，需要聚焦主责主业，认真履行档案保管利用基本职能，统筹推进档案馆"五位一体"功能建设。但由于发展基础、经费水平、人才储备等多方面原因，四川省各级综合档案馆客观上存在馆际间业务水平发展不平衡的现象，部分综合档案馆需要进一步加强基础业务能力建设。根据调研，部分综合档案馆档案收集工作力度偏弱，档案"双套制"移交进馆工作进展不够理想；档案整理鉴定工作基础薄弱，欠账较多，馆际间开放进度不一；档案信息化建设相对滞后，数字档案馆建设与发达地区相比还有较大差距；重点档案抢救工作推进较为缓慢，实体抢救工作尚有空缺。

四、档案治理的对策与展望

对于档案治理，未来四川省各级综合档案馆应坚持以习近平新时代中国特色社会主义思想为指导，深入贯彻习近平总书记对推进国家治理体系和治理能力现代化、对档案工作重要指示批示精神，坚持以新修订《档案法》《"十四五"全国档案事业发展规划》和《四川省档案事业发展"十四五"规划》《四川省档案馆"十四五"发展规划》为引领，以完备档案治理体系建设为主线，促进档案治理体系更加完善、更加科学、更加协同高效，全面推动档案馆工作转型发展、高质量发展。四川省各级综合档案馆在本地区档案馆或档案事业"十四五"发展规划中也进行了对应的任务部署。

（一）践行法治理念，提高档案法治化水平

四川省各级综合档案馆应牢固树立法治思维，践行法治理念，依法治档、依法治馆，切实提高档案馆工作法治化、规范化、科学化水平，从而构建上下贯通的依法治档、依法治馆新格局，更好发挥法治对四川省各级综合档案馆各项工作的引领、规范、促进和保障作用。

一是要深入贯彻实施新修订《档案法》等档案法律法规，进一步修订完善四川省各级综合档案馆的内部管理制度，从管理、业务、技术等多个维度系统性地逐步建立健全四川省各级综合档案馆整体工作制度体系。二是要通过组织开展"学制度、用制度、守制度"学习研讨，印发制度汇编，强化监督检查，提高制度的执行力。三是要积极参与国家、行业和地区档案标准的研制与申报，鼓励本地区档案学会、行业组织及其他各类主体参与档案标准制定修订工作。

（二）巩固协同理念，推动档案共建共治共享

四川省各级综合档案馆应进一步巩固协同理念，继续加强档案局馆协同机制建设，探索建立档案事业"共建共治共享"创新模式。

四川省各级综合档案馆应通过制度建设进一步深化档案局馆协同机制，通过制定出台《档案局馆协同推进重要工作事项沟通协调会制度》等方式，加强全省各级档案局馆工作统筹，科学摆布工作，进一步提升协同质效，推动全省档案工作高质量发展。同时应聚焦服务发展大局，加强四川省各级综合档案馆与省内外各级各类企事业单位、专业档案馆等的交流合作，通过协助开展工作、合作开展研究等方式，推动各单位优势互补、资源共享、创新发展。此外，四川省综合档案馆应始终坚持人民立场。不仅要进一步建设好覆盖人民群众的档案资源体系和方便人民群众的档案利用体系，提高人民群众满意度。还要探索建立档案馆工作公众参与和反馈机制，推行"馆内＋馆外、线上＋线下"的档案服务开放模式。

（三）坚持系统观念，加强整体业务能力建设

四川省各级综合档案馆应坚持系统观念和问题导向，善于科学统筹、全面协调，通过完善多维共治机制，抓重点、补短板、强弱项，做好四川省各级综合档案馆的档案基础业务能力建设。

一是进一步充分发挥四川省档案馆在四川省各级综合档案馆、市（州）档案馆在全市（州）各级综合档案馆的示范引领和牵头作用，立足档案馆基本职责职能，进一步加强对市（州）、县（市、区）档案馆工作的业务指导。探索以关键业务制度指导共建的方式，不断提升四川省综合档案馆整体水平。二是充分发挥省档案学校（省档案干部教育培训基地）作用，采取举办档案专题培训班、开展线上培训、牵头开展馆际交流等方式，加大对市（州）、县（市、区）档案馆干部队伍的培训力度，切实为全省档案馆工作高质量发展提供人才支撑。三是建立专家团队。由省档案学

会牵头，分类建立政策法规、收集征集、整理鉴定、保管保护、开发利用、信息技术等档案专家团队，有针对性开展咨询服务、业务研讨、学术交流和学术研究，为各市（州）、县（市、区）档案馆工作高质量发展提供智力支撑。四是深化馆际交流。组织带领干部职工外出学习参观，加强省内外档案馆馆际交流，不定期组织开展档案馆业务知识竞赛、技能比武、成果展示等活动，着力营造比学赶超氛围，进一步激发全省档案馆干部队伍干事创业激情与活力。

五、结语

档案治理体系建设是国家治理现代化建设的基石，统筹推进综合档案馆治理体系建设是实现档案事业高质量发展的基础工程。新时代新征程，四川省各级综合档案馆要始终坚持在党委统一领导下谋划推进档案工作，厘清档案工作新要求、新变化，形成上下贯通、左右协同、执行有力的工作格局，不断推进档案治理体系完善与发展。

资源建设篇

一、引言

　　档案资源作为立馆之本，其建设方向与成效直接关联于档案馆事业发展根基。在《全国档案事业发展"十三五"规划纲要》"有效推进档案资源体系建设"[①]、《"十四五"全国档案事业发展规划》"深入推进档案资源体系建设，全面记录经济社会发展进程"[②]的宏观战略布局之下，四川省各级综合档案馆资源建设呈现出一派欣欣向荣之象。2018年以来，四川省各级综合档案馆致力于打造极具"巴蜀特色"的资源版图，以档案笔触记录"治蜀兴川"的壮阔征途。由此，本篇章以四川省各级综合档案馆资源建设为研究对象，概述其现状与成绩、总结其特点、发现其困难与挑战、阐述其对策与展望，进而达到对相关实践有所裨益、对档案事业有所助力的目的。

二、资源建设的现状与成绩

（一）政策制度图景

　　立足于《四川省档案事业发展"十三五"规划》与《四川省档案事业发展"十四五"规划》的政策指引，2018年—2022年期间四川省各级综合档案馆资源建设的业务指向重点为：档案资源收集、档案资源征集、档案资源鉴定、档案资源内容管理、档案资源开发，见表2所示。以此为框架，系统梳理省、市（州）、县（市、区）层面综合档案馆关于资源建设的规章制度，以全面勾画其政策图景。

---

① 中华人民共和国国家档案局.国家档案局印发《全国档案事业发展"十三五"规划纲要》[EB/OL].（2016-04-07）[2023-04-01].https：//www.saac.gov.cn/daj/xxgk/201604/4596bddd364641129d7c878a80d0f800.shtml.

② 中华人民共和国国家档案局.中办国办印发《"十四五"全国档案事业发展规划》[EB/OL].（2021-06-08）[2023-04-01].https：//www.saac.gov.cn/daj/toutiao/202106/ecca2de5bce44a0eb55c890762868683.shtml.

表2　四川省档案事业发展"十三五""十四五"规划关于综合档案馆资源建设的要求

规划名称	宏观要求	与综合档案馆资源建设相关的微观要求		业务指向
《四川省档案事业发展"十三五"规划》①	档案资源体系更加健全	积极征集重要珍贵档案，围绕重大活动、重要历史节点，组织开发档案资源		档案资源征集
				档案资源开发
		设立四川省清代档案资源开发项目		档案资源开发
《四川省档案事业发展"十四五"规划》	全面推进档案资源体系建设	加强档案资源收集	加强国家重大发展战略和省委中心工作等档案收集工作，全方位收集反映党史、新中国史、改革开放史、社会主义发展史的四川红色档案材料，鼓励开展口述材料、新媒体信息的采集	档案资源收集档案资源征集
			完善重大活动、突发事件档案工作机制，重点做好"两类档案"的收集归档工作，高质量建成"两类档案"专题数据库	
			做好中央国家机关定点扶贫以及浙江、广东对口帮扶四川相关档案收集	
			统筹抓好房产地籍、农村集体产权制度改革、婚姻社保、教育医疗、劳动就业等方面民生档案收集	
			加大国有企业事业单位档案、专业档案移交进馆力度，开展地方特色档案、知名人士档案等各类有价值档案征集，加大实物、照片、录音、录像等不同门类载体档案收集力度，鼓励社会和个人向国家综合档案馆捐赠档案，实现档案资源多样化	
		加强档案资源质量管控	深化档案检索工具、全宗介绍、组织沿革、大事记、全宗卷编制工作，提升内容管理水平	档案资源内容管理
			健全档案价值鉴定和评估机制，及时开展鉴定和销毁	档案资源鉴定

① 四川档案 . 图解：四川省档案事业发展"十三五"规划［EB/OL］. （2016-10-25）［2023-04-01］. http://scsdaj.gov.cn/scda/default/infodetail.jsp?infoId=f165b5ab0ac94b85a525674d9b48c320.

1. 省级层面

（1）战略规划层

四川省从国民经济和社会发展的全局层面高度重视档案资源建设。《四川省国民经济和社会发展第十四个五年规划和二〇三五年远景目标纲要》提出："促进档案资源保护利用，推进档案数字化建设。"在此背景下，以《"十四五"全国档案事业发展规划》等为遵循，四川省档案馆发布《四川省档案馆"十四五"发展规划》，既表征为对于自身过去发展与未来走向的阶段性顶层设计图景，又致力于为市（州）、县（市、区）档案馆打造可资参考借鉴的引领示范效应。其中，"以资源立馆，夯实档案事业基础"成为"十四五"期间四川省档案馆推进资源建设的首要目标。同时，四大核心任务得以明确：一是强化省直立档单位档案进馆工作；二是加强新时代重要档案资源收集；三是拓宽档案资源征集渠道；四是，加大口述史料采集力度。[①] 基于此，四川省档案馆资源建设具备了清晰可见的航向标。

（2）规章制度层

与战略规划相辅相成，为推进阶段性、动态性目标的实操落地，四川省档案馆还出台了一系列规章制度，以引导并增益相关实践活动的标准化与规范性。基于上述四川省档案资源建设的业务指向框架，四川省档案馆分别在档案资源收集、档案资源征集、档案资源鉴定、档案资源内容管理方面制定了相应规章制度，包括《四川省档案馆收集档案范围细则》《四川省档案馆档案资料捐赠工作管理细则》《四川省档案馆馆藏档案开放审核工作实施细则》《四川省档案馆馆藏档案全宗卷管理办法》，以此创造了较为全面且系统的档案资源建设政策环境，见表 3 所示。然而，档案资源开发方面的规章制度空缺也在一定程度上不利于相应实践活动依规开展，有待进一步推进。

表 3　四川省档案馆资源建设相关规章制度

业务指向	规章制度名称	发布日期／施行日期	章节条款概况
档案资源收集	《四川省档案馆收集档案范围细则》	2021.5.19/2021.6.1	共 17 条

① 四川档案.四川省档案馆"十四五"发展规划［EB/OL］.（2021-12-29）［2023-04-03］.http://scsdaj.gov.cn/scda/default/infodetail.jsp?infoId=0ff4e0c6ad494146899eedce2e626848.

业务指向	规章制度名称	发布日期 / 施行日期	章节条款概况
档案资源征集	《四川省档案馆档案资料捐赠工作管理细则》	2021.5.19/2021.5.19	一、发布征集公告 二、确定是否接受捐赠 三、鉴定捐赠档案资料 四、登记捐赠档案资料 五、填写发放《收藏证书》 六、奖励金额确定与发放 七、举行捐赠仪式 八、回赠捐赠人复制件 九、移交库房前管理 十、规范整理 十一、抢救保护 十二、移交库房 十三、库房管理 十四、公开利用 十五、开发宣传 十六、经费管理
档案资源鉴定	《四川省档案馆馆藏档案开放审核工作实施细则》	2021.6.11/2021.6.11	共 11 条
档案资源内容管理	《四川省档案馆馆藏档案全宗卷管理办法》	2022.1.13/2022.1.13	共 5 章 33 条 第一章　总则 第二章　职责与分工 第三章　形成、收集和移交 第四章　整理与利用 第五章　附则
档案资源开发	/	/	/

2.市（州）级层面

（1）战略规划层

立足于经济社会发展的全局高度与整体层面，档案资源建设被写入不同市（州）宏观规划当中。例如，"实施民生电子档案接收和跨区查档服务"被纳入《成都市"十四五"新型智慧城市建设规划》；"促进档案资源收集、保护和利用，推进档案数字化建设"被纳入《泸州市国民经济和社会发展第十四个五年规划和二〇三五年远景目标纲要》。为全面落实《"十四五"全国档案事业发展规划》《四川省档案事业发展"十四五"规划》，攀枝花、泸州、德阳、雅安、眉山、资阳等部分市（州）以市委办公室、市政府办公室等名义印发了"市（州）档案事业'十四五'规划"；成都、自贡、遂宁、内江、达州、巴中、阿坝州、凉山州等部分市（州）紧密围绕档案馆工作，出台了"市（州）档案馆'十四五'发展规划或重点工作"。上述规划均对档案资源建设提出了明确要求，见表4所示。其中，档案资源收集、档案资源征集、档案资源质量管控等是各市（州）档案资源建设的共同关切重点，见图2所示。

表4 四川省部分市（州）档案事业/档案馆"十四五"规划关于档案资源建设的要求

序号	各市（州）档案事业"十四五"规划名称	档案资源建设的宏观要求	档案资源建设的微观要求
1	《攀枝花市档案事业发展"十四五"规划》	1.1 全面推进档案资源体系建设	1.1.1 加强档案资源建设
			1.1.2 加强档案资源质量管控
			专栏：专题档案建设
2	《泸州市档案事业发展"十四五"规划》	2.1 加强档案资源体系建设，全面记录泸州经济社会发展进程	2.1.1 加强档案资源收集，优化馆藏结构
			2.1.2 加强档案资源管理，强化质量管控
			专栏：泸州记忆工程
3	《德阳市档案事业发展"十四五"规划》	3.1 推进档案资源体系建设	3.1.1 丰富档案馆藏资源
			3.1.2 加强档案资源质量管控
4	《雅安市档案事业发展"十四五"规划》	4.1 优化档案资源体系	4.1.1 加强档案资源收集
			4.1.2 优化馆藏档案结构
			4.1.3 强化档案资源质量管控
			专栏：新时代新成就记忆工程
5	《眉山市档案事业发展"十四五"规划》	5.1 加强档案资源建设	5.1.1 加大档案收集归档力度
			5.1.2 推进档案征集征购工作
6	《资阳市档案事业发展"十四五"规划》	6.1 加强档案资源体系建设	6.1.1 加强档案资源收集
			6.1.2 加强档案资源质量管控

续表

序号	各市（州）档案馆"十四五"规划名称	档案资源体系建设的宏观要求	档案资源体系建设的微观要求
1	《成都市档案馆"十四五"发展规划》	1.1 全面建设资源型档案馆，翔实记录发展	1.1.1 拓展档案资料收集范围
			1.1.2 加大档案征集工作力度
			1.1.3 加强档案资源质量管控
2	《自贡市档案馆"十四五"重点工作》	2.1 加大档案资源体系建设	2.1.1 依法全面接收档案
			2.1.2 广泛征集历史、特色档案资料
			2.1.3 推进档案"双套制"移交与接收工作
			2.1.4 严把进馆档案质量关口
			2.1.5 加大档案审核开放力度
			2.1.6 有序开展馆藏档案整理
3	《遂宁市档案馆"十四五"发展规划》	3.1 全面推进档案资源体系建设	3.1.1 强化市直立档单位档案进馆工作
			3.1.2 推进档案资源规范管理
			3.1.3 加强新时代重要档案资源收集
			3.1.4 拓宽档案资源征集渠道
4	《内江市档案馆关于贯彻落实全国、全省〈档案事业发展"十四五"规划〉的实施方案》	4.1 重点推进新时代记忆工程等档案资源体系建设	4.1.1 聚焦重点领域抓好档案资源收集
			4.1.2 强化进馆档案资源的质量把关
5	《达州市档案馆"十四五"发展规划》	5.1 开展资源建设大提升行动	5.1.1 应收尽收
			5.1.2 抢占资源
			5.1.3 严控质量
			5.1.4 保护存量
6	《巴中市档案馆"十四五"发展规划》	6.1 狠抓档案资源建设，夯实档案事业基础	6.1.1 强化档案资源进馆工作
			6.1.2 加强重要档案资源收集
			6.1.3 拓宽档案资源征集渠道
			6.1.4 加大口述史料采集力度

续表

序号	各市（州）档案馆"十四五"规划名称	档案资源体系建设的宏观要求	档案资源体系建设的微观要求
7	《阿坝州档案馆"十四五"规划》	7.1 深入推进档案资源体系建设，全面收集反映全州经济社会发展进程的档案资料	7.1.1 强化档案进馆工作
			7.1.2 加强重要档案资源收集
			7.1.3 拓宽档案资源征集渠道
			7.1.4 强化档案业务指导
			7.1.5 加强档案资源质量管控
8	《凉山州档案馆"十四五"发展规划》	8.1 深入推进档案资源体系建设	8.1.1 加强州直单位档案接收工作
			8.1.2 加强新时代重要档案收集
			8.1.3 拓宽档案征集渠道

图 1　四川省部分市（州）档案事业／档案馆"十四五"规划
关于档案资源建设要求的词频统计

由上可知，四川省共有 14 个市（州）基于宏观视野与全局高度出台了档案事业或档案馆"十四五"规划，明确了档案资源建设的发展方向与着力重点。在此之外，部分市（州）档案馆还专门针对"档案接收与征集"制定了战略规划。例如，《攀枝花市档案馆档案接收和征集进馆工作五年计划》围绕 2021 年—2025 年相关工作谋篇布局，以进一步推进攀枝花市档案资源结构优化与数字转型。

（2）规章制度层

通过调研发现，四川省共有 18 个市（州）档案馆出台了专门针对档案资源建

设的规章制度，数量统计见图 2 所示，具体名称见表 5 所示。由此可知，四川省市
（州）档案馆普遍关注档案资源收集、档案资源征集、档案资源鉴定等方面，相符于
其"十四五"规划中对于档案资源建设的规制重点。

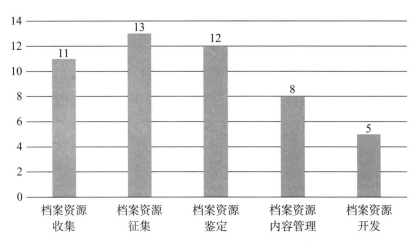

■ 出台相应规章制度的市（州）档案馆数量

图 2　四川省市（州）档案馆关于档案资源建设的规章制度数量统计

表 5　四川省市（州）档案馆资源建设相关规章制度

序号	市（州）	档案资源收集	档案资源征集	档案资源鉴定	档案资源内容管理	档案资源开发
1	成都市	《成都市档案馆档案接收制度》	《成都市档案馆档案征集制度》	《成都市档案馆鉴定工作制度》	《成都市档案馆全宗卷管理制度（试行）》	《抗日战争档案汇编成都市档案馆卷项目管理细则（试行）》
2	自贡市	《自贡市档案馆档案接收工作制度》	《自贡市档案馆档案资料征集制度》	《自贡市档案馆档案整理鉴定工作制度》	《自贡市档案馆档案（资料）保管制度》	/
3	攀枝花市	/	《攀枝花市档案馆档案征集管理办法》	/	《档案保管制度》	《攀枝花市档案馆档案数字化工作制度》
4	泸州市	《收集档案范围细则》	《档案资料捐赠工作管理制度》	《档案鉴定制度》	/	《数字化工作制度》

序号	市（州）	档案资源收集	档案资源征集	档案资源鉴定	档案资源内容管理	档案资源开发
5	绵阳市	《档案接收工作制度》	《绵阳市档案馆档案征集管理办法》	/	/	《档案编研工作制度》
6	广元市	《广元市档案馆档案资料接收制度》	《广元市档案馆档案资料捐赠工作管理细则》	/	/	/
7	遂宁市	/	《遂宁市档案资料捐赠工作管理细则（试行）》	《遂宁市档案馆档案鉴定制度》	《遂宁市档案馆档案整理工作制度》	/
8	内江市	/	《内江市档案馆档案征集经费开支管理制度》	《档案鉴定制度》	《档案整理制度》	/
9	乐山市	《档案馆接收档案资料制度》《档案数字化副本接收制度》	《档案馆征集、捐赠档案资料制度》	《档案馆档案鉴定制度》	/	《档案数字化工作制度》
10	南充市	《档案接收工作流程》	《南充市档案馆档案资料征集管理暂行办法》	《档案鉴定制度》	/	/
11	宜宾市	《档案接收制度》	/	《档案鉴定制度》	《档案库房管理制度》	/
12	雅安市	《雅安市档案馆档案接收与征集工作制度》		《雅安市档案馆档案整理鉴定制度》	/	《雅安市档案馆编研宣传制度》
13	巴中市	《巴中市档案馆档案管理制度》				

序号	市（州）	档案资源收集	档案资源征集	档案资源鉴定	档案资源内容管理	档案资源开发
14	资阳市	/	/	《档案鉴定制度》	《档案全宗管理制度》	/
15	阿坝州	/	/	《阿坝州档案馆档案鉴定销毁制度》	《阿坝州档案馆档案保管制度》	/
16	凉山州	《凉山州档案馆档案资料接收制度》	《凉山州档案馆档案资料征集制度》	《凉山州档案馆档案鉴定制度》	/	/

一是在档案资源收集方面，11个市（州）档案馆制定了相应规章制度，重点对档案资源接收的对象单位、内容范围、门类载体、具体要求、工作流程等做出规范。二是在档案资源征集方面，13个市（州）档案馆制定了相应规章制度，档案资源征集的范围、对象、内容、方式、程序、经费等有所明确。三是在档案资源鉴定方面，12个市（州）档案馆制定了相应规章制度，普遍要求建立档案鉴定委员会或工作组、采用直接鉴定法、编制档案销毁清册等。四是在档案资源内容管理方面，8个市（州）档案馆制定了相应规章制度，对于编制全宗卷、建立检索工具等做出了重点规制。五是在档案资源开发方面，5个市（州）档案馆制定了相应规章制度，档案数字化与档案编研是档案资源开发的两大方向。

3. 县（市、区）级层面

2023年4月，笔者面向四川省县（市、区）档案馆开展线上问卷调查，共回收有效问卷174份。根据"6.贵馆目前在下列哪些方面建立了制度规范？"统计结果（如图3所示）显示，共有171个县（市、区）档案馆（98.28%）建立了与"档案接收与征集"相关的规章制度、119个县（市、区）档案馆（68.39%）建立了与"档案鉴定与处置"相关的规章制度。这与市（州）档案馆之于资源建设的关切重点基本保持一致。

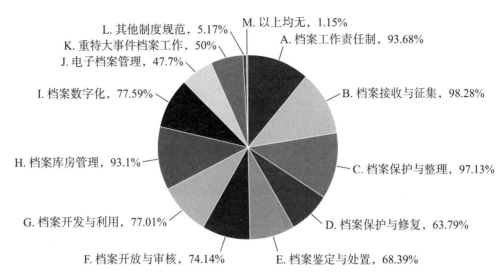

图 3 问卷调查 "6. 贵馆目前在下列哪些方面建立了制度规范？" 统计结果

（二）馆藏资源图景

1. 省级层面

自 2018 年以来，在档案馆藏量、档案接收量与档案征集量方面，四川省档案馆的纸质档案量呈逐年递增趋势，而电子档案量与实物档案量于 2019 年、2020 年增长放缓；在档案销毁量方面，四川省档案馆近年来未销毁任何档案；在档案编目量方面，四川省档案馆近年来侧重于编制机读目录的文件级部分。见表 6 所示。

表 6 四川省档案馆资源建设情况

档案馆藏量				
年度	纸质档案			电子档案 /GB	实物档案 / 件
	全宗 / 个	案卷 / 卷	以件为保管单位档案 / 件		
2018	903	1170055	87079	250	499
2019	905	1179704	100814	250	499
2020	908	1183499	110791	250	499
2021	910	1185118	137153	471.16	595

续表

档案接收量				
年度	纸质档案		电子档案 /GB	实物档案 / 件
	案卷 / 卷	以件为保管单位档案 / 件		
2018	762	13980	147.77	74
2019	2412	13287	0	82
2020	3030	9877	0	0
2021	1619	26362	24.74	96

档案征集量				
年度	纸质档案		电子档案 /GB	实物档案 / 件
	案卷 / 卷	以件为保管单位档案 / 件		
2018	345	345	0	0
2019	582	582	110	0
2020	0	200	134.4	0
2021	0	375	196.42	0

档案销毁量				
年度	纸质档案		电子档案 /GB	其他档案 / 件
	案卷 / 卷	以件为保管单位档案 / 件		
2018	0	0	0	0
2019	0	0	0	0
2020	0	0	0	0
2021	0	0	0	0

档案编目量		
手工目录 / 本	机读目录	
	案卷级 / 万条	文件级 / 万条
2018	2025	104	20
2019	2025	0	0
2020	2025	104	196
2021	2025	104	335

注：以上数据来源为四川省档案馆 2018—2021 年统计年报

2. 市（州）层面

自 2018 年以来，四川省市（州）档案馆馆藏纸质与电子档案量变化情况见表 7 所示。其中，大多数市（州）档案馆馆藏纸质档案量基本呈现稳步递增趋势，仅有攀枝花市、泸州市、资阳市等档案馆在某年度出现纸质档案量减少情况，见图 4 所示；大多数市（州）档案馆馆藏电子档案量基本为 0GB，仅有成都市、广元市、乐山市等档案馆保持较为稳定的馆藏电子档案量，见图 5 所示。

表 7　四川省市（州）档案馆 2018—2021 年馆藏纸质与电子档案量变化情况

市（州）	2018		2019		2020		2021	
	纸质档案/卷/件	电子档案/GB	纸质档案/卷/件	电子档案/GB	纸质档案/卷/件	电子档案/GB	纸质档案/卷/件	电子档案/GB
成都市	893742	120.08	901062	678.08	925177	695.01	1084680	705.51
自贡市	594888	0	604688	0	673296	1.4	689070	1.4
攀枝花市	657463	0	679875	0	679875	0	658766	0
泸州市	287228	0	290793	0	300141	0	257205	0
德阳市								
绵阳市	522958	0	552615	20.05	567844	20.05	568644	20.05
广元市	336810	311	342256	311	353806	311	365863	311
遂宁市			720196	126.87	762616	119.21		
内江市			572349	0	585085	1.41	595895	1.41
乐山市	250181	2951	273347	2951	280046	2951	320119	2951
南充市			370952	0	370576	29.8	371784	29.8
眉山市	249188	0	276725	0	340318	0	367193	0
宜宾市	249982	0	430612	0	511692	0	563286	0
广安市	320133	0	365336	0	401114	0	437637	0
达州市			519135	0	575634	0	706388	0
雅安市	482125	0	318053	0	333488	0	351061	428
巴中市			586302	0	639420	56	652107	56
资阳市	380399	0	396185	0	371285	0	438066	0
阿坝州			197857	0	322291	0	263939	0
甘孜州			675102	0	712622	0	749050	0
凉山州			248411	0	257696	0	257696	0

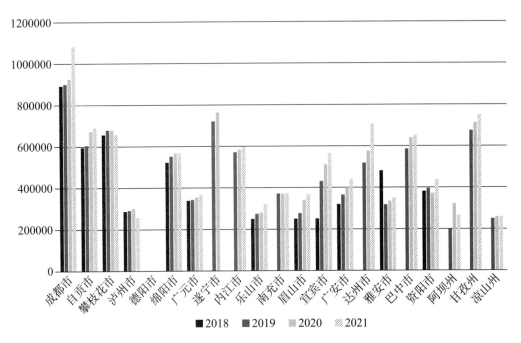

图 4　四川省市（州）档案馆 2018—2021 年馆藏纸质档案量变化统计图

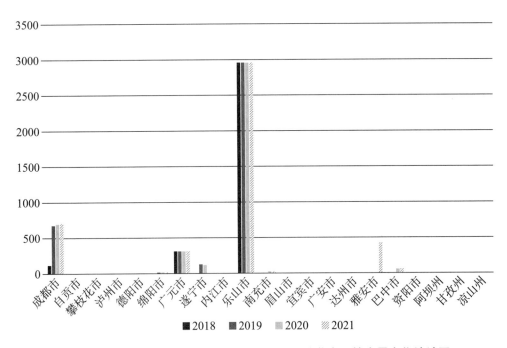

图 5　四川省市（州）档案馆 2018—2021 年馆藏电子档案量变化统计图

三、资源建设的特点

（一）专题化趋向：胸怀"国之大者"，彰显巴蜀特色

近年来，专题化趋向成为四川省各级综合档案馆资源建设的显要特征。《四川省档案事业发展"十三五"规划》明确提出"加强重大活动档案、民生档案、地方特色档案收集工作，丰富馆（室）藏档案资源"[①]；《四川省档案事业发展"十四五"规划》强调"重大活动和突发事件档案""两类档案（脱贫攻坚档案、疫情防控档案）""红色档案""民生档案"等专题档案资源建设。在此战略指引下，一方面，四川省各级综合档案馆紧跟国家战略部署、紧抓"四重档案""两类档案"资源建设，奋力彰显"心怀'国之大者'"的使命自觉；另一方面，四川省各级综合档案馆结合地方特色、馆藏实际，持续挖掘资源建设的"巴蜀特色"，深入探索符合自身发展的专题化建设道路。

第一，聚焦"四重档案"，全面留存重大事件、重大活动、重大工程和重要人物等相关记录。鉴于"四重档案"的标志性与典型性，四川省各级综合档案馆无不将其作为档案资源建设的重点关注对象。在不同的时空背景下，"四重档案"表现出不同的主题偏好与内容特点。例如，2018年，在纪念"5·12"汶川特大地震十周年前夕，四川省档案馆举行"5·12"汶川特大地震抗震救灾、灾后重建档案资料移交进馆仪式，共计接收337盒、13980件档案资料及其数字化副本；2019年，成都市档案馆收集整理市委全会、成都建设全面体现新发展理念的城市推进大会、成都市国际化营商环境建设年动员大会、第十八届世界警察和消防员运动会、2019成都全球创交会等重大会议、活动档案资料；2020年，攀枝花市档案馆征集国务院原副总理方毅同志照片、书画、手稿、藏书以及生活物品、办公用品等档案文献共计1600余件。

第二，围绕"两类档案"，深度刻写脱贫攻坚与疫情防控的伟大实践。作为国之大事，脱贫攻坚与疫情防控成为近年来档案工作的首要关切。在国家档案局的宏观战略部署下，四川省各级综合档案馆迅速响应、扎实行动，对"两类档案"进行系统且全面的归集。一方面，四川省各级综合档案馆深入贯彻中央、省委关于深度贫困地区脱贫攻坚决策部署，全面落实《关于进一步加强精准扶贫档案工作的意见》

---

① 四川省档案局.《四川省档案事业发展"十三五"规划》正式印发［EB/OL］.（2016-09-21）［2023-04-26］.https：//www.sc.gov.cn/10462/10464/10465/10574/2016/9/21/10396625.shtml.

《关于进一步规范脱贫攻坚档案工作的意见》《四川省扶贫开发项目档案管理细则》，切实加强脱贫攻坚档案归集工作。根据问卷调查"7. 贵馆是否开展了脱贫攻坚、疫情防控、红色档案或其他特色专题档案的归集工作？"统计结果（见图6）显示，在回收的174份有效问卷中，有163个县（市、区）档案馆（93.68%）开展了脱贫攻坚档案归集工作。2021年，四川省档案局联合四川省扶贫开发局印发《关于开展脱贫攻坚档案验收工作的通知》，要求全省2020年底前各级原扶贫开发领导小组成员单位形成的脱贫攻坚档案目录报送至同级综合档案馆，乡镇脱贫攻坚档案目录报送至县级综合档案馆，2021年底前县乡两级脱贫攻坚档案向县级综合档案馆完成移交。[①] 在该政策的规约与指引下，四川省各级综合档案馆按时按点、保质保量完成了脱贫攻坚档案归集任务。

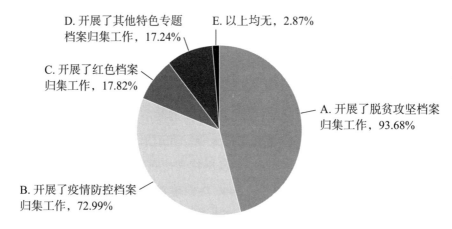

图6　问卷调查"7. 贵馆是否开展了脱贫攻坚、疫情防控、红色档案或其他特色专题档案的归集工作？"统计结果

　　另一方面，自2020年以来，四川省各级综合档案馆紧密跟踪疫情防控工作，派员进入疫情防控指挥部、指导工作组开展疫情防控文件收集归档、接收整理疫情防控档案进馆等。例如，2021年，自贡市档案馆接收新冠疫情防控档案1600余件、目录5200余条；泸州市档案馆完成市疫情防控指挥部及其15个工作组（工作专班）形成的文件材料3006件、纸质档案数字化副本326GB、照片2075张、录音录像60部、实物50余件等移交进馆任务；眉山市档案馆接收疫情防控档案8307件、照片23531张进馆。2021年—2022年，成都市档案馆接收疫情防控文书档案3834件、纸质档案数字化副本52.9GB，照片档案5846张，录像档案资料255件。与此同时，部分

----

①　官明. 四川确保脱贫攻坚档案工作高质量按时收官［N］. 中国档案报，2021-05-31（1）.

档案馆还以馆藏疫情防控档案资源为素材，通过举办展览、服务资政、开发产品等多样形式激活其潜在价值，以赋能社会可持续发展。例如，2020年，四川省档案馆推出"为了人民健康——四川疫情防控档案文献展"，编印《1950—2020四川灾情疫情应急处置概览》，摄制《疫情防控，我们在行动》短视频，向国家与人民提交了一份来自档案领域的扎实答卷。

第三，关注"红色档案"与"民生档案"，系统阐释党和人民的奋进历程与实践故事。习近平总书记特别强调："要把蕴含党的初心使命的红色档案保管好、利用好，把新时代党领导人民推进实现中华民族伟大复兴的奋斗历史记录好、留存好。"① 以此为遵循，《四川省档案馆"十四五"发展规划》《成都市档案馆"十四五"发展规划》《遂宁市档案馆"十四五"发展规划》等均将"红色档案"作为资源建设的着力重点。2021年，四川省档案馆组织召开全省档案馆与文化建设研讨会，集中展出12类118册档案文化作品，全方位反映四川省各级综合档案馆开发红色档案资源服务建党百年工作成果。与此同时，四川省档案馆组织召开全省档案编研工作座谈会，协调各市（州）档案馆精选本地区红色档案编印《红色四川》丛书。在此背景下，四川省各级综合档案馆形成了基于"红色档案开发"的联动图景，为讲好四川红色故事提供了生动素材。然而，相比于省、市（州）档案馆，县（市、区）档案馆之于红色档案资源建设的积极性与活跃度还有待提升。据笔者统计，在回收的174份有效问卷中，仅17.82%开展了红色档案归集工作。另外，"民生档案"专题资源建设亦是四川省各级综合档案馆工作的关切要点。例如，2021年，四川省档案馆向社会开放105593件民生档案。其形成于1979年—1984年，来自教育厅、科技厅、民政厅等12个省直单位，涉及中小学教育质量提升、农村普及小学教育、教师评级及工资标准、卫生防疫工作、农村合作医疗、干部工资待遇、军队转业干部安置、自然保护区建设、林地采伐与保护、城市建设、住房建设等与民众工作生活相关的方方面面，深度契合了大众对于档案资源的利用需求；② 泸州市档案馆整合馆藏不同全宗、不同门类中涉及的同一类民生档案资源，通过数据资源组合，建立健全多个民生档案专题；③ 泸县档案馆针对"民生档案"实行"两

---

① 陆国强.新时代档案事业高质量发展的根本遵循［J］.档案学研究，2021（6）：4-5.

② 袁婧.10万件！四川省档案馆向社会新开放一批馆藏民生档案［EB/OL］.（2021-06-09）［2023-05-01］.https：//baijiahao.baidu.com/s?id=1702073770112617107&wfr=spider&for=pc.

③ 潘宏强.四川泸州：开展四类档案专题数据库建设［EB/OL］.（2022-12-21）［2023-04-29］.http：//www.zgdazxw.com.cn/news/2022-12/21/content_338703.htm.

个优先"策略，即优先接收应进馆单位的民生档案、优先将馆藏民生档案数字化。截至 2022 年底，泸县档案馆馆藏婚姻登记档案、户籍档案、知青档案、林权档案、照顾生育档案等 14 类民生档案已达 2.7 万卷 17.1 万件，部分门类民生档案数字化率达 100%。① 其中，接收企业退休职工档案进馆是四川省各级综合档案馆开展"民生档案"专题资源建设的重要方面。例如，泸州市、攀枝花市档案馆等先后组织相关县（市、区）档案馆召开业务研讨会，专题研究国有企业退休人员人事档案的移交、接收、整理、存放及数字化等工作。据悉，截至 2021 年 6 月，攀枝花市档案馆已接收全市 50 余个国有企业退休人员人事档案近 10 万卷，并已面向群众查阅利用。

（二）数字化趋向：推行"双套制"，建设数字资源

近年来，档案资源的数字形态愈发受到关注。2018 年，四川省档案工作会议指出："大力实施'存量数字化、增量电子化'战略，加快重要传统载体档案数字化进程。"

一方面，四川省各级综合档案馆"双套制"移交与接收浪潮逐渐拉开。2018 年，四川省档案馆主要负责人提出："下一步，省档案馆将制定'双套制'档案接收工作流程和管理规范，全面推进省级机关'双套制'档案接收工作。"2018 年 2 月 28 日，四川省档案馆向省级各单位印发《关于 2018 年度向省档案馆移交档案的通知》，明确档案"双套制"接收的具体要求；与此同时，在省级机关档案工作座谈会上做进一步说明。在此基础上，2019 年，四川省档案馆加大力度、全面推进档案"双套制"移交与接收工作，落实"应收尽收"、规避"应进未进"，以政策形式为全省数字档案资源建设工作指明了发展方向。省委办公厅、省政府办公厅印发了《关于做好档案"双套制"移交与接收工作的通知》，明确提出档案"双套制"移交要求。四川省档案馆相继印发通知，对档案质量要求、纸质档案数字化副本命名格式、纸质档案数字化副本目录结构、档案移交清单、档案交接文据等进行了细化规范。据统计，截至 2020 年 4 月，四川省档案馆共接收 10 余家立档单位的数字化副本。基于省档案馆的示范引领效应，市（州）、县（市、区）综合档案馆的"双套制"转型之路走得日渐平稳。例如，早在 2016 年，攀枝花市档案馆就已开始探索"双套制"档案接收进馆工作，并先后制定了《关于实行档案双套制管理有关问题的通知》《关

---

① 杨秀丽.四川泸县档案馆持续推进民生档案数字化工作［N］.中国档案报，2023-04-10（2）.

于实行档案"双套制"管理有关问题的补充通知》。2020 年，攀枝花市档案馆制定《档案双套制进馆接收检查工作流程与标准》，严格按照流程和标准开展常态化的档案接收工作。

另一方面，四川省各级综合档案馆馆藏档案存量数字化工作稳步推进。为此，四川省档案馆专门配备了 2 间（每间 90 平方米）规范的数字化加工场地。据统计，截至 2020 年 4 月，其已对馆藏清代档案、民国档案、革命历史档案和建国初期档案进行了数字化加工，总量约为 3000 万页。其中，清代档案 11 万卷，民国档案 40 万卷，革命历史 3300 件，川东、川南、川西、川北行署区档案及西康省档案共计 7.1 万卷。2022 年，为摸清家底、厘清现状，四川省档案馆档案信息处对"十一五"以来档案数字化情况进行全面梳理，形成《四川省档案馆档案数字资源建设情况报告》。与此同时，对数字化项目调卷出库、扫描著录、还卷入库的全流程加以重构，细化要点、严控质量，累计抽检 1147 卷档案，发现 358 个问题，发出 1 张停工整改通知书。攀枝花市档案馆以专门规划形式推进馆藏档案数字化工作。《攀枝花市档案馆档案接收和征集进馆工作五年计划》明确提出："继续做好'存量数字化'，加快推进对重要档案数字化成果进行文字识别和语音识别，逐步建立以档案数字资源为主导的档案资源体系。"在"数智兴档计划"的支撑下，泸州市档案馆馆藏应数字化档案数字化率达 100%，建立案卷级、文件级档案目录数据库 416 个全宗，约 7 万卷、200 余万件、1000 万余页。

（三）社会化趋向：拓宽来源渠道，突出地域特色

当前，四川省各级综合档案馆资源建设的社会化倾向逐渐凸显。过去常被排除在外的私人档案资源，以日益正当性、合理性的姿态出现在四川省整体档案资源中，且频次数量均与日俱增。《四川省档案事业发展"十四五"规划》直接提出"鼓励社会和个人向国家综合档案馆捐赠档案，实现档案资源多样化"；《四川省档案馆"十四五"发展规划》明确要求"加大对散存于民间的珍贵历史档案、名人档案、非遗档案、家谱等档案资料的征集力度。"这均为档案资源来源结构革新提供了充分的制度保障。

征集工作作为档案资源建设的重要组成部分，四川省各级综合档案馆对其的重视程度日益加深。由上述调研可知，当前已有 13 个市（州）档案馆针对档案资源征集制定了规章制度，其范围、对象、内容、方式、程序、经费等有所明确。随着征集对象与内容不断多元化，非官方记录逐渐在档案资源建设当中享有一席

之地。当前，四川省各级综合档案馆探索了如下几种档案征集模式：一是公告征集模式。即由综合档案馆通过发布公告的方式面向社会宣导，鼓励相关主体捐赠珍贵档案。四川省档案馆连续多年发布《四川省档案馆征集档案资料通告》，其宣传推广度、社会知晓度、大众参与度与日俱增。2018年，四川省档案馆征集到知名画家田明珍书画作品、清光绪年间《刘氏族谱》等档案资料97种345册、345张入馆；2020年，通过举办"镜头里的抗疫记忆"摄影大赛，四川省档案馆将征集到的《黎明出征，目标武汉！》《我们返程了！》《重回课堂》《教脱防护服》等4436件照片档案接收进馆。二是联动征集模式。即联合同级或下级综合档案馆共同开展档案征集工作。例如，2022年，成都市档案馆联动区（市）县档案馆征集反映成都革命历史的红色档案300余件。三是馆际征集模式。即面向其他档案馆、图书馆、博物馆等征集与本馆馆藏相关的档案资源。例如，2019年，围绕"泸州这片热土——不忘初心、牢记使命"档案文献展布展工作，泸州市档案馆征集、提供83份珍贵档案用于布展。四是馆媒合作征集模式。即由综合档案馆与新闻媒体等共同合作，联合开展档案征集工作。例如，2021年，资阳市档案馆与资阳新闻传媒中心签订档案资料接收征集合作协议，共建共享资阳精品声像电子档案资源库。征集到资阳籍川菜国宝厨师陈松如与邓小平合影、国宴菜单、川菜手写稿等资料25件；征集到《秦九韶籍贯考》相关历史文献汇编等档案资料4件。

当前，四川省各级综合档案馆主要围绕以下主题开展档案征集：一是知名人物。围绕为国家建设、四川建设等做出突出贡献的知名人物进行档案征集，征集到"杂交水稻之父"袁隆平、国务院原副总理方毅等的珍贵档案，记录其与四川的交汇轨迹与光辉事迹。二是城市发展。不同城市彰显不同的地域特色，四川省各级综合档案馆紧密围绕所在城市发展历史，以"档案之笔"勾绘其伟大来路。例如，自贡市作为"江姐故里""千年盐都""中国灯城""恐龙之乡"，其档案馆便持续以此为主题开展档案征集工作，以擦亮城市名片、彰显自贡特色。三是族谱家谱。"家"不仅承载着中国人生命实践的美好愿景，而且还体现着中国人精神生活的重要追求。[①] 族谱家谱直接关系着一个人内心深处的认同问题，还蕴藏着一个人"从哪里来、向何处去"的真切答案。四川省各级综合档案馆以此作为档案征集主题，深刻体现了其

---

① 靳凤林.弘扬中华民族家庭美德［EB/OL］.（2022-02-07）［2023-05-23］.http://theory.people.com.cn/GB/n1/2022/0207/c40531-32346545.html.

体察"民之关切"的使命自觉。四是地方特色。盐都餐饮美食档案资料、"德阳舰""大熊猫"汽车模型等均透射出浓郁的地方特色。四川省部分市（州）档案馆 2018 年—2022 年档案征集工作开展情况如表 8 所示。

表8　四川省部分市（州）档案馆 2018 年—2022 年档案征集工作开展情况

序号	市（州）	2018 年	2019 年	2020 年	2021 年	2022 年	主题指向
1	成都市	征集到李劼人故居纪念馆、成都市民政局、远征军等相关档案资料 53 册 / 件，照片 141 张	征集到中铁隆工程集团有限公司、梅勒（意大利籍）等相关档案资料 16 册 / 件，照片 729 张	征集到成都晚报社、中共成都市委党史研究室、中共成都市委党校、成都市地方志编纂委员会办公室、中共成都市委机构编制委员会办公室等单位及个人相关资料 955 册 / 件	征集到档案资料 19 册 / 件，照片 1210 张。征集到袁隆平在西南农大的毕业照、参加校庆合影、同学家人聚会照、试种验收会照片及中国杂交水稻大会视频，有关成都和平解放及国庆庆典的历史文献	征集到中国人民解放军档案馆、重庆市档案馆、成都农业科技职业学院、四川省美术馆等单位相关资料 8178 册 / 件	知名人物城市发展
2	自贡市	征集档案 321 册	征集到档案资料 334 册、194 件。全面开展长征机床集团档案征集	征集到"三线建设"企业文书档案 111 件、597 页；照片档案 2546 张；资料 31 册	广泛征集自贡四张"城市名片"地方特色档案，主要征集到胡锦涛等党和国家领导人莅临视察自贡珍贵照片 30 张，征集到"纪念江竹筠烈士诞辰 101 周年"——川南渝西地区书法美术作品	征集到自贡历史发展老照片 1800 余张	知名企业城市发展知名人物地方特色

序号	市（州）	2018 年	2019 年	2020 年	2021 年	2022 年	主题指向
2					联展照片 122 张和英勇就义 72 周年系列活动音视频若干，征集盐都餐饮美食档案资料、照片 200 余张		知名企业城市发展知名人物地方特色
3	攀枝花市	征集到带领 108 将攻克世界钢铁冶炼难题原冶金部副部长周传典等人各类档案资料 1820 件	征集到国务院原副总理方毅和四川省原副省长、攀枝花市委老领导孟东波等重要档案资料共计 1883 件	征集到方毅同志档案共计 50 余件	/	征集到 503 电厂平面布置图、市委老领导和攀枝花老建设者的照片、实物等各类档案 3000 余件	知名人物城市发展
4	泸州市	征集到各类档案资料 8627 卷、册、件	/	/	征集到档案资料 700 余 卷（册、件）（包括首发首张"泸州—成都"实体高铁票、首日封、纪念邮票；《四川省县级行政区域界线详图集（泸州市第 1–3 册、自贡市第 3 册）》等）	/	城市发展

序号	市（州）	2018 年	2019 年	2020 年	2021 年	2022 年	主题指向
5	德阳市	/	征集到《大汉孝子》《周氏家谱》等图书资料和"德阳舰""大熊猫"汽车模型等具有德阳地方特色的实物档案	征集到市委办 1985 年至 2016 年公务礼品 7 件，荣誉类档案 15 件；市委宣传部《德阳古诗抄》书籍及视频；陕西汉中市档案馆编辑出版的《抗战西迁陕西的国立中等教育》；市作家协会与市网络作家协会编辑出版的《从边关到平原》《天台逸事》等作品 16 册	征集到《中共中央文件选集》（1921 年–1929 年）1 套 5 册，《中乐周氏族谱》1 册，《陈氏族谱》1 册，市司法局法制宣传展品一套	征集到市委党史研究室资料 52 种；征集到脱贫攻坚工作笔记十余册，相关报刊报道、文章手稿及照片等资料；征集市公安局分获第十七届全国法治动漫微视频征集展示活动二等奖和 2021 年度警务视频展播反诈视频十大精品案例的 2 部动漫作品；征集到《解放日报》合订本（1941–1947）9 册	地方特色城市发展族谱家谱
6	绵阳市	征集到《民国三十五年新刊四川盐亭县永泰场何氏族谱》《四川抗震救灾志》《再造绵阳》等图书资料 286 册	征集到各类族谱 15 册，征集到图书 825 册，征集到文化名人赖松廷的个人档案资料共计著作 21 册、手稿 10 份、书信 10 封、照片 18 幅、证书 14 册	征集、征购到书籍、族（家）谱等 520 册（套），龚学渊等名（个）人档案 100 余件，绵阳本土风情图片 1100 张。	征集到新中国成立以来绵阳获得国家级荣誉的奖牌以及国家、省级劳动模范的有关档案，部分地方知名人士的档案等	族谱家谱城市发展知名人物

序号	市（州）	2018 年	2019 年	2020 年	2021 年	2022 年	主题指向
7	广元市	/	/	/	征集到资料 100 余件、照片 700 余张、实物档案 70 余件	完成"迎建党百年百米书画长卷"、2015 至 2020 年《广元年鉴》、2014 至 2020 年《中共广元执政实录》、《广元经济社会发展报告》等征集入馆	城市发展
8	遂宁市	/	/	征集到抗美援朝老兵遗物 14 件、抗疫摄影作品 300 余幅（组）、蓬溪县良善家风资料、中国通信服务遂宁分公司抗疫资料、26 套地方电子志书、19 份地方电子年鉴、14 份地方电子文献、44 辑地方电子文史资料及部分电视台音像资料	征集到杨重汉老人珍藏的包括民国 34 年的遂宁涪江私立小学附属幼稚园成绩单等在内的 136 件个人档案；征购到周裕德等 16 名遂宁地下党员照片 67 张、音视频资料 32 小时；征集到抗战老兵李元斌 8 件遗物进馆，包括立功奖状、功臣纪念册、纪念章、荣誉章、证书等多种载体形式；征集到个人家庭账本 16 件	征集到 28 张反映遂宁地方发展历史和遂宁党史人物王叙五的老照片；征集到 3 个姓氏族谱进馆；征集到疫情防控实物档案 4 件、原创诗歌 9 篇、疫情防控影像资料 1GB，征购到抗疫摄影作品 100 余张	知名人物城市发展族谱家谱

续表

序号	市（州）	2018 年	2019 年	2020 年	2021 年	2022 年	主题指向
9	内江市	征集到刘亚明先生珍贵人物肖像手稿1幅、实物档案57件、录音录像等电子数据594G、其他资料238件；征集到何应辉题字等珍贵资料62件	共征集到档案资料123件，其中包括汉安印社社员创作的印谱、书法作品、篆刻作品原石等作品73件	征集到地方特色档案123件	征集到明清医书、抗疫书法作品、秦九韶籍贯考相关资料、《月是故乡明》DVD光碟等书法作品、族谱、照片等档案资料248件	征集到中科院院士郭尚平、航空航天高级工程师郑远隆等知名人士珍贵资料和作品95件，抗美援朝和其他各类资料97件	知名人物地方特色城市发展
10	乐山市	征集到图书资料、实物、票证、纪念章、钱币、照片、证书、史志、期刊等400余件（本、册、卷、个）	征集828件(本、册)	征集到原市龙舟办档案8件，接受魏奕雄捐赠档案57件	征集到市住建局、国网乐山供电公司等9个单位实体档案24件，接受李希跃、宋道君等5人捐赠各类档案1004件	/	城市发展地方特色

（四）活态化趋向：采集口述档案，充实四川故事

近年来，档案资源的新形式——口述档案逐渐受到关注。四川省档案馆在口述档案资源建设方面首先形成了示范引领效应，为丰富档案资源结构、增益四川故事表达形式提供借鉴。2018年，四川省档案馆派员赴广东、浙江等地开展口述历史采集室调研工作，制定口述历史采集室建设方案；2019年，四川省档案馆口述史料采集室建设项目正式启动；2020年，四川省档案馆完成口述史料采集室建设，制定口述史料采集工作规划。在此基础上,《四川省档案馆"十四五"发展规划》明确提出：

"加大口述史料采集力度。健全口述史料采集工作机制，制定口述史料采集工作规划，开展红色文化、少数民族文化、非遗传承人等口述史料采集，优化馆藏档案结构，保存历史文化和社会记忆。"在"十四五"发展规划的指引下，2021年，四川省档案馆与华西都市报合作推出口述历史"师说"栏目，完成口述历史档案采编发布9期；2022年，四川省档案馆与封面新闻合作，推出《口述历史·匠心》系列视频产品。通过寻访10位四川国家级非遗传承人，以非物质文化遗产讲述和作品展示为载体，聚焦传统手工艺，拍摄制作了一批珍贵的非遗档案资料。当前，已采访孟德芝（蜀绣）、陈智林（川剧）等8位国家级非物质文化遗产传承人，在封面新闻客户端发布视频6期。

基于四川省档案馆的示范引领效应，市（州）、县（市、区）档案馆陆续开展口述档案资源建设工作。根据问卷调查"8.贵馆是否开展了口述材料、新媒体信息采集工作？"统计结果（见图7）显示，在回收的174份有效问卷中，共有22家县（市、区）档案馆开展了口述材料采集工作，以此优化馆藏资源、生动讲述四川故事。例如，2018年，泸州市、县（市、区）分别形成《泸州市口述史料采集工作调研报告》各1篇，纳溪区形成94页口述抗战历史资料，叙永县开展中共抗战口述史调查，攀枝花市档案馆采集攀枝花苏铁发现人杨思源和全国知名钛专家、国家科技进步一等奖获得者陈建才等人口述历史档案高清视频13小时；2022年，泸州市档案馆广泛征集红色档案资源，开展抗美援朝志愿军等专题口述档案采集，馆藏档案资源进一步丰富优化。

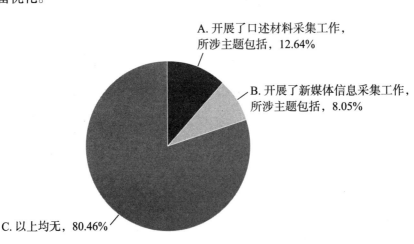

A. 开展了口述材料采集工作，所涉主题包括，12.64%

B. 开展了新媒体信息采集工作，所涉主题包括，8.05%

C. 以上均无，80.46%

图7 问卷调查"8.贵馆是否开展了口述材料、新媒体信息采集工作？"统计结果

四、资源建设的困难与挑战

（一）馆藏资源状况有待进一步明晰

全面且系统、深入且细致地掌握馆藏情况，是有效挖掘、合理开发档案资源的前提条件。当前，尽管四川省各级综合档案馆每年均会提交统计年报，但一个个数字背后的一份份档案，较难做到卷卷清楚、件件明了，尤其是形成年代较为久远、进馆时间较早的档案，档案内容更是知之不深。笔者在实地调研过程中发现，极少有档案工作人员能对自身馆藏状况"如数家珍"，甚至有部分受访者将"档案服务能力不足""难以开发出档案精品"等归咎于"没有珍贵档案资源"。对此，某市（州）档案馆主要负责人指出："其实并不是没有资源，而是档案深度编研、开发利用的意识和动力相对不足""馆藏其他很多资源都是值得继续挖掘的，比如在 15 万卷的民国档案中，基本能够较为完整地展示城市的发展、演进"。馆藏资源作为立馆根本，理应成为档案馆打造品牌、服务大众、扎根社会的源头活水。只有对馆藏资源的数量、年代、主题、内容等方方面面"知之甚明"，后续的开发利用工作才能更具针对性。一方面，素材原料将更为丰富，另一方面，思路视野将更为开阔。唯有于此，档案馆"打破沉寂、破圈出圈"的可能性才能增加。

（二）内容管理能力有待进一步提升

当前，四川省各级综合档案馆档案资源内容管理方式较为传统，主要聚焦于深化检索工具、全宗介绍、组织沿革、大事记、全宗卷编制等方面。例如，某市（州）档案馆表示，"目前，编制有全宗名册、案卷目录、卷内文件目录、归档文件目录、专题文件目录、全引目录、全宗介绍、全宗档案一览表、库内索引、柜架索引等检索工具，每个全宗建有全宗卷，收集有组织机构沿革、大事记等编研资料，对全宗卷全部按《全宗卷规范》进行清理整理和管理。"其对于档案资源的管理仍偏向于传统方式，新理念、新方法体现不足。据调研，就整个四川省而言，新一代信息技术在档案资源内容管理方面的应用普遍较为有限，信息化、数字化、网络化、智能化水平均有待进一步提升。已有档案馆认识到该问题的重要性，并开启探索步伐。例如，成都市档案馆表示，正在探索开展人工智能信息技术在档案开放审核工作中的应用，争取市财政经费支持，今年已将"人工智能辅助鉴定系统"列入申报项目。随着数字时代、信息时代、智能时代扑面而来，档案资源内容管理迎来了前所未有的机遇与挑战。这是四川省各级综合档案馆无法回避、且不应回避的时代议题。引进新技术、拥抱新技术、探索新技术，对于四川省各级综合档案馆提升档案资源内容管理精细化程度而言至关重要。

（三）单套管理模式有待进一步探索

当前，四川省各级综合档案馆资源建设普遍处于"双套时代"，"单套"管理进展缓慢。尽管四川省数字档案资源建设已有所改善，"双套制"移交与接收工作在多个市（州）得到探索与落实，但据调研结果显示，大多数市（州）档案馆馆藏电子档案量基本为0GB，仅有成都市、广元市、乐山市等档案馆保持较为稳定的馆藏电子档案量。这在一定程度上表明四川省各级综合档案馆接收原生电子档案进馆的能力有限。四川省档案馆工作人员表示："全省原生电子档案收集进展不太理想。目前电子文件归档的最大难点在于，前期省市县各个机关，其办公自动化系统在前10年均属自行开发，数据结构统一存在很大矛盾。"

在此背景下，县（市、区）档案馆电子档案接收工作开展情况更是不容乐观。根据问卷调查"10. 贵馆接收下列哪些电子档案进馆保存？"统计结果（见图8）显示，在回收的174份有效问卷中，仅有13.79%县（市、区）档案馆接收了"办公自动化系统中的电子公文"、9.77%县（市、区）档案馆接收了"电子公文之外的其他非结构化文档（表格、演示文稿等）"。由此，四川省各级综合档案馆建设单套管理模式任重而道远。

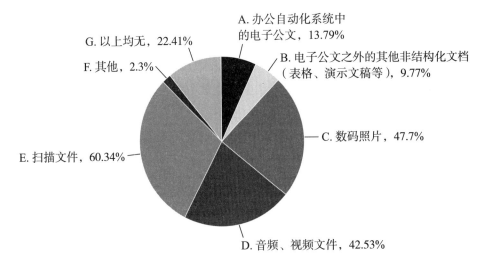

图8 问卷调查"10. 贵馆接收下列哪些电子档案进馆保存？"统计结果

五、资源建设的对策与展望

（一）倡导摸清家底，推动资源普查常态化

为更加系统化、针对性地推动档案资源建设，首要且必要条件是摸清家底，从整体且全局视角掌握馆藏资源概貌。资源普查即是实现该目标的重要途径之一。2022年，四川省档案馆主要负责人在全省档案工作会议上强调："定期开展馆藏档案资源普查。"《成都市档案馆"十四五"发展规划》着眼于红色档案资源建设，要求"开展馆藏红色档案资源普查，全面摸清馆藏红色档案资源家底，建立红色档案名录。"《遂宁市档案馆"十四五"发展规划》要求"依托四川省档案综合管理服务平台，开展档案资源普查、档案目录体系管理、档案在线接收、档案资源共享利用等工作""建立常态普查机制、动态更新机制、日常维护机制，对增量档案资源逐年开展普查，动态维护档案目录体系，形成长效机制。"在此背景下，四川省各级综合档案馆应不断推进档案资源普查常态化，全面且精准掌握馆藏动向，以"知家底"而"兴家底"。

首先，统筹做好档案资源普查工作，做好顶层设计、前期摸查、试点确定及总结验收等工作。其次，消化吸收试点经验教训，出台相关文件，明确档案资源普查的"目的和意义""范围和内容""时间和安排""组织和实施"等相关要求。再次，配套做好数据库建设、共享平台建设（门户网站）、法规标准建设、奖励机制建设、质量控制机制建设、宣传推广等相关工作，以此深入了解自身馆藏资源，找寻可供挖掘、可建品牌、可成标识的独特珍宝，为后续资源建设广罗素材、打好地基。

（二）加快技术应用，助力内容管理精细化

由上可知，四川省各级综合档案馆档案资源内容管理有待朝向精细化发展。在数字时代，相较于传统的内容管理方式，包括自动编目、自动文摘、自动标引、信息提取、信息过滤、数据挖掘、Web 挖掘等在内的内容分析技术与工具[①]亟待在档案资源内容管理中有所应用。例如，《攀枝花市档案馆信息化建设"十四五"规划》明确提出："鼓励技术创新及应用。探索对重要档案数字化成果进行文字识别和语音识别。初步运用人工智能、云计算、区块链等新技术，促进档案资源和档案管理数字化转型。"《遂宁市档案馆"十四五"发展规划》从宏观上要求"坚持创新发展。以

---

① 丁家友，方鸣，冯洁.论档案内容管理的理论体系与技术路径[J].档案学研究，2020（1）：19-24.

改革创新激发动力活力，积极推动新一代信息技术和档案馆工作深度融合，实现更高质量、更有效率、更可持续的发展"；从微观上要求"探索档案开放审核新技术应用，实现档案开放审核工作法治化、规范化、常态化""运用 RFID 智能管理系统，提高档案管理能力。"

为此，四川省各级综合档案馆可参考借鉴其他省份将数字技术应用于档案资源内容管理的先进经验，积极探索、广泛尝试，以技术赋能管理。例如，浙江省档案馆高水平构建"浙里档案"应用场景，并于 2022 年 10 月在"浙里办"APP 正式上架，有效破解海量档案分散管理、群众查档利用困难、档案信息资源共享性差等难题，实现跨地区汇集档案资源、跨部门打通在线档案数据、跨时空电子出证。截至 12 月底，"浙里档案"应用已注册用户 5.8 万人，信息调用 164 万余次。[①]

（三）深化数字转型，探索单套制推进策略

当前，四川省大多数市（州）档案馆"十四五"发展规划重在强调"双套制"移交与接收工作。例如，《自贡市档案馆"十四五"重点工作》要求："落实国家档案信息化战略总体安排，坚持'存量数字化，增量电子化'的基本原则，推进档案'双套制'移交与接收进馆工作，全面实现纸质、电子档案同步接收。"《凉山州档案馆"十四五"发展规划》要求"坚持应交尽交、应收尽收，做到电子目录、全文数据与纸质档案'双套制'同步进馆。"这与《"十四五"全国档案事业发展规划》所强调的"大力推进'增量电子化'，促进各类电子文件应归尽归，电子档案应收尽收，市地级以上国家档案馆全部具备电子档案接收能力，电子档案在档案资源中占比明显提升"[②]还存在一定差距。对标国家战略部署，《四川省档案馆"十四五"发展规划》提出："积极探索电子档案'单套制'管理，开展电子档案移交与接收试点工作。"

在《四川省省级政务信息化项目管理办法》、《四川省政务信息系统建设指南》（DB51/T 3057—2023）和《电子档案管理办法（征求意见稿）》、《电子档案单套管理一般要求》（DA/T 92—2022）、《电子档案移交接收操作规程》（DAT 93—2022）、《电子会计档案管理规范》（DA/T 94—2022）、《电子文件归档与电子档案管理规范》（GB/T 18894—2016）等相关制度标准的指引下，四川省综合档案馆数字资源建设将在

---

① 李玉娥，赵诣. 数字赋能档案治理体系和治理能力现代化［N］. 中国档案报，2023-03-22（3）.

② 中华人民共和国国家档案局. 中办国办印发《"十四五"全国档案事业发展规划》［EB/OL］.（2021-06-09）［2023-05-04］.https：//www.saac.gov.cn/daj/toutiao/202106/ecca2de5bce44a0eb55c890762868683.shtml.

走稳"双套"之路的基础上探索"单套"之路的发展方向。2020 年 3 月，国家档案局、国务院办公厅电子政务办公室和国家电子文件管理部际联席会议办公室联合发布《关于开展电子文件单套归档和电子档案单套管理试点工作的通知》，在全国范围内得到良好反响。一方面，四川省各级综合档案馆应积极关注上述试点经验，并尝试在省内开展相关试点工作。当前，成都市档案馆打通全市 OA 系统与虚拟档案室及电子文件接收平台的衔接和归档移交功能，实现跨系统数据互通操作。并选取市国资委、市人防办、市市场监督管理局、市公共资源交易服务中心等 10 家市级部门进行全流程试点，2022 年接收了 12434 件电子档案进馆。另一方面，四川省各级综合档案馆应协同推进技术、系统、标准、制度、人员等多方面建设工作，为开展电子档案单套管理工作保驾护航。

六、结语

总体而言，四川省各级综合档案馆资源建设以留存四川记忆、讲述四川故事、彰显四川特色为基调，以档案之笔构画了一幅真实可信、绚烂多彩的"四川资源版图"。其中，专题化、数字化、社会化、活态化四大趋向显现其中，既契合了国家战略布局要求，又凸显了四川特有风土人情。然而，放眼于全国，四川省各级综合档案馆资源建设的信息化、网络化、智能化建设仍任重而道远。未来，唯有以"人文"为观照、以"数字"为协助，四川省各级综合档案馆资源建设才能更上一层楼。

开放利用篇

一、引言

深入推进档案开放利用，充分实现档案对国家和社会的价值，是"十四五"时期我国档案事业发展的重要任务之一。新修订《档案法》《国家档案馆档案开放办法》《"十四五"全国档案事业发展规划》为综合档案馆加快档案开放利用步伐提供了清晰的政策指引。《四川省档案事业发展"十四五"规划》中也指出要"全面推进档案利用体系建设"，包括提升档案公共服务水平、加大档案开放力度、加大档案开发力度等。2018年以来，四川省各级综合档案馆坚持以人民为中心的服务理念，档案开放力度明显加大，档案服务水平不断增强，开放利用工作卓有成效。由此，本篇章以四川省各级综合档案馆开放利用为研究对象，总结开放利用的现状与成绩、困难与挑战、对策与展望。

二、开放利用的现状与成绩

（一）制度引领，档案开放利用工作有序推进

推动档案开放利用是四川省各级综合档案馆贯彻落实新修订《档案法》的必然要求，也是其发挥档案存史资政育人作用的具体体现。2018年—2022年，四川省各级综合档案馆结合馆藏档案实际情况，积极回应人民群众对档案开放利用的新期待和新需求，深化制度建设，档案开放利用工作取得新进展，主要表现为档案开放利用制度逐步完善、档案开放利用流程严谨规范。

1. 档案开放利用制度逐渐完善

"仁圣之本，在乎制度而已"。制度机制问题具有基础性、根本性、全局性、稳定性，事关档案开放利用事业持续健康发展。为加强内部控制制度建设，进一步规范档案开放利用工作，推进方便人民群众的档案利用体系建设，四川省各级综合档案馆结合本馆工作实际，制定或修订了档案开放利用制度规范。如四川省档案馆制

定修订了《四川省档案馆档案开放审核划控规则》《四川省档案馆馆藏档案开放审核质量管理办法》《四川省档案馆档案开放审核安全管理办法》《四川省档案馆查档指南》《四川省档案馆查档流程》《四川省档案馆利用档案规定》《四川省档案馆利用档案须知》等；成都市档案馆制定修订了《成都市档案馆控制使用档案范围》《成都市档案馆档案开放审核办法》《成都市档案馆查档指南》《成都市档案馆查档流程》《成都市档案馆开放档案利用制度》《成都市档案馆未开放档案利用制度》等；阿坝州档案馆制定了《阿坝州档案馆档案查阅利用制度》《阿坝州档案馆档案开放制度》等；广安市档案馆制定了《广安市档案馆查阅档案规定》等。据统计，目前四川省已建立档案开放利用方面制度规范的县（市、区）综合档案馆占 77.01%。省、市（州）、县（市、区）三级综合档案馆的档案开放利用规范化程度大大提升。另外，完善档案开放审核机制是做好档案利用工作的重要前提，四川省各级综合档案馆建立了方便可行的开放审核工作机制，包括建立开放审核工作台账和建立档案开放审批工作流程等，提升档案开放审核工作标准化水平。符合当地实际发展情况和实施环境的档案开放利用制度体系为四川省档案开放利用工作的具体实施指明了方向，在一系列制度引领、规范和保障下，档案开放利用工作顺利推进。

2. 档案开放利用流程严谨规范

近年来，四川省各级综合档案馆在持续推进档案开放利用制度化的同时，建立了严谨规范的档案开放利用流程，有序推进利用体系建设。首先，完善档案开放审核机制是做好档案利用工作的重要前提，四川省各级综合档案馆建立了方便可行的开放审核工作机制，包括建立开放审核工作台账和建立档案开放审批工作流程等，提升档案开放审核工作标准化水平，依法依规向社会公布档案。如四川省档案馆于 2022 年经过初审、复审、复核、鉴定委员会审议、馆务会审定等档案开放审核程序，依法依规向社会开放与经济发展、人民群众生活息息相关，社会关注度高、利用需求较大的省政府办公厅、省卫生健康委、经济和信息化厅等 3 个省直单位形成的、时间跨度为 1952 年—2001 年的档案 5500 余件。其次，四川省各级综合档案馆积极开展档案利用工作，档案利用规范程度大大提高，省、市（州）、县（市、区）三级综合档案馆均建立了明确、规范的档案利用流程，为档案利用工作提供规范程序保障。具体包括，档案利用制度、要求和流程在利用场所显著位置公示，利用登记和审批手续日渐齐全完整，控制与开放档案的利用进行分区管理，有专人负责利用监阅等。

（二）效能显现，档案利用的效果及影响不断提升

档案开放是档案利用的前提，档案利用是档案开放的目的。2018 年—2022 年，四川省各级综合档案馆进一步贯彻落实相关法规要求，促进开放和利用双向发力，档案开放利用工作效能显现，主要表现为档案开放力度明显加大、档案利用方式便捷化、档案利用效益获得社会认可。

1. 档案开放力度明显加大

档案开放是档案资源深度开发和实现社会共享的基础和前提。新修订《档案法》将档案开放年限从 30 年缩至 25 年，从法律层面加快档案开放速度，加大了档案开放力度，这为各地加快档案开放步伐提供了清晰的政策指引。[①]2022 年 7 月 1 日，国家档案局印发实施《国家档案馆档案开放办法》，推动各级国家档案馆依法向社会开放档案，充分利用档案更好地服务党和国家工作大局、服务人民群众。[②]《“十四五”全国档案事业发展规划》也进一步提出要加快推进档案开放。[③]四川省各级综合档案馆进一步贯彻落实新修订《档案法》《国家档案馆档案开放办法》《“十四五”全国档案事业发展规划》的要求和规定，以需求为导向、以服务为宗旨，积极作为，采取有力措施稳步推进档案开放工作，档案开放力度明显加大。例如，2021 年 6 月 9 日，四川省档案馆举办馆藏档案开放发布会，向社会开放教育厅、科技厅等 12 个省直单位在 1979 年—1984 年形成的、涉及社会关注度高、利用需求较大的馆藏档案 10 万余件。

2. 档案利用方式便捷化

档案利用工作是档案自身价值得以实现的直接手段。在新时代，信息化技术作为推动全球建设和发展的一种方式得到广泛应用。档案界顺应数字化时代的发展趋势，采用信息化手段开展档案利用服务，革新传统利用模式，推动档案利用服务创新发展。近 5 年来，四川省各级综合档案馆积极顺应时代发展，勇于创新，依托全国档案查询利用服务平台，切实提高档案利用的即办率、查准率和满意度，让档案惠民服务落到实处。尤其是在疫情期间，各地部门纷纷开启电话查档、网络查档、

---

① 全国人民代表大会常务委员会.中华人民共和国档案法［EB/OL］.（2020-06-20）［2023-05-20］.http：//www.npc.gov.cn/npc/c30834/202006/14a5f4f6452a420a97ccf2d3217f6292.shtml.

② 中华人民共和国国家档案局.国家档案馆档案开放办法［EB/OL］.（2022-07-01）［2023-05-20］.https：//www.saac.gov.cn/daj/xzfgk/202207/9dc96f7f635247c18ae1a9ec15c24dea.shtml.

③ 中华人民共和国国家档案局.中办国办印发《“十四五”全国档案事业发展规划》［EB/OL］.（2021-06-09）［2023-05-04］.https://www.saac.gov.cn/daj/toutiao/202106/ecca2de5bce44a0eb55c890762868683.shtml.

信函查档等服务，最大限度多渠道满足利用者的查档需求，始终做到"查档不间断，服务不打烊"。在疫情冲击和时代发展的大趋势下，四川省各级综合档案馆在做好线下服务、保障公众需求的同时，梳理线上服务思路和服务方法，明确线上服务方向、转变传统服务形式、适应社会发展趋势，发展"互联网＋档案服务"新模式，提升档案利用服务效率，档案利用服务方式朝着便捷化方向发展。例如，2022 年，四川省档案馆对档案利用查阅系统传统 PC 电脑终端进行更换，接入使利用者访问更方便快捷的虚拟化云桌面管理平台，进一步提高了档案利用服务水平，保障了档案信息安全。市（州）、县（市、区）综合档案馆也更为重视档案利用服务，更好满足公众利用档案需求。如成都市档案馆积极构建"跨省、省域、市域"档案远程利用服务体系，不断提升公共服务水平，"让数据多跑腿，让群众少跑路"。在民生档案实现四川省、市（州）、县（市、区）三级综合档案馆跨层级联动基础上，还与北京等37 个省、市档案馆签订民生档案异地跨馆查询协议，实现全国所有省会城市全覆盖。首次打通成都智慧城市建设中的"天府市民云"，为市民提供档案资讯查询服务，市民可通过手机、电脑，随时随地进行公开档案目录查询，2022 年获得"十佳新秀"民生服务综合评选第六名。绵阳市档案馆持续优化档案公共服务环境，开启"绵阳市档案馆"微信公众号预约查档和预约观展功能，完善"绵阳档案"门户网站民生档案目录检索功能。合江县档案馆配备 200 平方米查阅大厅，开通异地查档、电子信息查档、手动查档服务，简化服务程序，提高服务效率，每年接待查档群众上万人。

3. 档案利用效益获得社会认可

效益原则是衡量档案利用工作水平的重要标准。近年来，四川省各级综合档案馆通过每年开展对馆藏档案资料利用情况的统计分析并采取针对性改进措施，不断提升利用效益，积极履行社会责任，获得社会广泛认可。每年的四川省群众和社会评价满意度测评，四川省各级综合档案馆均高分通过。获得锦旗、感谢信、论文中的致谢、媒体报道更是不计其数。例如，2018 年 12 月 28 日，内江市档案局（馆）收到内江玉溪游泳场 29 名安置职工代表送来的一面锦旗。职工代表表示："我衷心感谢内江市档案局（馆）的各位领导和工作人员的大力支持，使我们 29 名职工补缴养老保险的诉求得到解决。"近年来，内江市档案馆接待档案查阅利用服务水平大幅提升，真正实现来有问声、问有答声、走有送声，受到查阅单位和群众的普遍称赞。[①]

---

① 内江市档案局.内江市档案局收到群众致谢锦旗［EB/OL］.（2018－12－29）［2023－07－27］.http：//www.scsdaj.gov.cn/scda/default/infodetail.jsp?infoId=7cd6300089164376906d9f16ef4f8f36.

（三）民生为本，档案惠民服务水平不断增强

民生档案是党和政府在保障和改善民生工作中形成的真实记录。做好民生档案工作，是贯彻落实"以人民为中心"理念的内在要求。民生档案利用服务作为民生服务的重要内容之一，既是顺应时代发展的需要，也是对人民群众利用需求的呼应。自国家档案局 2007 年 12 月明确要求开展民生档案工作以来，四川省各级综合档案馆积极响应、主动作为，创新了一系列举措。尤其是近 5 年来，民生档案利用服务走向"一网通办"，开展了民生档案"异地查档、跨馆服务"实践，提升了民生档案利用的便利程度和普惠程度，档案惠民服务水平不断提升。

1. 提高服务效率，开展"一网通办"民生档案查档服务平台建设

近年来，随着馆藏民生档案的数量和种类快速增长，民生档案利用需求大幅增加，四川省各级综合档案馆忠诚履行"为党管档、为国守史、为民服务"职责，坚持档案为民、服务为民，丰富民生档案利用服务方式，依托全国档案查询利用服务平台，打造"互联网＋档案服务"新方式，推动查档服务从"省域"向"省外"跃升，从"线下依申请"向"线上跑"跃升，让档案惠民服务落到实处。2020 年，四川省档案馆联合四川大学、某软件开发公司以精准扶贫档案查阅利用服务作为民生档案的重点研究对象，开展"一网通办"民生档案查档服务平台建设研究，为茂县进馆精准扶贫档案进行数字化扫描，并启动建立精准扶贫档案查档"一网通办"服务平台，实现了精准扶贫档案网络化管理和异地查档利用。随着全国档案查询利用服务平台正式上线，四川省多家综合档案馆陆续办理了通过全国档案查询利用服务平台提交的查档服务，真正实现档案查阅利用全国"一网通办"。

2. 拓展服务领域，民生档案"异地查档、跨馆服务"落地落实

开展民生档案异地查档、跨馆服务，为人民群众提供更为便捷的档案利用服务，是档案部门体现"以民为本"、服务现代化建设的最佳切入点和顺时应势之举。近 5 年来，四川省档案馆主动融入黄河流域生态保护和高质量发展等国家重大发展战略，积极服务成渝地区双城经济圈建设，推进区域民生档案"异地查档、跨馆服务"共享协同机制落地落实。2018 年，四川省档案馆与重庆市档案馆签订《民生档案跨馆利用服务工作协议》，联合开展民生档案跨馆服务工作，开启四川省民生档案跨馆服务新篇章；2020 年 5 月，两馆在成都签署了《助力成渝地区双城经济圈建设合作协议》，明确加快川渝地区民生档案服务共享平台建设，扩大民生档案异地查档跨馆服务内容和覆盖范围，实现档案公共服务普惠共享；2020 年 11 月，两馆重新签署了民

生档案跨馆利用服务工作协议书，将民生档案跨馆服务覆盖范围向市（区、县）延伸，同时扩大民生档案跨馆服务内容，将原有的婚姻等几个种类扩大到 10 多个种类，进一步拓展了民生档案跨馆服务工作的深度和广度，积极构建起了方便人民群众的档案利用体系，跨馆服务取得新进展。此外，四川省档案馆接续与陕西省档案馆、江苏省档案馆、广州市国家档案馆签订民生档案异地查档跨馆服务协议，与山西省等省（区）档案馆签署黄河流域九省（区）档案馆合作框架协议、民生档案异地查档跨馆服务协议。2022 年，四川省各级综合档案馆办理民生档案"异地查档、跨馆服务"万余人次，全国档案查询利用服务平台办理查档任务 25 件，其中已反馈 8 件，已办结 17 件，及时率 100%，努力实现"让数据多跑路，让群众少跑腿"。

绵阳市北川羌族自治县档案馆深入贯彻落实习近平总书记对档案工作重要指示批示精神，全力抓好档案馆温暖服务窗口建设。在严格规范查档流程的基础上，北川羌族自治县档案馆始终秉承为人民服务的宗旨，最大限度考虑特殊群体的实际困难，特别是在洪涝灾害、疫情防控等关键节点，秉持"让数据多跑路"的服务理念，及时主动与有关行业、部门协调沟通，适时满足民生档案应急查档需求，真正让档案利用出实效、利发展、便民生。[1] 北川羌族自治县档案馆的做法正是把民生之所需作为档案工作之所向，使档案工作更好服务群众的切实体现。

三、开放利用的困难与挑战

（一）档案开放审核任务繁重，开放程度有待提升

新修订《档案法》在档案开放方面迈出了重大步伐，在缩短档案开放期限、扩大开放主体、拓宽开放渠道和方式以及对不按规定开放的责任追究等方面都作出了具体规定。[2] 与此同时，馆藏档案数量的持续迅速增长，使得综合档案馆应开放档案数量急剧增长，档案开放审核工作面临巨大压力。在调研中发现，尽管四川省各级综合档案馆在档案开放审核事件中形成了一系列制度规范办法，指导档案开放审核工作依法依规推进，但仍存在一些难点和痛点。

首先，各馆开放审核制度的制定尤其困难。档案馆馆藏档案各有特色，需要根

---

① 四川省档案局.查档"小窗口"服务"大民生"［EB/OL］.（2022-10-14）［2023-07-27］.http：//www.scsdaj.gov.cn/scda/default/infodetail.jsp?infoId=7da711bef36348d5b34024d65c074e01.

② 全国人民代表大会常务委员会.中华人民共和国档案法［EB/OL］.（2020-06-20）［2023-05-20］.http：//www.npc.gov.cn/npc/c30834/202006/14a5f4f6452a420a97ccf3d3217f6292.shtml.

据自身特点来制定有针对性的档案开放审核制度以更好地推进本馆馆藏档案开放。其次，档案开放审核权责不明，程序不清。新修订《档案法》明确将档案馆和档案形成单位或移交单位作为开放审核的责任主体，但二者在工作中如何协同目前仍不明确，进一步导致开放审核工作开展程序不够明晰，工作人员在开展工作时时常感觉到无从下手，给实际工作造成了很多困难，将来需在具体的档案开放审核办法中予以明确和细化。[①] 最后，档案开放审核工作量大，与现有技术／人力资源矛盾突出。一方面，传统的人工审核方式难以应对现在"存量""增量"档案开放审核需求，开放审核效率较低。四川省档案馆 2022 年采购了档案敏感词数据库，利用人工智能来辅助档案开放审核工作，一定程度上提高了审核效率和质量，但其在市（州）、县（市、区）档案馆中还未得到普及，后续应采取循序渐进的方式，在有条件的情况下，充分发挥信息化技术手段对人工审核方法的辅助作用，提高开放审核效率。另一方面，档案馆从事档案开放审核工作的专职人员较少，尤其是县（市、区）档案馆，有 86.21% 县（市、区）档案馆表示档案开放审核专业人才匮乏，缺少必备知识和技能，很大程度上影响了档案开放审核工作开展。建设固定、专业、专职的人才队伍是做好档案开放审核工作的首要和必要途径。

（二）利用服务尚欠均衡，整体服务水平有待提升

就利用档案人次方面，对四川省档案馆和各市（州）档案馆 2018 年—2021 年利用档案人次进行统计，统计结果如表 9。横向来看，以单一档案馆为研究对象，可以看出四川省档案馆 2018 年—2021 年利用档案人次呈上升趋势，这体现了四川省档案馆对档案利用的重视程度不断提高，利用能力也在不断加强。但市（州）档案馆从 2018 年—2021 年利用人次多呈下降趋势，一方面可能是由于线上利用方式兴起，人们利用获取档案更加方便，不局限于到档案馆利用档案；另一方面则是由于疫情的影响，档案馆利用服务受到了很大冲击。纵向来看，比较四川省各级综合档案馆利用档案人次，不难看出利用档案人次差距较大，档案利用发展不均衡。一方面，各馆馆藏档案各不相同，利用需求有所差异，导致利用档案人次存在较大差距。但更重要的是其体现出不同档案馆利用服务水平的巨大差距。碍于档案馆对档案利用重视程度及资金、人才、技术等支撑性因素的影响，档案馆利用服务水平参

---

① 闫静，谢鹏鑫，张臻.新《档案法》背景下国家综合档案馆档案开放审核的挑战及对策［J］.北京档案，2022（7）：7-10.

差不齐，这很大程度上影响了四川省各级综合档案馆整体利用服务的开展和档案利用体系的建设。

表9 四川省档案馆、四川省市（州）档案馆2018年—2021年利用档案人次统计表

	2018 年	2019 年	2020 年	2021 年
四川省档案馆	4358	4401	5243	5340
成都市档案馆	4725	4361	4783	4221
自贡市档案馆	2741	2494	1628	1416
攀枝花市档案馆	1024	1267	1023	966
泸州市档案馆	1888	1038	1177	986
德阳市档案馆	/	/	/	/
绵阳市档案馆	2869	3758	2683	3711
广元市档案馆	3000	3800	2600	2049
遂宁市档案馆	/	3274	1900	/
内江市档案馆	/	2515	5101	3572
乐山市档案馆	1418	950	858	888
南充市档案馆	/	1656	1498	534
眉山市档案馆	47	60	117	/
宜宾市档案馆	408	710	661	935
广安市档案馆	952	912	1020	1035
达州市档案馆	/	3256	2425	3128
雅安市档案馆	283	279	495	242
巴中市档案馆	/	1042	986	1126
资阳市档案馆	1920	130	129	221
阿坝州档案馆	/	837	2158	447
甘孜州档案馆	3670	338	368	393
凉山州档案馆	/	183	186	453

就档案查阅服务方面，四川省档案馆和市（州）档案馆提供查阅服务类型较为全面，基本能够提供现场查阅、电话预约代查代寄、网上预约代查代寄、来函来信代查代寄、远程查档服务等；但县（市、区）档案馆提供档案查阅服务较为单一，见图9，图中可以看出县（市、区）档案馆更多侧重提供现场查阅服务、电话预约代查代寄、来函来信代查代寄，只有42.53%能提供网上预约代查代寄、59.2%能提供远

程查档服务。档案查阅服务的便捷性和多样性与否很大程度上影响档案利用水平的高低，四川省各级综合档案馆，尤其是县（市、区）档案馆未来要根据实际利用需求，不断丰富档案查阅服务方式，促进档案利用水平提升。

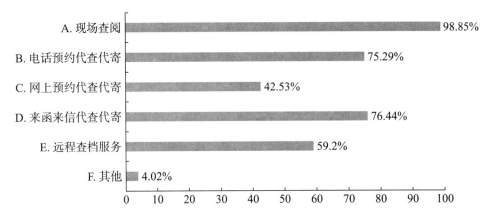

图9　四川省县（市、区）档案馆提供档案查阅服务方式统计图

就档案利用方式而言，鉴于档案数字化、信息化发展不均衡，省、市（州）、县（市、区）档案馆提供档案利用方式差异较大。四川省档案馆、市（州）档案馆信息化水平较高，基本能够做到在馆提供电子档案目录和全文以及网上公布开放档案目录；然而，县（市、区）档案馆信息化水平发展较为缓慢且发展极不均衡，见图10，只有64.37%能够在馆提供电子档案目录、52.87%能够在馆提供电子档案全文、8.05%能够网上公布开放档案目录。公众能否通过快捷便利的渠道利用到档案，反映了档案馆利用体系建设成效高低。如今信息化背景下，必须要不断加强电子档案的提供利用工作，及时在网上公布开放档案目录，并做好目录及全文的提供利用工作。

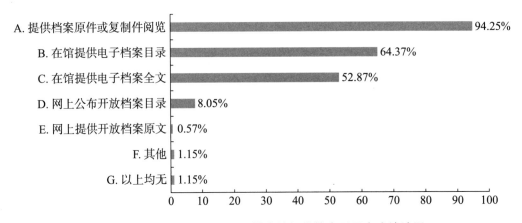

图10　四川省县（市、区）档案馆提供档案利用方式统计图

（三）资源共享畅通受阻，档案共享力度仍待提高

在四川省各级综合档案馆的实践探索过程中，不少综合档案馆深耕馆藏档案资源开发利用，馆际交流较少，档案资源共享不足，档案资源利用率低，影响档案利用服务水平。

首先，共享范围有待拓展。就省内档案资源共享方面，四川省正在建设全省档案资源目录数据统一平台，力图整合汇集全省各级各类档案资源，推动全省省、市（州）、县（市、区）三级实现全覆盖，为实现全省档案资源的统筹管理和共建共享打下坚实基础。但就跨省档案资源共享方面，仍有很长的路要走。其次，共享内容有待丰富。泸州市档案馆建立全市精准扶贫档案工作专题目录数据库，实现市、县、乡、村四级资源共享。各馆聚焦于精准扶贫档案等民生档案来推动信息资源共享，在做好民生档案共建共享基础上，应当进一步拓展共享内容，满足人民群众多元利用需求。再次，共享利用有待提高。全省档案资源目录数据统一平台建成后，仅提供档案资源目录，暂无对档案全文的提供，另外，共享利用平台的建设仅靠一个部门或者一些部门的推动很难实行。如何协同多个部门，推行"馆内＋馆外、线上＋线下"的档案共享利用模式，全方位、深层次、高效率做好档案利用服务工作是四川省各级综合档案馆未来必须要考虑的问题。

四、开放利用的对策与展望

《"十四五"全国档案事业发展规划》提出，"全面推进档案治理体系和档案资源体系、档案利用体系、档案安全体系建设"。[①]深入贯彻"以人民为中心"的档案服务理念，建设好方便人民群众的档案利用体系是全面推进我国档案事业"四个体系"建设的重要内容。通过调研，对2018年—2022年四川省各级综合档案馆开放利用的主要进展和面临问题进行了梳理总结。在开放程度不够、利用服务不均衡、资源共享不畅的现实挑战下，四川省各级综合档案馆未来将进一步强化制度支撑、找差距补短板，促进档案开放审核增速提效，促进档案公共服务能力的整体提升，提高档案信息资源共享能力，更好推进档案利用体系建设。

---

① 中华人民共和国国家档案局.中办国办印发《"十四五"全国档案事业发展规划》[EB/OL].（2021-06-09）[2023-05-04].https：//www.saac.gov.cn/daj/toutiao/202106/ecca2de5bce44a0eb55c890762868683.shtml.

（一）强化制度支撑，促进档案开放审核增速提效

《"十四五"全国档案事业发展规划》把加快档案开放作为档案利用体系建设的重要内容，针对档案开放中的难点问题提出了"实现档案开放审核法治化、规范化、常态化"的目标任务。[①] 如何主动作为，积极采取有效措施突破档案开放审核瓶颈，加大开放力度，提高开放质量，满足公众丰富多样的档案利用需求，是四川省各级综合档案馆档案利用体系建设的重点课题。

完善档案开放审核制度体系。档案开放是一项基础性、常态化工作，建立健全与全省经济社会发展相适应的档案开放制度体系是确保档案开放审核工作持续有效推进的基础和保障。四川省各级综合档案馆应按照现行政策法规的要求，结合本馆馆藏档案资源情况，依法依规制定馆藏档案解密和开放审核有关制度，对开放档案内容进行具体分析，实现档案开放审核工作法治化、规范化、常态化。如四川省档案馆在制定档案开放审核标准过程中，在依据政策法律的基础上，主要研究分析四川省档案馆馆藏档案内容特点，部分划控内容具有四川地方特色，反映了四川独特历史背景下发生的重大事件、相关人物的控制内容，具有很强的地域性。[②] 市（州）、县（市、区）档案馆可参考省档案馆的先进经验和重要成果，制定符合本馆实际的、便于操作的档案开放审核标准。同时，在制定档案开放审核制度标准时，应结合《中华人民共和国政府信息公开条例》《中华人民共和国数据安全法》《中华人民共和国个人信息保护法》《国家秘密解密暂行办法》等相关规定，对具体内容进行细化和调整，避免出现冲突情况，确保最大限度地向社会开放档案。

明确档案开放审核不同主体的权责划分。档案开放审核涉及主体众多，形成档案的档案移交单位、保管档案的档案馆、档案主管部门等，在档案开放审核制度工作中应厘清相应职责。一方面，要细化档案开放审核主体职责。对拟进馆档案，细化档案形成单位的审核职责，如开放与否、开放时间等。对馆藏档案，明确档案形成单位和档案馆的开放审核职责。另一方面，要完善开放监督主体职责规定，解决

---

① 中华人民共和国国家档案局.中办国办印发《"十四五"全国档案事业发展规划》[EB/OL].（2021-06-09）[2023-05-04].https://www.saac.gov.cn/daj/toutiao/202106/ecca2de5bce44a0eb55c890762868683.shtml.

② "档案开放标准化体系研究"课题组.档案开放审核标准的制定与运用研究[J].四川档案，2022（4）：42-43.

开放审核职责不清问题。

加强档案开放审核的信息化支撑和智力支撑。《"十四五"全国档案事业发展规划》提出,"十四五"期间要"加快推进档案科技创新,助力档案工作转型升级"①,以信息技术赋能档案开放审核工作,促进档案工作的数字化转型,不仅是时代发展的要求,也是档案开放审核工作的必然趋势。目前四川省档案开放审核工作中对智能技术手段的运用较少。面对"存量""增量"档案开放审核的需求,利用以机器学习和深度学习为核心的人工智能技术,辅助人工审核,是提高档案开放审核效率的重要途径。与此同时,要加大档案开放审核的智力支撑。建议强化开放审核委员会的设置,发挥群策群力的作用,大大提升档案开放审核工作的效率。此外,要定期对档案开放审核工作人员进行培训,提高其业务能力,建设固定、专业、专职的档案开放审核人才队伍。

(二)找差距补短板,提升档案利用服务整体水平

四川省辖 21 个地级行政区,183 个县级区划,是全国拥有最多县级行政单位的省份,受地理区位差异、经济建设不充分和社会发展不平衡等因素的制约,不同地区的综合档案馆档案利用服务水平差距较大。应缩小不同区域之间档案利用服务发展水平的差异,为公众提供优质均等的档案利用服务,满足用户多元档案利用需求。

一方面,利用服务水平较低的综合档案馆必须立足现实,重视现存问题,深析成因,以档案利用服务水平提升为目标,在借鉴其他利用服务水平较高的综合档案馆档案利用服务的成功经验上,用可持续发展眼光,建立长远发展规划,提升档案利用服务水平。第一,要重视档案利用服务,形成以用户需求为中心的档案管理理念;第二,要加大综合档案馆的基础设施建设投入,积极争取财政预算,加强对资金的使用效率,配备档案利用服务所需的软硬件;第三,加强综合档案馆人才队伍建设,建立培训机制,强化档案人员的服务意识和服务能力。

另一方面,利用服务水平较高的综合档案馆也应当发挥优势,建立档案利用帮

---

① 中华人民共和国国家档案局.中办国办印发《"十四五"全国档案事业发展规划》[EB/OL]. (2021-06-09)[2023-05-04].https://www.saac.gov.cn/daj/toutiao/202106/ecca2de5bce44a0eb55c890762868683 .shtml.

扶机制，通过多种途径对利用服务薄弱的档案馆开展帮扶。首先，省、市（州）、县（市、区）综合档案馆要形成培训的长效机制，定期开展培训，培训范围要涵盖所有综合档案馆，培训内容要视参加培训的综合档案馆的具体情况而定。其次，可以开展"一对一"对口帮扶工作，档案利用服务水平较高的综合档案馆可通过对口支援、技术合作、人才交流等方面多层次、全方位合作，采用现场指导、线上交流等方式对利用服务能力薄弱的档案馆进行帮扶，促进四川省各级综合档案馆档案利用服务整体水平提高。

（三）加强社会协同，提高档案信息资源共享能力

一是加强档案资源共享机制建设，推进档案资源大范围共享。充分了解公众档案利用需求，建立覆盖全省档案资源、跨域共享范围大的档案资源共享机制，大力提升综合档案馆服务能力，持续优化档案利用环境，简化档案利用程序，满足用户需求。建立协同机制，加强档案部门与其他部门之间的沟通交流，从资源供给和需求保障两方面共同推进档案资源大范围共享。目前已实现四川省省、市（州）、县（市、区）三级全覆盖，将来应当资源下沉，促进档案资源向基层延伸，向农村覆盖，向边远地区倾斜，推动档案查询利用服务延伸到村（社区）基层一线，促进档案基本利用服务覆盖全社会，所有人都可以享受到档案服务带来的便捷。另外，深化民生档案跨馆利用服务，扩大合作范围、优化合作方式，更快、更好地服务于公众需求是四川省未来档案工作的重点任务之一。

二是建立档案利用帮扶机制，促进档案共享均衡化。首先，坚持局馆协同，充分发挥四川省档案馆优势，通过培训、现场指导、交流等途径对市（州）、县（市、区）综合档案馆特别是利用服务能力薄弱的综合档案馆开展帮扶，推动全省综合档案馆优势互补、资源共享、创新发展。其次，人才是第一资源，档案利用的高质量发展离不开高水平的档案专业人才，各地档案部门将坚持需求导向，选派政治素质高、业务能力强的档案干部人才进行对口支援，把已有工作经验、管理手段、服务模式带过去，结合工作实际需要，协助对口单位建立覆盖范围广、方便高效的档案利用体系，推动不同区域之间档案利用工作的协同发展和共同进步。

五、结语

总体而言，四川省各级综合档案馆开放利用工作持续推进，以人民为中心的档

案服务理念不断深化，在推进档案开放利用工作、提升档案利用效果影响、提高档案惠民服务水平等方面成效显著。然而，开放利用工作仍面临着诸多困难与挑战，如档案开放审核任务繁重、利用服务尚欠均衡、资源共享畅通受阻等。未来，随着档案利用服务意识的提升、档案利用服务机制的完善，四川省各级综合档案馆档案公共服务能力将进一步提高，档案利用体系建设将不断走向深入。

档案安全篇

一、引言

　　档案安全体系建设在新时期推进档案事业高质量发展的进程中处于基础性地位。《"十四五"全国档案事业发展规划》明确擘画了推进我国档案事业高质量发展的宏伟蓝图，提出通过加强档案馆库建设与管理、强化档案安全保护工作、提升档案数字资源安全管理能力，达到"深入推进档案安全体系建设，筑牢平安中国的档案安全防线"的发展目标。以此为指引，《四川省档案馆"十四五"发展规划》将"档案安全防线得到新加强""进一步完善人防、物防、技防三位一体的档案安全防范体系，筑牢安全屏障，确保档案安全"作为 2025 年四川省档案馆安全建设工作的总体目标，充分凸显其在四川省档案馆工作转型升级中的重要作用。2018 年以来，四川省各级综合档案馆贯彻落实总体国家安全观，统筹发展与安全，深刻认识到筑牢档案安全防线对于维护国家各领域、各环节安全的现实意义，积极推进档案馆库建设、档案抢救修复与安全保管，确保档案实体安全和信息安全，为支撑四川档案事业健康发展提供了扎实基础。由此，本篇章以四川省各级综合档案馆档案安全为研究对象，通过文献研究、政策文本分析、实践调研、问卷调查等方法，总结四川省各级综合档案馆档案安全建设的现状与特点、困难与挑战，并为进一步提升新时期四川省各级综合档案馆档案安全管理效能、推进档案安全工作提质增效提出相应对策并加以展望。

二、档案安全建设的现状与特点

（一）档案安全制度体系不断完善

　　2018 年至今，为规范档案安全管理工作，四川省各级综合档案馆先后出台了一系列确保档案实体安全和信息安全的政策、制度。其中，在省级层面，四川省档案馆围绕档案库房日常管理、档案安全责任制、档案应急管理等制定了 10 项专门性的规章制度（如表 10），将《四川省档案馆档案资料出入库管理制度》《四川省档案馆档案库房管理制度》等档案保管制度纳入省档案馆内控制度建设内容，并聚焦档案开放审核、档案信息化建设涉及的档案安全管理进行了具体规制。除此之外，四川省档案馆还专门制定了《四川省档案馆安全管理办法》《四川省档案馆突发事件应急处置预案》《四川省档案馆值班工作制度（试行）》《四川省档案馆机关门卫值守制度》等一系列规章制度。

在市（州）级层面，大多数综合档案馆均已制定、出台了一系列档案安全管理相关制度，为推进本地区档案安全体系建设提供了基本依据。比如，成都市档案馆除明确档案库房管理人员的职责、建立档案馆全宗卷管理制度外，还制定了《成都市档案馆数字化加工现场安全管理制度》和《数字档案馆安全管理制度》等；自贡市档案馆除强调实体档案资料的安全保管、保密外，还专门制定了档案异质异地备份管理、电子信息系统机房管理等工作制度；宜宾市档案馆围绕档案数字化、数字档案馆建设先后制定了 4 项制度，其内容涉及数字档案馆建设人员管理、档案数字资源管理、档案数字化加工现场安全管理、档案数字化加工现场保密等，并通过《信息安全管理制度》明确宜宾市档案馆的档案信息安全管理工作遵循"安全第一、综合防范、预防为主、持续改进"的方针，从账户管理、密码（密钥）管理、风险评估、灾难恢复、应急处置等方面为数字档案馆稳定运行提供了保障；南充市档案馆将确保档案安全作为压倒一切的任务，切实抓好新馆搬迁后制度的立改废工作，先后制定完善《库房管理制度》《库房消防安全制度》《档案资料出入库制度》《电子档案安全保管和备份制度》等，确保档案安全管理措施落实到岗、安全责任落实到人[①]。

表 10　四川省档案馆 2018 年至今制定的部分档案安全管理制度

序号	制度名称	发布时间	主要内容
1	《四川省档案馆馆藏档案全宗卷管理办法》	2022 年 1 月 13 日	共 5 章 33 条（总则，职责与分工，形成、收集和移交，整理与利用，附则）
2	《四川省档案馆档案库房管理制度》	2021 年 5 月 13 日	共 11 条（"双人出入库管理"制度、档案资料管理、"八防"、库房温湿度日常监测等）

① 曹波.凝心聚力　乘势而上　开启档案事业高质量发展新征程［J］.四川档案，2021（6）：26-27.

序号	制度名称	发布时间	主要内容
3	《四川省档案馆档案资料出入库管理制度》	2021年12月2日	共10条（建立管理台账、档案查阅利用调卷与出库、档案资料接收进馆及交接手续）
4	《四川省档案馆馆藏档案资料统计制度》	2021年5月13日	共7条（馆藏档案资料日常统计管理、档案统计年报工作、馆藏档案资源普查及分类管理等）
5	《四川省档案馆档案库房温湿度监控制度》	2021年5月13日	共6条（档案库房内温湿度控制与监测、设施设备维护与保养、温湿度记录与分析等）
6	《四川省档案馆国家重点档案抢救安全管理制度》	2021年5月13日	共6条（档案抢救工作人员的职业道德、档案抢救室的日常管理与消防器材管理等）
7	《四川省档案馆国家重点档案抢救保密制度》	2021年5月13日	共9条（重点档案抢救工作人员的安全保密职责、档案保管要求、禁止携带相关设备等）
8	《四川省档案馆国家重点档案抢救修补标准和质量要求》	2021年5月13日	共2章10条（国家重点档案抢救、修裱的具体流程及要求）
9	《四川省档案馆国家重点档案抢救修裱现场管理制度》	2021年5月13日	共12条（国家重点档案抢救修裱工作人员的考勤及工作要求、设备管理及档案管理要求）
10	《四川省档案馆档案开放审核工作安全管理办法》	2022年11月16日	共12条（档案开放审核的原则、档案鉴定处的主体权责、场所要求、意见初审与复审、开放审核成果利用、监督检查等）

（二）档案安全基础业务有序推进

档案安全管理作为档案工作"八大环节"的构成要素之一，其自身又囊括了档案安全工作责任制建设、档案接收进馆、档案抢救修复、档案库房及设施设备日常运维等方面。近年来，四川省各级综合档案馆深入学习贯彻习近平总书记对档案工作重要指示批示精神，持续深化档案保管保护工作，坚决守牢档案安全底线，在档案安全基础业务工作方面有序推进、持续优化。

第一，推进档案安全责任制建设，服务于档案安全风险防范。比如，四川省档案馆通过签订年度安全工作责任书的形式，将档案安全作为压倒一切的任务抓牢抓实，切实将安全责任落实到每个环节、每个岗位、每名干部职工，提高安全防范应对工作的针对性和实效性；各相关业务处（室）将档案安全责任细化并落实至每一具体岗位与责任人，探索形成职责清晰、层层担当、层层落实的安全防控体系。

第二，开展档案清点统计，摸清档案安全工作资源总量。为对标对表综合档案馆业务建设评价标准，提升档案安全管理工作的规范化、标准化水平，四川省档案馆多措并举，及时更新、补充了部分馆藏档案（资料）全宗存放位置索引标识，确保档案柜架编号清晰、存放标识明确、档案分类科学有序，并在 2022 年开展馆藏档案定期全面清点工作，在此过程中建立工作台账、编印《四川省档案馆全宗名册（2022 年）》，为摸清馆藏档案资源总量奠定了扎实基础。据南充市档案馆 2022 年工作总结，该单位在 2022 年完成馆藏 311 个全宗卷材料的分类、编号、编目、装盒等整理以及移交进馆档案的数量清点、消毒杀虫和入库上架工作，完善库房档案指引卡、柜号、制度牌、存放索引的制作安装。

第三，落实档案"八防"要求，加强库房及设施设备安全运维。档案库房安全检查、档案保管情况抽查、库房温湿度监测等是档案安全管理工作的基础内容，是确保馆藏档案资源"防患于未然"的先决条件。比如，在 2022 年高温极端天气长期持续的情况下（最高温持续超过 40℃），四川省档案馆坚持每日巡查各库房安全情况、每周填写《档案安全检查记录（周）表》、每月底定期组织档案库房安全检查；成都市档案馆制定消防安全、内部保卫等系列制度，按制度抓好落实，并坚持通过季度安全工作会议、周安全工作例会等分析、研判安全形势，做到"每日一巡查""逢假一大查"，及时消除档案安全隐患；绵阳市档案馆认真开展档案馆安全风险隐患评估和排查工作，2022 年主要领导带队开展节前、极端气候期间专题安全检查 6 次，例行安全检查 12 次，不断强化机房管理、档案数据检测、档案信息系统维护等安全和保密措施，确保档案实体和档案信息绝对安全。

（三）档案安全保管条件基本具备

档案库房及各类设施、设备代表着档案部门的技术状况，同时是开展档案安全管理的重要基础，直接关系着馆藏档案资源全生命管理能否顺利实现。一方面，档案馆基本建设情况（见表 11）。根据统计，四川省档案馆和成都市档案馆、攀枝花市档案馆、广元市档案馆、遂宁市档案馆、南充市档案馆、宜宾市档案馆、凉山州档案馆等 11 家单位的建筑总面积超过 10000 平方米，占比为 45.5%。其中，成都市档案馆档案库房建筑面积高达 13620 平方米、对外服务用房建筑面积高达 12620 平方米；自贡市档案馆新馆的建筑面积为 37433 平方米、档案库房建筑面积为 19935 平方米。另一方面，档案馆内设施设备配备情况（见表 12）。通过对四川省档案馆和 21 个市（州）档案馆 2018 年至今档案统计年报的调查，能够得知四川省各级综合档案馆已基本具备档案安全保管条件，其配备的主要设施设备为两类。一是几乎全部档案馆的档案库房均配备了服务器。其中，四川省档案馆、成都市档案馆、泸州市档案馆 3 家单位配备的服务器在 10 台以上。二是所有档案馆均安装了视频监控系统，多数档案馆同时还辅助配备了温湿度控制、火灾自动报警、库房灭火等安全防范系统。其中，成都市档案馆、攀枝花市档案馆、泸州市档案馆、广安市档案馆、巴中市档案馆、雅安市档案馆、凉山州档案馆 7 家单位配备的档案安全防范系统超过 5 个。

表 11　四川省各级综合档案馆基本建设情况 [①]

序号	单位	档案馆基本建设情况（单位：平方米）				
		档案馆建筑总面积	档案库房建筑面积	后库面积	档案业务技术用房建筑面积	对外服务用房建筑面积
1	四川省档案馆（2021）	22500	8220	1600	4437	2900
2	成都市档案馆（2021）	46800	13620	/	1230	12620
3	自贡市档案馆（2021）	5391	3136	0	300	100
4	攀枝花市档案馆（2021）	16800	5769	/	1200	1551.43
5	泸州市档案馆（2022）	3140	2082	0	42	260
6	绵阳市档案馆（2021）	10709.6	3628.71	0	5503.07	1257.26

① 资料来源：四川省档案馆、21 家市（州）综合档案馆，全国档案事业统计调查报表，2018 年—2022 年。

续表

序号	单位	档案馆基本建设情况（单位：平方米）				
		档案馆建筑总面积	档案库房建筑面积	后库面积	档案业务技术用房建筑面积	对外服务用房建筑面积
7	广元市档案馆（2021）	11452.09	5800	0	3000	500
8	遂宁市档案馆（2020）	11300	2650	0	1210	3440
9	内江市档案馆（2021）	1798	1237	0	0	0
10	乐山市档案馆（2021）	4500	1893	0	700	900
11	南充市档案馆（2021）	12000	2819	0	640	1240
12	宜宾市档案馆（2021）	13100	3980	0	2650	2770
13	广安市档案馆（2021）	6682	3800	0	505	710
14	达州市档案馆（2021）	12766	5208	0	500	470
15	巴中市档案馆（2022）	5873	2900	0	600	300
16	雅安市档案馆（2021）	4544	1877	0	110	170
17	眉山市档案馆（2020）	2590	1500	0	0	0
18	资阳市档案馆（2021）	4600	2800	0	150	105
19	阿坝州档案馆（2021）	11012.88	3565.19	0	325	800
20	甘孜州档案馆（2021）	9799.66	4314.6	0	2648.68	640
21	凉山州档案馆（2021）	14239	2950	0	259	450

表12 四川省各级综合档案馆馆内设施设备情况①

序号	单位	馆内设施设备情况						
		缩微设备	服务器	安全防范系统				
				视频监控系统	温湿度控制系统	火灾自动报警系统	库房灭火系统	
							气体灭火系统	细水雾灭火系统
1	四川省档案馆（2021）	17	17	1	1	1	1	0
2	成都市档案馆（2021）	/	19	1	1	1	2	1
3	自贡市档案馆（2021）	1	3	3	0	0	0	0
4	攀枝花市档案馆（2021）	0	2	2	1	1	1	1
5	泸州市档案馆（2022）	0	12	2	1	1	1	0
6	绵阳市档案馆（2021）	0	5	0	0	1	0	1
7	广元市档案馆（2021）	0	1	1	0	1	0	1
8	遂宁市档案馆（2020）	0	6	1	1	1	1	0
9	内江市档案馆（2021）	0	0	1	0	0	0	0
10	乐山市档案馆（2021）	0	4	1	1	1	1	0
11	南充市档案馆（2021）	0	1	1	0	0	0	0
12	宜宾市档案馆（2021）	0	1	1	1	1	1	0
13	广安市档案馆（2021）	0	4	1	1	1	1	1
14	达州市档案馆（2021）	0	2	1	1	1	0	1
15	巴中市档案馆（2022）	0	1	1	3	2	1	0
16	雅安市档案馆（2021）	0	3	2	1	1	1	0
17	眉山市档案馆（2021）	0	0	1	1	0	0	0
18	资阳市档案馆（2021）	0	1	1	1	1	1	0
19	阿坝州档案馆（2021）	0	1	1	0	1	1	0
20	甘孜州档案馆（2021）	0	1	1	0	2	1	0
21	凉山州档案馆（2021）	0	3	3	2	2	1	0

① 资料来源：四川省档案馆、21家市（州）综合档案馆，全国档案事业统计调查报表，2018年—2022年。

（四）重点档案抢救修复成效显著

2006 年，国家档案局正式启动"国家重点档案抢救工程"建设，旨在引导各级档案主管部门按照统筹规划、确保重点、分步实施、分级负责的原则，对处于濒危状态的国家重点档案进行抢救、保护。根据《国家重点档案专项资金管理办法》（档发〔2017〕4 号）第二条规定，"国家重点档案"是指"由各级国家档案馆保存，在中国各个历史时期形成的，在政治、军事、经济、科学、技术、文化、宗教等方面具有重要的研究和利用价值，国家需要永久保存的珍贵档案"①。当前，四川省各级综合档案馆重点档案抢救工作基本接近尾声，成为筑牢四川档案安全体系的重要基础。

据统计，泸州市档案馆、遂宁市档案馆、乐山市档案馆、广安市档案馆、凉山州档案馆等多家单位已完成馆藏重点档案的抢救工作，其他单位正加快开展重点档案抢救工作②；在四川省各县（市、区）综合档案馆中，有 89 家单位在 2018 年—2022 年开展了"重点档案保护项目"，占比为 51.15%。比如，2022 年，四川省档案馆抢救档案 6355 卷、成都市档案馆抢救档案 8922 卷、宜宾市档案馆抢救档案 3296 卷。③ 在档案工作全面加快实现数字转型的背景下，档案工作各个环节、各项流程均面临着新的任务和要求，四川省各级综合档案馆国家重点档案抢救工作的重心亦从"档案修裱"加快向"档案著录"转型。据了解，四川省档案馆严格执行《四川省档案馆民国档案目录数据采集规范（试行）》，加快开展数字化档案文件的目录著录工作，为完善馆藏民国档案目录体系、提高重点档案利用的查全率和查准率奠定了扎实基础。

---

① 中华人民共和国国家档案局. 国家档案局关于印发《国家重点档案专项资金管理办法》的通知 [EB/OL].（2017-05-19）[2022-04-25].https：//www.saac.gov.cn/daj/gfxwj/201910/19ac4cbd67b043e39c7db7e83bd98bd6/files/ccc0fd5f8dd2493a854150e76388194a.pdf.

② 资料来源：四川省档案馆、21 家市（州）综合档案馆，全国档案事业统计调查报表，2018 年—2022 年。

③ 资料来源：四川省档案馆、成都市档案馆、宜宾市档案馆，全国档案事业统计调查报表，2022 年。

表 13　四川省各级综合档案馆 2022 年国家重点档案抢救情况 [①]

序号	单位	国家重点档案抢救情况					
		应抢救档案总数		已抢救档案数量		本年度抢救档案数量	
		卷	件	卷	件	卷	件
1	四川省档案馆（2021）	560000	0	558555	0	6355	0
2	成都市档案馆（2021）	153296	/	144139	/	8922	/
3	自贡市档案馆（2021）	75172	133	52060	0	0	0
4	攀枝花市档案馆（2021）	/	1615	/	1615	/	/
5	泸州市档案馆（2022）	6161	/	6161	/	/	/
6	绵阳市档案馆（2021）	1600	0	1600	0	0	0
7	广元市档案馆（2021）	9155	0	9144	0	0	0
8	遂宁市档案馆（2020）	16912	36	16912	36	0	0
9	内江市档案馆（2021）	41659	0	28687	0	0	0
10	乐山市档案馆（2021）	22135	445	22135	445	0	0
11	南充市档案馆（2021）	33587	634	32935	0	0	0
12	宜宾市档案馆（2021）	76372	0	68670	0	3296	0
13	广安市档案馆（2021）	0	1000	0	1000	0	0
14	达州市档案馆（2021）	9616	0	9616	0	0	0
15	巴中市档案馆（2022）	0	0	0	0	0	0
16	雅安市档案馆（2021）	10844	0	0	0	0	0
17	眉山市档案馆（2021）	0	0	0	0	0	0
18	资阳市档案馆（2021）	0	0	0	0	0	0
19	阿坝州档案馆（2021）	7308	92	5403	0	0	0
20	甘孜州档案馆（2021）	5895	1030	3600	0	0	0
21	凉山州档案馆（2021）	6333	0	6333	0	0	0

①　资料来源：四川省档案馆、21 家市（州）综合档案馆，全国档案事业统计调查报表，2018 年—2022 年。

（五）档案安全交流合作不断拓展

近年来，四川省各级综合档案馆坚决贯彻落实习近平总书记对档案工作重要指示批示精神，坚持档案工作"走向开放"，在档案安全保管、修复方面加强国内外合作与交流，取得了显著成效。

一方面，国内交流合作。为加强四川省内档案馆际交流合作，协同提升档案库房安全规范化管理水平，四川省档案馆 2019 年至今先后组织召开全省档案保管工作研讨会、综合档案馆和机关档案室业务培训班、全省档案馆基础业务暨重点档案开发工作培训会、全省档案保管保护和信息化建设工作座谈会等，深入学习习近平总书记关于档案工作、历史学习与研究、文化遗产保护重要指示精神，认真领会新修订《档案法》等法规政策文件，重点强调各级档案馆要牢记档案工作的政治属性，提高政治站位；坚持底线思维，筑牢档案安全防线；聚焦主责主业，加强基础业务建设；重视档案保管从业人员职业道德培养。2019 年 12 月 4 日，四川省档案馆举办全省档案保管工作培训会，明确要求全省档案部门应"要坚持底线思维，强化安全管理，筑牢安全防线，建立健全人防、物防、技防三位一体的档案安全防范体系，确保档案实体和信息绝对安全；要坚持问题导向，抓重点、补短板、强弱项，不断夯实工作基础，提升档案保管工作规范化、科学化水平"。此外，为庆祝第 15 个国际档案日，四川省档案馆于 2022 年 6 月 9 日组织举办以"巧手匠心·修复历史"为主题的第十届"公众开放日"活动，组织社会公众通过参观展览、聆听讲座、观摩修裱、体验修复等，于实践中感悟传统与现代相结合的档案修裱技艺和独具特色的四川档案文化。

另一方面，国际交流合作。《"十四五"全国档案事业发展规划》明确将"深入推进档案对外交流合作，提升国际影响力和贡献力"作为未来一段时期我国档案事业发展的重点任务，重点强调要"积极促进与共建'一带一路'沿线国家档案领域合作，大力推动以档案为载体的中华文化走出去"。四川省档案馆在服务共建"一带一路"高质量发展大局中积极贡献了档案力量。比如，2018 年 6 月，俄罗斯鞑靼斯坦共和国档案事务委员会主席加布德拉赫玛诺娃·古力娜拉一行参观考察省档案学校时，对学校档案专业学历教育、档案干部培训、档案科研水平、校办企业等方面工作已取得的成绩，以及用于抢救实物档案的 3D 打印实训室和运用 3D 打印技术开展档案科研的做法大加赞赏；2019 年 5 月，俄罗斯鞑靼斯坦共和国档案专业人员培训团在四川省档案馆接受培训，双方以档案事业为纽带，以培训参访为载体，进一步推动了档案交流合作。

三、档案安全建设的困难与挑战

（一）制度供给不足，部分关键性制度标准尚需健全

档案安全管理制度和工作机制是开展档案安全体系建设的必要前提，对于构建人防、物防、技防三位一体的档案安全防范体系具有基础性意义。当前，四川省各级综合档案馆围绕档案库房日常管理、档案安全责任制、档案应急管理等已制定了多项规章制度，但宏观视角下档案安全管理制度仍需健全，整体性、系统性水平有待提升。

一方面，部分关键性档案安全保障制度建设缺位。四川省各级综合档案馆现行制定的档案安全管理制度主要侧重于档案库房内控和重点档案抢救修补，在档案服务外包安全监管、数字档案资源安全管理、档案安全风险评估等薄弱环节需重点加强。比如，在档案服务外包安全管理方面，我国已从法律、政策、标准三方面明确强调开展档案出境安全监管的重要性，新修订《档案法》第二十四条规定机关、团体、企业事业单位和其他组织要对符合条件的档案服务企业（受托方）进行监督，"《档案数字化外包安全管理规范》提出档案部门要对数字化服务机构建立监管机制，四川省各级综合档案馆在档案服务外包安全管理制度建设方面仍需完善；在数字档案资源安全管理方面，四川省各级综合档案馆需从制度体系化建设的视角出发，重点探索制定信息化环境下的档案数据安全保密制度、档案数据管理维护制度、电子档案数据备份与管理、数字档案风险管控与处置制度等。

另一方面，市（州）、县（市、区）级档案安全管理制度建设存在短板。总体而言，四川省市（州）综合档案馆安全管理制度基本成型，但数量总体较少、已有制度主要侧重于实体档案安全管理。据统计，大多数市（州）综合档案馆已制定了专门性的档案库房安全管理（档案库房温湿度监测）、档案保管、档案保密等制度，重点对档案库房建设具备"八防"等功能提供了制度保障，但已有规制内容较为宏观、条款数量较为稀薄。调研发现，在四川省各县（市、区）综合档案馆中，绝大多数单位围绕档案保管与整理、档案库房管理制定了专门制度规范，占比高达97.13%、93.1%；仅有111家单位聚焦档案保护与修复、87家单位聚焦重特大事件档案工作制定了专门制度，占比为63.79%、50%，是四川省当前县（市、区）级档案安全管理制度建设的短板和不足所在，如图11所示。

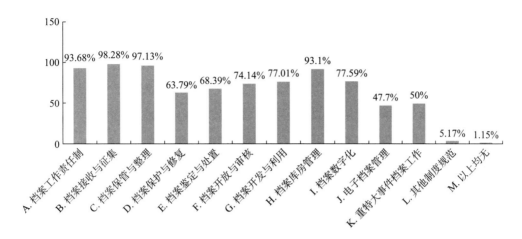

图 11　四川省各县（市、区）综合档案馆档案安全制度建设情况

着眼于档案部门加快实现馆藏档案资源"存量数字化、增量电子化"的背景，档案安全管理制度的范畴和外延亟待拓宽，具体应聚焦电子档案数据备份与管理、数字档案风险管控与处置等充实相关制度依据。比如，南充市档案馆制定的《电子档案安全保管和备份制度》《数字化加工现场安全管理办法》《数字化加工现场档案数据安全保密管理制度》《档案信息安全管理制度》，绵阳市档案馆制定的《馆藏档案电子数据备份制度》《档案信息安全管理制度》，自贡市档案馆制定的《档案异质异地备份管理制度》《电子信息系统机房管理制度》等一系列规章制度为四川省各级综合档案馆完善档案安全管理制度体系提供了重要参照和经验借鉴。

（二）基础设施落后，难以契合档案信息化发展需求

当前，我国中西部地区档案工作数字化转型和信息化建设进程相对缓慢，数字档案馆（室）建设较为滞后，很难满足数字时代数字档案资源和电子档案指数级增长的安全保管需要。[①]

一方面，部分地区档案库房容量趋于饱和，新馆建设有待加快推进。根据对四川省档案馆和 21 个市（州）档案馆统计年报的调查分析，部分市（州）档案馆的建筑总面积低于 5000 平方米或档案库房建筑面积低于 2000 平方米，在一定程度上难以适应增量档案资源快速增长的现实需求。[②]调研发现，在四川省各县（市、区）档

---

①　杨文，蒋纯纯.坚守档案安全底线　构筑档案安全防线——2021 年我国档案安全体系建设发展报告［J］.中国档案，2022（4）：34-35.

②　资料来源：四川省档案馆、21 家市（州）综合档案馆，全国档案事业统计调查报表，2018 年—2022 年。

案馆中，有 16 家单位的档案库房面积不达标、4 家单位的档案库房属于过渡馆库、4 家单位的档案库房属于危房馆库、2 家单位无馆库，另有部分县（市、区）档案馆在档案库房容量和设计、设施设备配置等方面面临着档案安全风险，具体问题描述如表 14 所示。着眼于此，部分档案馆正在着手筹建或计划筹建新馆。

表 14　四川省 21 家县（市、区）档案馆面临的档案安全保管问题阐述

序号	类别	单位	问题阐述
1	库房容量	单位 A	档案库房面积共计 1600 平方米，干部人事档案占用 200 平方米，大概只可接收 10 万卷档案
2		单位 B	库房容量不够
3		单位 C	档案库房已达最大馆藏量
4		单位 D	馆库不够用
5		单位 E	进馆量大，库房面积紧张
6		单位 F	移交进馆档案多，库房容量较小
7		单位 G	库房饱和
8	库房设计	单位 H	库房承重不达标
9		单位 I	无特殊载体库房
10		单位 J	一层库房承重不达标
11	设施设备	单位 K	温湿控制系统不达标
12		单位 L	消防设施因资金有限，无法启用
13		单位 M	设备老化，如空调、除湿机等
14		单位 N	消防压力大
15		单位 O	设施老化
16		单位 P	库房老旧设施设备受损无法有效使用
17	其他问题	单位 Q	存在库房占用情况
18		单位 R	库房被占用
19		单位 S	被其他部门侵占
20		单位 T	县自然资源和规划局档案室占用一楼公用消防通道
21		单位 U	处在居民楼与其他单位办公之间，存在一定安全风险

另一方面，档案安全基础设施相对落后，难于支撑新时期档案安全管理需求。在档案库房容量相对饱和的情况下，部分地区档案馆同时面临基础设施配备相对欠缺、数字档案馆建设水平有待提升的问题，具体表现为档案馆技术机房面积较为狭窄、设施设备老化、存储资源短缺、网络结构单一、信息安全保障体系不足等，在一定程度上制约了馆藏档案信息化建设效能提升。着眼于安全保障体系建设是数字档案馆建设的基础性工作，按照信息安全等级保护要求，加快采用档案安全保障技术方法并配备必要软硬件设施设备，成为四川省各级综合档案馆在新时期加强档案安全管理工作的核心要义。此外，国内部分档案馆已配备专业的档案研究物理化学实验室，用以支持传统载体档案保护、抢救和修复等专业技术钻研与运用，但总体而言，四川省各级综合档案馆档案保护技术实验室建设尚需全方位推进，这同样是服务国家"科技兴档"战略走深走实的实践之问。

（三）专项资金欠缺，数字档案馆建设效能相对受限

数字档案馆建设是一项周期长、成本高、要素复杂的系统性工程，其建设水平高低攸关本单位数字档案资源能否永久存储与安全保管，是推进馆藏档案资源总量增加、质量提升和结构优化的重要基础。客观而言，数字档案馆的运行系统开发、服务平台建设、系统软件和硬件设备配置等方面均需高昂的资金支撑。

一方面，档案馆争取地方财政资金支持较为乏力。当前，四川省部分综合档案馆的档案安全管理经费投入不足，有限的资金难以充分支撑自上而下的档案标准化库房建设，致使基层档案馆库、关键信息基础设施安全防护能力欠缺，数字档案馆建设相对处于较低水平的状态。在省级层面，据四川省档案馆保守估计，欲达到"通过国家级数字档案馆测试"要求尚需投入预算资金约 1.6 亿元，而省档案馆每年信息化预算投入与东部发达地区省级档案馆存在一定差距；在市（州）层面，成都市档案馆和泸州市档案馆在统计年报中明确建立了数字档案馆系统，占比为 9.5%；[1] 在县（市、区）级层面，大部分综合档案馆没有争取到地方本级财政的资金支持，仅有部分预算用于档案数字化加工、信息化建设，经费保障普遍不足，难以支撑数字档案馆建设需要的一次性和长期持续性资金投入[2]。

---

① 资料来源：成都市档案馆、泸州市档案馆，全国档案事业统计调查报表，2022 年。
② 四川省档案局.抢抓机遇 迎接挑战 聚焦关键 补齐短板——"十四五"时期全力推进全省档案信息化体系建设［J］.四川档案，2021（2）：18-20.

另一方面，档案安全管理资金来源渠道相对单一。四川省各级综合档案馆档案工作保障投入和档案安全管理效能发挥之间的矛盾，还受制于专项资金来源渠道单一，致使档案馆基础设施建设不够充实、信息化水平相对滞后。当前，四川省各级综合档案馆档案安全管理资金、国家重点档案抢救与修复等工作主要以政府财政扶持为主，在数字转型和全面推动档案信息化建设的背景下政府扶持尚显不足。新修订《档案法》第七条明确规定，"国家鼓励社会力量参与和支持档案事业的发展"。着眼于此，如何拓宽档案安全管理的资金来源渠道，争取社会力量的支持，通过各种激励政策形成一种以国家和地方财政扶持为主，社会各界积极参与的经费来源渠道[①]是未来一段时期四川省各级综合档案馆追求档案安全管理效能提升需认真审思的问题。

四、档案安全建设的对策与展望

（一）坚守安全底线，推进档案安全建设

《"十四五"全国档案事业发展规划》在"工作原则"部分明确强调，"贯彻总体国家安全观，统筹发展和安全，坚持底线思维，强化风险防控，加强应急管理，压实安全责任，确保档案安全"，充分肯定了在新时代构建人防、物防、技防三位一体档案安全体系的重要意义。着眼于新时代档案安全体系建设，四川省各级综合档案馆应从如下两方面着力：

一方面，贯彻落实总体国家安全观，筑牢档案安全底线。2014年4月，习近平总书记在中央国家安全委员会第一次全体会议上，首次创造性地提出"总体国家安全观"这一概念。总体国家安全观是新时代我国国家安全工作的根本遵循，深刻揭示了国家安全的内在规律，以"五大要素"与"五对关系"之间的辩证统一为逻辑基点，清晰勾勒出我国维护国家安全的总体布局和行动指南。总体国家安全观不仅是一种非传统样态的国家安全观，而且是一种全面、完整且系统的高级、非传统国家安全观，其实质是对传统国家安全观与低级、非传统国家安全观的丰富、深化与超越[②]。在总体国家安全观的指导下，档案安全的概念实现了传统意义上的突破[③]，更加强调在档案工作中注重风险管理和全程控制，对于指导新时期四川省各级综合档

① 周耀林，陶琴，孙洪鲁，等.档案安全保障现状与发展的研究报告［C］//中国档案学会.回顾与展望——中国档案事业发展研究报告.2010：179-211.

② 刘跃进.非传统的总体国家安全观［J］.国际安全研究，2014，32（6）：3-25+151.

③ 李明华.当前档案安全应注意的几个问题［J］.中国档案，2018（2）：38-39.

案馆加强档案安全管理、筑牢档案安全底线具有重要意义。具体而言,四川省各级综合档案馆应坚决贯彻落实总体国家安全观,统筹把握总体国家安全与档案安全二者之间的辩证关系,在持续加强档案馆库建设、确保档案实体和信息安全的同时,亦应重点关注数据态档案安全管理[①]、涉密档案安全管理体系建构[②]、档案馆安全协同治理机制建设[③]等。

另一方面,树立档案风险管理思想,加强重点领域监管。着眼于省情和档情,四川省各级综合档案馆应当遵循《"十四五"全国档案事业发展规划》的要求,通过风险识别、衡量、风险控制等手段,综合运用多种风险管理技术并予以优化组合,不断加强重点领域档案工作监管,防范重点领域档案安全风险。具体而言,四川省各级综合档案馆应当围绕"一带一路"建设、长江经济带发展、新时代西部大开发、黄河流域生态保护和高质量发展、成渝地区双城经济圈建设等发展战略,加强档案工作风险防范;围绕乡村振兴战略,推动构建县(市、区)、乡(镇)、村三级密切配合长效工作机制,鼓励有条件地区建立乡(镇)档案馆,有需要的地方实行"村档乡(镇)代管"模式,助力提升农村基层治理能力;聚焦重点领域、重大活动、重大事件、重大项目档案工作加强档案安全风险防范,并积极参与档案服务外包安全监管工作机制构建,对安全风险较高的档案整理、数字化、信息系统建设等重点领域实施专门监管。

(二)树立法治思维,健全完善档案安全制度体系

筑牢法规制度之治,是加快构建档案安全体系建设、提升新时代档案安全管理效能的重要基础,对于形成"依法治档""依法治馆"新格局,发挥其对于档案安全管理工作的规范、保障作用具有积极意义。结合四川省现行档案安全管理制度实际,未来应从如下方面重点推进:

第一,加快修订档案安全管理地方法规。1992年5月8日,四川省档案局、四川省建设委员会、四川省公安厅、四川省环境保护局联合出台了《四川省档案安全管理规定》,明确规定了县级以上人民政府、档案主管部门、档案馆、单位和个人等

---

① 王英玮,杨千.总体国家安全观视角下《中华人民共和国档案法》的安全理念[J].档案学研究,2020(6):78-85.

② 张臻.中国涉密档案解密管理体系研究——基于双重生命周期理论的视角[J].档案学通讯,2021(1):96-99.

③ 周耀林,姬荣伟.我国档案馆安全协同治理机制研究——巴西国家博物馆火灾后的思考[J].档案学研究,2018(6):44-51.

主体的档案安全权责，第二条规定明确其适用对象涉及四川省县级以上各级国家综合档案馆，各专门档案馆、部门档案馆和企事业单位档案馆可参照此规定执行。时至今日，该规定已实施30余年，其对档案工作"防火、防盗、防腐蚀、防泄密"、档案库房设施设备配置等方面的规定有待更新，在一定程度上已难以适应新时期档案安全管理工作的需要。因此，有必要以新修订《档案法》为根本遵循，适当参照《重大活动和突发事件档案管理办法》（国家档案局令第16号），加快修订《四川省档案安全管理规定》，其中应重点关注电子档案、传统载体档案数字化成果等档案数字资源的安全保存，电子档案接收检测、重要电子档案异地备份保管以及数字档案馆建设等方面涉及的档案安全管理问题。

第二，逐步健全档案安全管理制度体系。宏观而言，曾有学者指明档案安全管理制度是由"档案业务工作安全保障制度""档案信息安全保障制度""应急处理与灾难恢复制度"等要素构成的统一体系。其中，"档案业务工作安全保障制度"层面具体涉及接收进馆、整理鉴定统计、保管与保护、档案修复、档案抽查检测、档案保密、档案安全问责、库房管理、阅览室、档案开发利用等诸多方面的制度。[①] 四川省各级综合档案馆可以此为参照，对标对表健全本单位档案安全管理制度体系。一方面，加快档案安全管理责任制建设，具体应当明确档案安全管理工作的主体与职责，以及监督检查、责任追究的主要流程和方式等，如可以通过制定《档案安全工作负面清单》，明确违背档案安全的具体情形[②]，指导档案部门以负面清单为镜鉴，加强档案安全风险防范；另一方面，聚焦数字环境下的档案安全管理，适时推出《数字档案安全保密制度》《涉密档案安全管理制度》《重要电子档案异质异地备份制度》等，为数字档案资源安全管理提供遵循。

第三，持续推进档案安全管理标准运用。自1992年至今，国家档案局围绕档案馆库建设、档案设施设备、档案病害防治、档案抢救修复、档案应急管理等制定了20余项档案行业标准（如表15），为加强档案安全管理提供了充实的指导依据。着眼于此，四川省各级综合档案馆在改善档案保管保密条件，完善人防、物防、技防三位一体档案安全防范体系的过程中应强化标准运用，不断提升档案安全管理的标准化、规范化水平。除此之外，在档案馆库选址建设、档案风险防控、数字档案资

① 肖秋会，詹欣然，段斌斌，等.基于层次分析法的档案馆安全保障评估指标体系的构建［J］.档案与建设，2018（4）：4-8.
② 杨文，蒋纯纯.坚守档案安全底线　构筑档案安全防线——2021年我国档案安全体系建设发展报告［J］.中国档案，2022（4）：34-35.

源安全管理方面，四川省各级综合档案馆也应当遵从其他标准规范，如《档案馆建筑设计规范》（JGJ 25—2010）、《档案馆建设标准》（建标 103—2008）、《电子信息系统机房设计规范》（GB 50174—2008）、《数字档案 COM 和 COLD 技术规范》（DA/T 53—2014）等。

表 15 我国现行档案安全管理相关的档案行业标准

序号	标准名称	标准编号
1	《档案装具》	DA/T 6—1992
2	《直列式档案密集架》	DA/T 7—1992
3	《文件用纸耐久性测试法》	DA/T 11—1994
4	《档案字迹材料耐久性测试法》	DA/T 16—1995
5	《磁性载体档案管理与保护规范》	DA/T 15—1995
6	《档案缩微品保管规范》	DA/T 21—1999
7	《无酸档案卷皮卷盒用纸及纸板》	DA/T 24—2000
8	《挥发性档案防霉剂防霉效果测定法》	DA/T 26—2000
9	《档案防虫剂防虫效果测定法》	DA/T 27—2000
10	《特藏档案库基本要求》	DA/T 55—2014
11	《档案信息系统运行维护规范》	DA/T 56—2014
12	《档案虫霉防治一般规则》	DA/T 35—2017
13	《纸质档案真空充氮密封包装技术要求》	DA/T 60—2017
14	《明清纸质档案病害分类与图示》	DA/T 61—2017
15	《纸质档案抢救与修复规范》	DA/T 64.1、64.2、64.3—2017，DA/Z 64.4—2018
16	《档案密集架智能管理系统技术要求》	DA/T 65—2017
17	《绿色档案馆建筑评价标准》	DA/T 76—2019
18	《档案库房空气质量检测技术规范》	DA/T 81—2019
19	《档案馆应急管理规范》	DA/T 84—2019
20	《档案数据硬磁盘离线存储管理规范》	DA/T 95—2019
21	《档案馆高压细水雾灭火系统技术规范》	DA/T 45—2021
22	《档案馆空调系统设计规范》	DA/T 87—2021
23	《档案修裱技术规范》	DA/T 25—2022
24	《档案馆照明系统设计规范》	DA/T 91—2022

（三）预防抢救并重，推行馆藏档案分级分类保护

着眼于四川省各级综合档案馆馆藏资源趋于海量化增长的现实背景，加强档案分级分类保护，是实现档案安全集约化管理和资源最大化利用的必要手段。《中华人民共和国档案法实施条例（修订草案征求意见稿）》（以下简称《档案法实施条例》征求意见稿）第三条规定，"国家对具有永久保存价值的档案，按照档案的形成年代、珍稀程度、内容和来源的重要性分为重点档案和一般档案；重点档案分为一级、二级、三级。"① 可见，国家在现阶段侧重针对属于国家档案馆馆藏范围的永久保管档案采取"二分式"的分类方法，是开展档案分级分类保护的基本法规依据。推行馆藏档案分级分类保护的目的在于，一是将有限的保护资源实现最优化配置，二是甄选出珍藏、特藏和一般档案而分别采取不同的抢救措施。②

一方面，开展馆藏档案资源普查，明确档案预防抢救的范围边界。究其实质，加强档案安全管护的主要切入点有二，分别是针对档案载体的原生性防护和针对档案内容信息的再生性防护。在信息化环境下，数字档案在四川省各级综合档案馆馆藏资源结构中的比重渐趋提升，加强数字档案资源载体和信息的安全防护更为迫切。总体而言，摸底调查是分级保护的前提，划分破损等级是实施保护和抢救的基础，分级保护是实施抢救的主要方式。③ 调研发现，在四川省各县（市、区）档案馆中，除 101 家单位反馈本单位档案安全管理情况无问题外，其余单位的档案安全管护均面临一定压力。比如，有 13 家单位认为自身在档案保护方面"压力巨大"（占比 7.47%）、37 家单位"压力较大"（占比 21.26%）、65 家单位"压力一般"（占比 37.36%），其相对迫切的问题主要在于档案字迹泅褪（54 家单位，占比 31.03%）、档案破损（47 家单位，27.01%）、档案纸张酸化（29 家单位，占比 16.67%）、电子档案内容的长期可读性受到影响（27 家单位，占比 15.52%）等，如图 12 所示。因此，四川省各级综合档案馆应加强馆藏资源普查，全面摸清应预防、应抢救的档案资源总量，对不同类型档案资源的载体和字迹类型、保管现状、破损程度、修复迫切度等予以科学评估，进而明确档案安全管护的范围边界与递进层次。比如，阿坝州档

---

① 中华人民共和国国家档案局.中华人民共和国档案法实施条例（修订草案征求意见稿）［EB/OL］.（2022-04-15）［2023-01-15］.https：//www.saac.gov.cn/daj/tzgg/202204/4307b30717574518a97489230372

11b7.shtml.

② 张雪，张美芳.档案实体分级分类保护方法研究［J］.北京档案，2016（12）：31-32.

③ 张雪，张美芳.档案实体分级分类保护方法研究［J］.北京档案，2016（12）：31-32.

案馆深刻认识到国家重点档案抢救工作的根本目的在于将已抢救的档案保护好并最大限度地延长其寿命，结合本单位实际制定了《重点档案抢救与保护工作计划》，在经费有限的情况下优先对利用价值高、损毁程度大的重点档案进行抢救保护，确保档案安全管护工作有计划、按步骤推进。

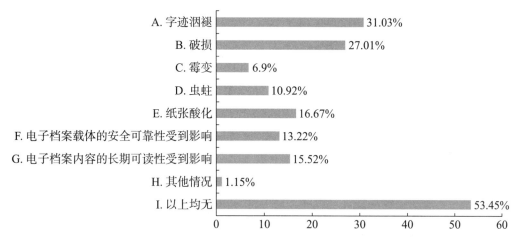

图12　四川省各县（市、区）档案馆档案安全保管的主要问题

　　另一方面，建立分级分类基本制度，制定预防性、治理性保护方案。当前，在档案安全管护领域，较为代表性的观点是选用预防性分级保护和治理性分级保护的手段。其中，前者是指出于预防目的，对馆藏全部档案资源的保护级别加以区分，从而采取相应保护和监管措施的过程，具有一定的预见性；后者是指针对被抢救档案的特殊状况，根据受损档案的重要程度、损毁程度和修复的实施难度，明确采用缓急各异处理方案的过程，强调分级保护标准突破一定时空限制进而实现统一化。[①]着眼于此，建立档案分级分类基本保护制度极其必要，具体可以根据《档案法实施条例》征求意见稿的规定，将馆藏档案资源划分为重点档案和一般档案分级管理。四川省各级综合档案馆在推进档案分级分类保护工作的过程中，应注重汲取其他地区的先进经验和典型做法。比如，青岛市档案馆于2022年5月印发《青岛市档案馆实体档案分级保护制度（试行）》，明确提出实体档案分级保护的原则、范围和措施等，采取调整实体档案存放位置、分库分级标识、优化保护措施等方式方法，有效推进实体档案分级保护工作；[②]山西在2023年4月新修订的

　　① 王成.馆藏档案分级保护实现方式的研究［J］.北京档案，2011（2）：22-24.
　　② 王晓华.山东青岛市档案馆　馆藏实体档案分级保护工作取得进展［N］.中国档案报，2023-01-30（2）.

《山西省档案管理条例》中重点强调了县级以上档案主管部门应当组织有关部门或者专家开展红色档案调查和认定工作，指导档案馆和机关、团体、企业事业单位以及其他组织按照国家和省有关规定，建立红色档案专题目录和数据库，对红色档案采取分级保护措施。[①]

（四）深化技术赋能，提升档案资源安全管理水平

在数字时代，档案工作环境、对象、内容发生巨大变化，迫切要求四川省各级综合档案馆系统运用各种信息技术，不断创新档案工作理念、方法、模式，促进档案安全工作加快实现数字转型和智能升级，确保馆藏数字档案资源在各业务流程持续处于安全可控的状态。

一方面，以场景耦合为导向，引入先进技术应用于档案安全风险防范。针对档案实体和档案内容信息的安全管护，四川省各级综合档案馆应分门别类地采取不同形式的技术手段，充分凸显"场景化"思维的应用优势。比如，针对霉变模糊、老化失真的馆藏档案资源，可以综合运用图形修复、划痕修复、色彩处理、音效处理、声画合成等技术[②]对其予以最大限度地科学复原与再现；针对数字档案信息安全防护，应注重入侵检测、审计监控、长期保存等高技术手段[③]的现实运用，提升数字档案信息的可存续能力；对于新修建的档案馆，可以考虑引入指纹识别、虹膜识别、脸部识别、红外报警、磁条防盗、条码管理、水印防伪、电子文件封装、信息防火墙等[④]多重技术手段运用，由此提升档案馆安全设施的基础保障能力，确保馆藏档案资源安全、保密；针对数字档案馆建设，可以通过集成利用RFID设备和射频识别技术对馆藏档案资源进行实时跟踪管理，实现库房管理无纸化、档案存储位置图形化、出入库房登记自动化[⑤]，进而实现档案库房管理的流程优化与效能升级。

另一方面，以多重防护为核心，构建技术赋能的立体化档案安全保障体系。着

① 山西省人民代表大会常务委员会.山西省档案管理条例［EB/OL］.（2023-04-12）［2023-04-27］.http：//www.sxpc.gov.cn/zyfb/zxfg/art/2023/art_d7d3ba3c41a249d2a1ed4f3ca30d315e.html.

② 许丽.红色文化资源数字化保护与创新发展路径［J］.人民论坛，2021（1）：139-141.

③ 肖秋会，段斌斌，詹欣然，等.档案馆安全保障现状调查与评估——以武汉市35个不同类型档案馆为例［J］.档案与建设，2018（4）：9-13.

④ 贾道红.对档案安全体系建设的几点思考［J］.档案与建设，2010（9）：17-18.

⑤ 李珂.提升档案信息化发展水平 实现远程利用社会共享——河南省数字档案馆建设概述［N］.中国档案报，2020-06-11（1）.

眼于新时代档案安全风险管理，需要运用多种手段保障档案资源的安全。一是四川省各级综合档案馆应深入探究现代化信息技术之于维护档案馆库安全、档案资源内容安全、档案管理系统安全等的重要作用，加快构建档案信息管理系统安全保密防护体系，逐步完善档案信息安全管理体制，切实做好网络安全、信息系统安全、数字化档案安全和数据库安全等工作。二是针对数字档案资源的安全管理，四川省各级综合档案馆应对其开展异质异地备份，探索建立档案容灾备份机制，加强区域性容灾备份中心建设，逐步提升重要档案信息系统应对重大灾害与突发事件的能力。比如，《泸州市档案事业发展"十四五"规划》明确提出"积极开展档案数据容灾备份中心建设，配备专门备份设施设备和'双回路'电源、备份电源等基础设施，异地备份满足跨地域、跨电网、跨地震带要求"，并计划到"十四五"末，全市各级国家综合档案馆馆藏重要档案数字资源异质异地备份率实现 100%；宜宾市档案馆与湖北省襄阳市档案馆签订电子文档异地备份协议，相互提供电子文档保管条件，对馆藏档案数字化成果产生的备份数据载体、异地备份数据载体等开展可读性和完整性检测，建立检测台账，对不符合要求的数据载体及时备份、复刻，确保数据安全。①三是加强大数据、人工智能、区块链、物联网等新一代信息技术在档案馆库建设、档案安全修复、数字档案馆等工作中的应用，重点围绕其开展科学研究与实践运用。2022 年至今，四川省档案馆有序推进《基于物联网技术的档案库房环境监控技术》《光谱成像技术在档案字迹、图形恢复中的研究与应用》等课题研究，并积极组织《基于人工智能技术的档案智能化整理及档案数据验收辅助系统的运用推广》《档案库房及纸质档案杀虫灭菌的关键技术研究》《功能型档案盒用纸的研究》等申报省科学技术厅基础研究、成果转化项目等。

（五）强化多措并举，筑牢档案安全全方位保障

"改善档案保管保密条件""进一步完善人防、物防、技防三位一体的档案安全防范体系"是《四川省档案馆"十四五"发展规划》着眼于档案安全体系建设指明的重点发展任务，有待于在未来一段时期从如下方面推进，为筑牢安全防线提供坚实保障。

第一，持续推动档案馆库建设与管理。四川省各级综合档案馆应立足自身实际，

① 郑捷.强基固本提质效 科学规划促转型——宜宾市档案馆积极推进数字档案馆建设［J］.四川档案，2022（4）：21.

切实改善馆藏档案保管条件，加快档案安全设施设备配备迭代与更新，确保档案馆库全面具备"八防"功能，坚决消除各方面存在的潜在安全隐患。在档案馆库建设方面，内江市档案馆着眼于本单位档案保管条件有待提升的现状，统筹开展新馆建设、应急馆库建设和老馆排危治理一体推进，科学谋划布置库区功能、柜架摆布、档案存放、柜架编号等，完成档案分类统计、新馆功能分区设想、柜架安放制图、档案容量测算等具体工作，全力保障在"十四五"期间消除危馆库和面积不达标馆；在设施设备配备方面，攀枝花市档案馆按照《数据中心设计规范》建成 B 级信息中心机房 1 个，配备的 4 台应用服务器和 2 台数据库服务器均安装 UOS 操作系统，利用局域网运行"四川省电子文档管理系统（馆版）"档案管理软件，并部署局域网、行政办公网络、数字化加工网络和监控网络等 4 个相互物理隔离的计算机网络。

第二，积极争取多方资金支持档案安全工作。着眼于当前全面加快档案安全管理和数字档案馆建设亟需投入大量资金的背景下，四川省各级综合档案馆应积极争取党委和政府支持，将数字档案馆（室）建设纳入本地区本部门本单位信息化建设和经济社会发展的整体布局[1]，努力拓展专项资金来源渠道，同时鼓励社会力量、社会资金投入至档案安全体系建设，由此着力解决资金不足的问题。如值得借鉴的是，山东省档案局、山东省档案馆在数字档案馆建设中积极争取省发展改革委、省财政厅、省大数据局等主管部门单位项目、资金支持，累计争取资金 9000 余万元推进省档案馆信息化建设，有力保障了数字档案馆建设和迭代升级。[2]

第三，注重培养复合型档案安全专业人才。"人才兴档"是助力新时代档案事业高质量发展的重要支撑，四川省各级综合档案馆应注重通过队伍建设、交流合作、实验室建设等手段积极推进档案安全高素质人才培养，加强省域内部协作与对口帮扶，努力消弭专业技能人才影响四川档案事业统筹推进的区域鸿沟。其一，在队伍建设方面，四川省各级综合档案馆应通过拓宽档案人才招录渠道，通过采取招考、选调、内部调剂等方式尽快引进具备历史学、档案学（档案保护）、化学、信息技术等专业背景的高学历和专业技术人才；充分发挥专业人才核心和骨干作用，重点培养、选树扶持、正向激励档案安全体系建设亟须的高层次、高技能人才，保持支撑数字档案馆建设、运维和安全的专业人才不断档、不缺位，不断推进档案人才队伍

① 陆国强. 全面贯彻落实党的二十大精神　奋力书写档案事业现代化和高质量发展新篇章——在全国档案局长馆长会议上的报告［J］. 四川档案，2023（2）：5-13.
② 李世华. 以数字化转型推动山东档案事业高质量发展［J］. 中国档案，2021（12）：38-39.

梯队合理、结构优化；积极构建档案安全管护专业人才智库，持续引导鼓励专业人员申报国家和省级档案专家、储备人才等。其二，在交流合作方面，应积极加强、深化与中国档案学会、四川省档案学会等学会和中国人民大学、四川大学等高等学校档案学院系的合作，强化档案保护修复、电子档案长期保存等专业人才培养，着力构建线上线下相结合的档案安全管理技能培训模式，围绕数字档案资源管理、档案抢救性保护修复、数字档案馆建设等开展重点培训。其三，在实验室建设方面，应以强化档案安全管护基础研究与技术运用为导向，积极推进本区域重点档案保护中心和档案保护技术实验室的申报认定、运行管理、考核评估等工作，充分发挥其在档案保护技术研究应用、档案保护修复人才培养等方面的引领辐射作用，着力为新时代四川档案安全体系建设贡献人才支撑。

五、结语

筑牢档案安全防线，构建人防、物防、技防三位一体的档案安全防范体系，对于在新时代推动档案事业实现高质量发展和现代化转型具有基础性、支撑性作用。总体而言，四川省各级综合档案馆在档案安全管理制度、基础业务、保管条件、重点档案抢救修复、交流合作等方面取得了显著成绩，同时在一定程度上面临档案安全制度供给不足、基础设施落后、专项资金欠缺等现实挑战。面对新时代的奋进号角和壮丽航程，四川省各级综合档案馆应深入学习宣传贯彻习近平总书记对档案工作重要指示批示精神，进一步围绕中心、服务大局、坚守安全底线、聚焦主责主业，持续增强馆藏档案资源的安全管理效能，为推动新时代治蜀兴川再上新台阶、全面建设社会主义现代化四川贡献更多档案力量。

科技与信息化建设篇

一、引言

随着数字时代的到来，各行各业自发地朝着信息化的方向变革。档案领域的科技与信息化建设，不仅是档案工作实现数字转型、适应时代趋势的必然之举，同时也是提升档案工作效率、提高档案服务质量的必由之路。在数字中国战略背景下，科技与档案信息化建设作为国家信息化建设和电子政务建设的重要组成部分，扮演着至关重要、不可替代的角色。《"十四五"全国档案事业发展规划》提出"深化档案信息化战略转型，强化科技和人才支撑"。2018 年以来，四川省各级综合档案馆始终重视档案科技与信息化建设，适应档案信息化建设和档案事业发展的总要求，坚持以档案信息化基础设施建设为支撑，以深化档案信息资源开发利用为目标，以档案信息化安全措施建设和人才队伍建设为保障，加速整合全省档案资源，推进档案科研工作，大力推进档案资源数字化、信息管理标准化、信息服务网络化和社会化的进程，促使四川经济建设和社会发展，并满足人民群众日益增长的档案利用需求。由此，本篇章以四川省各级综合档案馆科技与信息化建设为研究对象，阐述其现状与成绩、分析其困难与挑战、提出相应对策与展望，总结四川省各级综合档案馆科技与信息化建设的整体图景。

二、科技与信息化建设的现状与特点

（一）整体发展态势稳中向好

2018 年—2022 年，四川省各级综合档案馆稳步开展档案资源数字化，逐步实现档案管理的规范化和一体化，在档案资源信息化建设、数字档案馆建设和档案信息安全保障体系建设等多个领域均取得不俗成绩。同时，四川省各级综合档案馆不断加强档案科技工作，在探索中推进科技创新，有针对性地开展课题研究，科技与信息化工作发展态势整体稳中向好。

1. 档案资源信息化建设全面铺开

档案资源信息化建设是档案信息化建设的核心工作。2018年—2022年，四川省各级综合档案馆坚持"存量数字化、增量电子化"方针，全面铺开、大力推进档案资源信息化建设，具体体现在以下三个方面。

第一，馆藏档案目录数据库建设覆盖全域，基本形成体系。在省级层面，四川省档案馆稳步推进馆藏案卷的整理和数字化工作，并逐步开展档案数据质检工作。2018年，四川省档案馆起草了《四川省民国档案文件级目录数据审核验收办法》，并成立目录质量检查的专门机构，对全省重点档案保护与开发项目中的民国档案文件级目录进行系统检查。截至2022年底，四川省档案馆形成文件级目录著录623万余条、案卷级目录118万余条，同时并从制度建设等多个层面保障目录质量检测工作落实走深。

在市（州）层面，四川省各市（州）综合档案馆同样高度重视馆藏档案目录数据库建设工作，绝大多数市（州）综合档案馆根据国家档案局和四川省档案局关于做好重点档案保护与开发工作的基本要求，以重点档案为切入口，切实做好目录体系建设工作。如成都市档案馆2018年—2021年投入614万元，完成近1389万页馆藏档案数字化加工，目录著录42.5万条。泸州市档案馆在2022年建立案卷级、文件级档案目录数据库416个全宗，约7万卷、200余万件、1000万余页；馆藏文书、照片、音像等档案的案卷级目录、文件级目录已经达到100%的完成率，全市档案目录体系基本建成。在县（市、区）层面，根据调研数据统计，约有85.63%的县（市、区）综合档案馆已经建立档案目录数据库，比如青神县档案馆、仁寿县档案馆等。可见，馆藏档案目录数据库的建设基本较为完整地覆盖了四川省各级综合档案馆，为数字档案目录资源从无到有、从有到全奠定了扎实基础。

第二，档案数字化成果逐年累加，项目管理得到细化深化。在省级层面，四川省档案馆不断推进各类馆藏资源的数字化工作以及数字化项目管理项目工作。一方面，自2010年起，四川省档案馆完成馆藏清代档案、民国档案、革命历史档案和建国初期档案的数字化加工工作。截至2022年底，四川省档案馆馆藏档案数字化扫描完成约80.7万卷、4.8万件、合计5417.1万页，近五年档案数字化工作稳步推进。基于此，四川省档案馆于2022年对"十一五"以来档案数字化情况进行全面梳理，形成《档案数字资源建设情况报告》，进一步摸清家底，为总结档案数字化成果，开展后续相关工作提供方向和目标。另一方面，四川省档案馆对数字化项目调卷出库、扫描著录、还卷入库的全流程加以重构，细化要点、严控质量，切实保障档案数字化项目的高效安全管理和运行。2022年，四川省档案馆馆藏档案数字化项目累计抽检1147卷档案，发现358个问题，发出1张停工整改通知书，通过强化项目监管提升数字化成果质量。

在市（州）层面，多数综合档案馆按照"存量档案数字化"的总体要求，通过专门规划、争取数字化专项资金等多种方式持续做好馆藏档案数字化工作。比如，攀枝花市档案馆以《攀枝花市档案馆档案接收和征集进馆工作五年计划》为依据，推进重要档案数字化成果的文字识别和语音识别工作，逐步建立以档案数字资源为主导的档案资源体系；泸州市档案馆在"数智兴档计划"的支撑下，馆藏应数字化档案数字化率达100%；内江市档案馆落实市本级数字化专项资金265万元，馆藏档案应数字化率达70%以上，为数字档案馆建设奠定坚实的数字档案资源基础。在县（市、区）层面，约有86.78%的县（市、区）综合档案馆在档案数字化、加工整理、信息系统建设等工作与档案服务外包企业开展合作，合力推进档案数字化建设工作。综上，四川省、市（州）、县（市、区）三级综合档案馆根据自身馆藏力量和特点持续不断地开展数字化工作，并且对数字化项目管理给予高度关注和重视，从业务流程、计划安排、资金筹备、参与主体等方面对其加以完善。

第三，加强"双套制"移交与接收工作，档案数字资源不断充实。在省级层面，四川省档案馆以"双套制"移交与接收为抓手，通过发布专项政策等方式扭转数字档案资源移交工作相对滞后的困境。政策方面，2018年，四川省档案馆印发《关于2018年度向省档案馆移交档案的通知》，明确档案"双套制"接收的具体要求。2019年，四川省委办公厅、省政府办公厅印发《关于做好档案"双套制"移交与接收工作的通知》，四川省档案馆及时拟订做好档案"双套制"移交与接收工作有关事项的通知，再次明确了档案"双套制"移交要求，对档案质量要求、纸质档案数字化副本命名格式、纸质档案数字化副本目录结构、档案移交清单、档案交接文据等进行了细化规范，以政策形式为全省数字档案资源的建设指明了发展方向。

在市（州）层面，基于四川省档案馆的示范引领效应，各级综合档案馆陆续开展"双套制"接收工作，依托信息化管理平台逐渐向电子档案单套制管理过渡（见表16）。比如，达州市档案馆认真执行"双套制"档案接收工作，做好电子档案进馆数据的验收工作，目前已验收市公路养护中心、市委信访局、市委防邪办、市残联等单位数据，数字化副本70余万幅，并将其导入达州市数字档案馆管理系统；绵阳市档案馆累计接收档案电子副本数据130GB，检测馆藏数据光盘400张，完成24013条档案数据挂接；德阳市档案馆2022年度共接收了11家单位各门类档案共计

41579 件（其中疫情防控档案 1460 件）、72944 卷纸质及电子副本进馆，新增数据容量 1.3TB；自贡市档案馆累计抽检 23 个全宗单位提交的 16805 卷、103424 件、容量约 7000GB 的数字化档案数据。在县（市、区）层面，绝大多数综合档案馆主要接收数码照片、音频视频文件入馆，仅有约 22.41% 的档案馆尚未开展。综上，四川省各级综合档案馆一方面充分重视"双套制"档案数据的接收与管理工作，不断丰富档案数字化资源成果；另一方面在统一规划下，逐步建立并完善相应目录分中心和现行文件中心，加快档案馆目录数据库建设，以此提高档案存贮、检索、开发利用服务的水平，促进档案信息资源精准满足服务政务活动、社会公众的利用需求。

表 16　四川省市（州）档案馆 2018 年—2021 年馆藏电子档案数量情况（单位 /GB）

市（州）	2018 年	2019 年	2020 年	2021 年
成都市	120.08	678.08	695.01	705.51
自贡市	0	0	1.4	1.4
攀枝花市	0	0	0	0
泸州市	0	0	0	0
德阳市	/	/	/	/
绵阳市	0	20.5	20.5	20.5
广元市	311	311	311	311
遂宁市	/	126.87	119.21	
内江市	/	0	1.41	1.41
乐山市	/	/	/	/
南充市	/	0	29.8	29.8
眉山市	0	0	0	0
宜宾市	0	0	0	0
广安市	0	0	0	0
达州市	/	0	0	0
雅安市	0	0	0	428
巴中市	/	0	56	56
资阳市	0	0	0	0
阿坝州	/	0	0	0
甘孜州	/	0	0	0
凉山州	/	0	0	0

2. 数字档案馆项目渐次推进

数字档案馆项目是档案信息化建设的重点工作。在全省档案信息化建设领导小组的领导下，四川省各级综合档案馆依据自身馆藏基础条件，积极争取省委、省政府重视和相关主管部门的支持①，扎实推进数字档案馆项目建设，推进项目落地走实。

第一，建设工作高效部署，试点工作渐次开展。在省级层面，2018 年，四川省档案馆召开全省数字档案馆（室）建设工作座谈会，通报全省数字档案馆（室）建设及试点工作的基本情况，安排部署下一阶段数字档案馆（室）建设工作。在市（州）级层面，大多数综合档案馆也积极投入数字档案馆建设的工作之中，并以项目建设形式或常规建设模式推进落实。比如，2019 年，成都市档案馆、双流区档案馆通过"全国示范数字档案馆"测试；南充市档案馆赴重庆、资阳、内江等地考察学习，充分调研论证，制定数字档案馆建设方案，着手数字档案馆审批立项、招标等工作；绵竹市档案馆以灾后重建为契机，抓紧实施数字档案馆建设，目前已完成馆藏档案 90% 以上的全文数字化工作；②眉山市档案馆已建成眉山市数字档案馆（室）系统，并推广至全市 584 个立档单位使用，16 个单位开展数字档案室建设试点示范工作；遂宁市档案馆于 2022 年提出以创建"全国示范数字档案馆"为目标，结合遂宁实际科学编制《数字档案馆建设方案》，并已通过市政府审定，计划采取项目建设和常规建设相结合的方式，用 4 年时间从基础设施、系统功能、档案资源、保障体系和服务绩效等方面对其予以完善和提升。少数市（州）档案馆的数字档案馆建设，以及部署工作已走在前列。例如，德阳市档案馆提出以市域数字档案管理服务一体化平台建设成果为基础，以档案数据治理和资源挖掘为重点，建设档案版式分析与 OCR 智能识别平台、档案智能筛查、档案数据挖掘、电子文件归档中心等系统，推动智慧档案馆（室）建设优化升级的建设方案目标；绵阳市档案馆以全省首批数字档案馆建设试点为契机，主动争取省、市主管部门指导帮助，在 2022 年科学编制《绵阳市数字档案馆建设项目建议书》《绵阳市数字档案馆建设方案》，推动绵阳市数字档案馆建设项目被纳入市政务信息化建设项目。

第二，软硬件设备提档升级，规范标准不断出台。在宏观部署和试点工作的推

---

① 王月."建设省档案馆新馆和数字档案馆（室）"列入四川省"十四五"规划纲要［N］.中国档案报，2021-05-27（1）.
② 中华人民共和国国家档案局.四川省各市（州）积极推进数字档案馆建设［EB/OL］.（2013-10-21）［2023-07-23］.https：//www.saac.gov.cn/daj/c100254/201310/778373e632344b51b86d41ef5e4bcd6e.shtml.

动之下,四川省各级综合档案馆为扎实推进数字档案馆建设项目,开展了基础性保障工作。在基础设施建设方面,省、市(州)综合档案馆纷纷加大投入力度,夯实档案信息化建设的基础。在省级层面,四川省档案馆从软硬件设备着手,采购一套480TB存储阵列,改善电子数据存储环境,确保数据安全保存,并实施机房运维保障项目,确保设备网络稳定运转,为数字档案馆建设提供了坚实的基础。在市(州)层面,各市(州)综合档案馆同样依托于资金的投入而开展基础设施更新换代工作。比如,成都市档案馆采购专业档案级蓝光光盘库存储设备(存储总容量达600TB);南充市在新馆建立了专门的档案数字存贮机房,搭建了数字化档案馆硬件架构;甘孜州争取解决落实配套建设资金462万元与省档案抢救和保护专项资金150万元,按照数字档案馆和保密工作要求,分别建设数字档案馆涉密机房和非涉密机房,配备了密码机、屏蔽机柜、核心交换机、存储控制框、防火墙、漏洞扫描、入侵检测、堡垒机、日志审计、防病毒服务器及档案管理终端等,基本满足数字档案馆三个网络的数据存储和档案查阅利用需要。在规范标准方面,省、市(州)综合档案馆同样不断探索数字档案馆建设方案和相关制度,为数字档案馆的标准化建设和规范化运行提供了参考借鉴的依据。在省级层面,四川省档案馆按照数字档案馆建设的整体要求,部署"馆藏资源管理"系统和"电子阅览室"系统,不仅可管理和查阅纸质档案的数字化副本,也可以完成照片档案、音频档案、视频档案的管理和查阅,进一步丰富了数字资源的利用形式。在市(州)层面,不少市(州)档案馆结合数字档案馆建设目标制定建设方案,并出台多项相关制度,明确建设要求。比如,成都市档案馆2019年通过全国示范数字馆测评后,以档案信息系统安全等级保护(三级)测评、整改为抓手,完善优化了《成都市档案馆网络安全管理制度》《成都市档案馆外包运维管理办法》等,为示范数字档案馆标准化、流程化、安全高效运行提供制度保障;宜宾市档案馆围绕档案数字化、数字档案馆建设先后制定了4项制度,其内容涉及数字档案馆建设人员管理、档案数字资源管理、档案数字化加工现场安全管理、档案数字化加工现场保密等,并通过《信息安全管理制度》明确宜宾市档案馆的档案信息安全管理工作遵循"安全第一、综合防范、预防为主、持续改进"的方针,从账户管理、密码(密钥)管理、风险评估、灾难恢复、应急处置等方面为数字档案馆稳定运行提供了保障。

3.档案信息化安全保障得到重视

档案信息化安全保障是档案信息化建设的关键工作。2018年—2022年,四川省各级综合档案馆高度重视档案信息化安全保障工作,坚持防管并举,加强档案信息系统安全技术防范管理，以应对档案信息安全面临的诸多新挑战，具体表现在以下两个方面。

第一，重视档案信息网络安全保密系统的建设。在省级层面，四川省档案馆一方面重点开展信息网络工程建设工作，如四川档案资源网的局域网升级改造工程加强档案数字资源管理，完成涉密内网建设接入工作；另一方面，建立健全省各级档案局（馆、室）统一的网络档案安全保密管理体制，严格遵守《四川省公共安全技术防范管理办法》（四川省人民政府令第 122 号）规定，采购符合公共安全的国家标准、行业标准和行业主管部门规定的公共安全技术防范产品，如入侵报警、电视监控、防盗屏障、周界报警等专用设备，完成涉密机房设备的建设和保密室的建设。在市（州）层面，不少市（州）档案馆同样高度重视涉密数字档案的业务管理工作。以德阳市档案馆为例，其在 2022 年成功申请四川省档案事业发展专项资金一次性补助 150 万元，在德阳市政务内网部署涉密档案应用管理系统，为市、县（市、区）党政机关涉密电子档案的归档、管理、利用、移交工作提供支持，完成涉密档案数据中心建设，为市、县（市、区）两级综合档案馆涉密档案的接收、长期保存、利用业务提供系统支撑，确保网络安全传输。

第二，重视档案数据信息的备份工作。总体而言，省、市（州）档案馆对档案数据信息备份的重视体现在异地备份和载体安全管理两大方面。在省级层面，四川省档案馆按国家档案局的统一要求，与甘肃省档案馆签订异地备份协议，开展了重要档案数据的异地备份工作，以增强对灾害的应对能力，同时分别从设备硬件、系统软件、管理制度、监督检查等方面系统地防范数据安全问题，随着技术的发展及时改造调整网络结构、增加网络安全设备，加强身份认证、数据备份等防范措施，保证数据安全。在市（州）层面，不少地区综合档案馆与省内其他地区档案馆开展合作，不定期开展备份数据检测，确保备份数据可读可用。比如，南充市档案馆于 2021 年赴宜宾市档案馆开展异地备份工作，向宜宾市档案馆移交了近年来馆藏档案数字化成果备份载体，确保了档案信息资源安全；绵阳市档案馆于 2021 年开展异地备份数据检测，派员抽检存放在泸州市档案馆的备份光盘数据 5000G；巴中市档案馆按照国家数字档案馆建设标准和要求，完成馆内 2014 年—2020 年扫描数字化成果异质异地备份，确保数字档案绝对安全；遂宁市档案馆在 2021 年采购并安装了局域网磁盘阵列扩展柜和备份一体机硬盘，扩容了局域网存储约 25TB 和备份空间 10.91TB，为 2021 年档案接收工作提供了强有力的保障，确保馆内档案数据异质异地备份工作顺利开展。综上，四川省的省、市（州）综合档案馆逐步完善档案信息安全管理工作，建立健全计算机及网络安全、信息系统安全、档案信息发布等安全管理制度，加强对计算机档案管理系统的管理，确保档案数据安全。

4. 档案信息化基础设施不断完善

档案信息化基础设施是档案信息化建设的基础工作。2018 年—2022 年，四川省各级综合档案馆一方面从高质量、高性能的硬件设备配备入手，另一方面不断改造完善网络环境，促使档案信息化基础设施水平显著提升，具体表现在以下两个方面。

在硬件基础设施方面，四川省各级综合档案馆的馆内硬件基础设施配备的数量不断上升，全方位完善基础设施建设。在省级层面，四川省档案馆升级改造数字化加工网络，统筹分配项目服务器及存储资源，建成档案数字资源加工网络，打造闭环管理局域网，确保项目数据安全可控，更进一步完善基础设施建设。在市（州）层面，市（州）综合档案馆紧跟步伐，大力完善档案信息化基础设施建设。比如，成都市档案馆投入 100 万元建设电子档案在线管理平台，在政务云、局域网分别部署业务系统，打通与成都市政府协同办公 OA 平台接口，实现电子档案"收存管用"一体化管理；德阳市档案馆在 2022 年底完成中心机房升级改造工作，共新增部署局域网 3 台服务器，配置基于局域专网的数字档案系统，更换楼层交换机，主干线路铺设光纤，优化办公网络；配置入侵检测、网络审计、数据库审计、运维审计、日志审计等系统，提高网络安全等级。资阳市档案馆根据数字档案馆配套基础设施建设项目实施方案，对机房进行重新选址和改造，建成符合 B 级要求的机房，为全市数字档案馆建设先行先试、提供借鉴。在县（市、区）级层面，部分县（市、区）综合档案馆同样开展馆内基础设施建设工作，为未来的数字档案馆建设奠定基础。比如，青神县档案馆在筹建新馆的过程中始终将数字档案馆发展需要作为首要考虑因素，按照《数字档案馆建设指南》《数字档案馆系统测试办法》要求，采购服务器、终端、操作系统、基础软件等部分软硬件设施设备。

在软件基础设施方面，四川省综合档案馆依据档案信息建设工作需求，稳步推进档案信息化建设。在省级层面，四川省档案馆重点开发系统实现档案移交接收、档案数据长久保存、智能档案室管理等功能，以此适应新时代档案信息化建设的基本要求。在市（州）层面，多数综合档案馆重点建设市域数字档案管理服务一体化平台，为档案管理业务流程的优化提供平台保障。比如，泸州市档案馆争取到省级信息化建设专项资金 270 万元用于软件系统研发，智慧（数字）档案馆综合管理系统基本建成，实现了档案"收管存用"的全周期、全流程管理；阿坝州档案馆建立了"阿坝档案信息网"网络平台，"三网一库"建设趋于完善，电子档案目录接收完整、保管得当、存储量大、利用率高；德阳市档案馆重点建设数字档案管理服务一体化平台，并在局域网、政务外网、互联网完成数字档案一体化平台、电子档案长久保存管理系统、馆室一体化平台等 9 大系统部署，基本实现了档案馆数字阶段业务信息化管理、电子文件长期保存以及对外的利用服务功能，先后两次面向市（州）级部门开展系统培训推广。

综上，四川省的省、市（州）综合档案馆建设重点面向满足档案信息化需求的网络设备、应用软件、基础硬件、安全设施、终端及辅助设备等一系列现代化基础设施，为数字档案的集中管理和科学利用奠定良好的基础。

5. 档案科研工作及成果日益突出

档案科研工作对于档案学术研究的发展、档案知识的社会化普及、历史文化遗产的保护等具有重要意义。2018 年—2022 年，四川省各级综合档案馆积极推进档案科研工作，服务全省档案事业发展大局，成效突出。

四川省各级综合档案馆和四川省档案科学技术研究所积极开展科技项目立项工作，围绕《四川省档案事业发展"十四五"规划》的重点任务要求，在档案资源体系、档案利用体系、档案信息化体系等领域选育重点课题，不断在课题研究工作中探索创新，提升档案科研能力。比如，2018 年，四川省档案馆申报立项国家档案局科技项目 6 项，《大熊猫档案管理规范的研究与运用》等 4 个项目获国家档案局优秀科技成果奖励。2022 年，四川省档案馆《光谱成像技术在档案字迹、图形恢复中的研究与应用》获国家档案局立项，完成《档案开放审核标准化体系研究》等课题。2018—2022 年，成都市档案馆立项国家档案局科技项目 7 项，完成《档案开放鉴定划控办法及工作流程优化研究》等 6 项课题研究；2019 年，"基于成都市城市轨道交通工程三种建管模式下项目档案管控的研究与运用"项目获国家档案局优秀科技成果奖励。

与此同时，四川省档案科学技术研究所依据全省档案馆事业的发展需求加强科研项目建设，通过多方调研、资料查阅，总结先进经验，大力开展成果转化以适应档案事业和社会发展需求。近三年来，四川省档案科学技术研究所向国家档案局申报科技项目三项，向省科技厅申报获批基本科研项目 3 项，科技成果转化项目 2 项，并将"馆室一体化档案管理系统""基于物联网技术的档案库房环境监控系统""RFID技术在档案高密度智能化储存中的应用""智能低温冷冻库在档案杀虫中的应用""档案数字化数据质检应用系统""植物基复合剂进行档案（库）绿色环保杀虫灭菌新技术"等科研成果向基层企事业单位、基层档案馆室推广应用，促进科研工作成果转化，取得了较好的社会效益和经济效益。

（二）局部发展不平衡不充分

1."五区"发展成果差距较大

从地区层面来看，尽管四川省各级综合档案馆信息化建设整体发展态势稳中向好，但四川省区域间的不平衡性较为显著。在当时"一干多支、五区协同"的区域发展格局下，四川"五区"档案信息化建设发展状况与区域经济发展基本一致，即经济发展较好的地区信息化发展速度较快，经济发展较慢的地区信息化发展速度较慢。目前，在"四化同步、城乡融合、五区共兴"的新发展战略引领下，不同地区的档案信息化发展成果呈现出不同差异。比如，在数字档案馆项目建设领域，以成都市、眉山市、德阳市等为代表的成都平原经济区的市级综合档案馆不断推出新计划新举措，无论是在资金投入、政策支持等方面都领先于阿坝州藏族自治州、甘孜藏族自治州等为代表的川西北生态经济区。以绵阳市的数字档案馆建设为例，其得到了绵阳市委、市政府的大力支持，"数字档案馆建设"被列为全市"十二五"信息化发展重点专项建设项目，并获得 986 万元的财政支持用于数字档案馆建设。此外，在入选四川省首批"省级数字档案馆"试点单位中，仅有雅安市档案馆[①]、泸州档案馆等成都平原经济区、川南经济区等档案馆，却没有川西北生态经济区档案馆被列入其中，这与各个区域的经济发展水平存在一定的联系。综上，四川省内的不同地区受经济发展影响导致档案信息化建设的水平参差不齐，"五区"发展成果差距较大。

2.省、市（州）、县（市、区）的发展增速差异明显

尽管四川省各级综合档案馆的科技与信息化建设围绕着档案信息化基础设施建设、档案资源信息化建设、数字档案馆建设、档案信息安全保障体系建设等展开，但省、市（州）和县（市、区）档案馆在各自发展过程中表现出增速上的差异，即四川省档案馆的发展增速明显优于市（州）档案馆，而市（州）档案馆的发展增速也明显优于县（市、区）档案馆。比如，在档案数字化工作中，四川省档案馆和各市（州）档案馆馆藏档案的数字化取得显著进展，而县（市、区）的信息化建设尚处于起步阶段。再如，相对而言，县（市、区）的数字档案馆建设和档案信息安全保障方面的建设处在较为落后的阶段，远不及省、市（州）的发展。根据调研资料，不少县（市、区）档案馆工作人员表示，在档案信息化建设方面，存在着档案信息化设施设备落后、档案数字化率低等困难，其中馆藏档案数字化率低也是造成信息

---

① 袁巧娟，刘哲蒙.雅安市"三位一体"稳步推进国家级数字档案馆建设［EB/OL］.（2022-08-17）［2023-05-13］.http://m.chinaarchives.cn/mobile/category/detail/id/39930.html.

化建设缓慢的关键原因之一。由于缺乏财政支持、专业人才匮乏（见图13），县（市、区）档案馆的建设能力较为受限，导致档案信息化建设发展增速明显较慢。

图 13　四川省县（市、区）级档案馆档案信息化建设困境的词频统计

三、科技与信息化建设的困难与挑战

（一）档案制度规范建设未成体系

档案制度具有权威性、强制性，是单位、个人必须遵守的制度，档案信息化制度体系建设是档案信息化建设的保障性工作之一。2018年—2022年，四川省各级综合档案馆陆续出台涉密便携式计算机管理规定、网络安全工作责任制实施办法、信息系统安全管理办法等各个方面的制度标准，推动档案信息化建设有序开展。然而现有的制度体系建设还存在一定的困难与挑战，主要体现在两个方面。

1. 制度出台数量较少，覆盖范围有限

四川省现有的档案信息化制度主要围绕数字化业务工作、网络信息安全和网络安全管理制度等方面展开，未能涉及档案信息化的全过程，整体而言出台的数量较少，且覆盖范围有限。在省级层面，四川省档案馆出台了《四川省档案馆网络安全工作责任制实施办法》等制度规范（见表17）。在市（州）级层面，各市（州）档案馆同样针对本馆实际情况，从当前开展的业务工作着眼制定相关制度。比如，部分市（州）档案馆主要制定了针对本馆的《馆务会网络安全工作责任制实施细则》《网络安全管理制度》《网络安全管理应急预案》，通过了市（州）级政务信息系统建设管理情况专项审计。但整体而言，对于网络平台的构建、软硬件的建设等重点内容，尚未有更为明确的法规和专门的政策作为支撑。

2. 制度的衔接性较差，内容不相配套

四川省当前现有制度规范中尽管已经明确各级政府、档案部门等涉及档案信息化建设的主体责任，同时也对工作要求、安全管理等方面投入了关注，但现行制定的档案科技与信息化建设相关的制度数量较少，且覆盖范围有限；绝大多数制度大多针对性地围绕某一项目或工作内容，其体系性有待于进一步提升。比如，部分档案馆以创建"全国示范数字档案馆"为目标，结合实际编制了《数字档案馆建设方案》，重点从基础设施、系统功能、档案资源、保障体系和服务绩效等方面指导数字档案馆的建设目标和工作内容，但在数字档案馆建设方面仅有建设方案，缺乏技术层面、管理层面的其他制度规范加以配套形成一套完整体系。综上，目前四川省各级综合档案馆信息化建设在制度体系建设方面还存在覆盖面不全、衔接性不高等问题，亟需建立起与档案信息化要求相匹配、相适应的规范化管理制度和标准。

表17　四川省档案馆档案信息化制度标准一览表

标题	实施时间	部门
四川省档案馆电子数据拷贝管理细则（试行）	2021 年 5 月 13 日	四川省档案馆
四川省档案馆信息设备管理办法	2021 年 5 月 13 日	四川省档案馆
四川省档案馆信息系统安全管理办法	2021 年 5 月 13 日	四川省档案馆
四川省档案馆涉密网络安全管理办法	2021 年 5 月 13 日	四川省档案馆
四川省档案馆网络安全工作责任制实施办法	2021 年 6 月 11 日	四川省档案馆
四川省档案馆互联网使用管理办法	2021 年 5 月 13 日	四川省档案馆
四川省档案馆涉密便携式计算机管理规定	2021 年 5 月 13 日	四川省档案馆
四川省档案馆移动存储介质使用管理办法	2021 年 5 月 13 日	四川省档案馆
四川省档案馆数码复印机保密管理制度	2021 年 5 月 13 日	四川省档案馆

（二）信息资源整合共享程度较低

档案数字资源开发和利用是档案信息化的出发点和最终归宿，加快推进档案数字化、数据化和共建共享是档案信息化的重点任务。目前四川省各级综合档案馆普遍在信息资源整合和共享上存在一些问题与挑战，具体体现在以下方面。

1. 整合模式简单

从整合模式来看，四川省各级综合档案馆主要采用由档案部门自行主导的档案信息资源整合建设模式，往往花费大量的时间和精力对软、硬件设备进行完善，却对档案数据库建设方面缺乏足够重视，缺乏统一的标准规范引导，且模式较为简单，有待于解决较为突出的数据异构难题。

2. 整合对象单一

从整合对象来看，四川省各级综合档案馆仅仅达到信息层面的互联互通，距离知识层面的融合与关联还存在一定的差距。信息层面的互联互通只是浅层次的数字化整合。在大数据时代，从海量数据中挖掘知识化、关联化的数字资源才是档案资源整合的全新目标。[1] 因此，尝试众包模式等档案资源整合建设模式，以内容联动为导向，有助于四川省档案馆未来进一步激活档案信息资源活力，综合提升资源整合成效。

（三）信息技术应用力度有待加强

在档案信息化建设的过程中，信息技术是一个至关重要的推动要素，在推动档案信息化建设过程中，信息技术与档案工作的结合相当紧密。总体而言，四川省各级综合档案馆当前在档案数字化工作、档案安全保障体系建设等场景的信息技术应用程度较低，档案管理应用现代科学技术的进展和成果进程也相对较慢，具体体现在两个方面。

1. 数字技术手段欠缺，应用范围有限

在档案数字化工作的质量和效果方面，四川省各级综合档案馆都收藏有大量录音、录像、影片档案和全国重点档案，但因复制、缩拍技术手段与设施不足，导致存贮、保护和利用的数字化工作有待于进一步开展。与此同时，大量珍贵录音录像、影片档案资料由于档案馆缺乏必备的技术手段、存储设备而基本处于自行管理状态。长此下去，必将造成大量珍贵录音、录像、影片档案的遗失、破损、褪变。

2. 系统运行能力较弱，应用开发滞后

数字档案馆依赖于一个统一的支撑档案信息运行平台和数据中心，良好的基础

---

① 王向女，姚婧．长三角地区红色档案资源整合探析［J］．浙江档案，2020（2）：30-32.

设施能够为数字档案馆提供优质的 IT 环境，为各种业务解决方案、应用系统和数据的运行提供有效支持。但目前四川省各级综合档案馆所拥有的硬件、软件运行能力较弱，已建的档案资源网络还处于初级阶段，未能较好地适应档案工作数字转型的发展趋势，成为信息化建设的一大难点。因此，四川省各级综合档案馆应更加重视技术应用问题，通过技术手段推进档案数字化、数字档案馆建设工作。

（四）档案科研工作力度有待加强

档案科研工作是档案科技与信息化建设的重要组成部分。持续推进档案科研工作，有利于充分发挥科技创新对档案工作的支撑引领作用。目前四川省各级综合档案馆普遍在档案科研工作层面存在一些困难与挑战，具体体现在以下两个方面。

1. 档案科研工作力度不大

缺乏足够的科研经费和资源，制约了档案科研项目的深入展开和成果产出。技术更新换代的速度也令人担忧，而缺乏足够的科研力量，导致四川省各级综合档案馆无法充分把握现代科技手段，限制了档案管理在数字化、智能化等方面的进展。

2. 有的干部人员工作热情不够高

作为档案科研的关键执行力量，干部的积极性和投入对于科研项目的顺利推进至关重要。然而，四川省各级综合档案馆部分干部可能面临工作压力、学习负担等挑战，导致对档案科研工作缺乏足够的热情。在新技术的学习和应用过程中，缺乏足够的动力和支持，也容易导致应用效果不尽如人意。

四、科技与信息化建设的对策与展望

（一）完善制度标准体系建设

档案信息化标准化建设是档案信息化建设的重要基础。目前四川省各级综合档案馆存在制定不同管理制度和规范标准的情况，导致信息化系统覆盖范围小、数据交换限制多，无法体现信息化系统的经济效益和服务效益等问题。针对上述问题，完善制度标准体系建设，需要从加快建立健全档案管理制度，确立档案数字化各环节实施标准、技术要求和操作规范等角度入手，大力推动档案工作数字化转型。

1. 加强标准体系顶层设计

加强档案信息化标准体系建设的顶层设计、统筹规划和系统布局，并建立联合合作机制，推进制度建设和完善。一方面，四川省各级综合档案馆应有意识将档案信息化标准建设融入档案信息化建设的全过程之中，并形成一套完整的标准体系，从而系统地推进档案信息化工作。另一方面，四川省各级综合档案馆应加强与信息化工作部门、档案形成部门以及标准化管理部门的联系与合作，通过组织研制小组、委托和招标等多种形式和途径，开展档案信息化标准规范建设工作。比如，四川省档案馆成立工作专班，组织开展应用软件需求分析和功能设计，多次会同省档案局、项目可研公司研究讨论项目内容，反馈业务问题，在档案数字化、档案加工数据质检、机房设备运维保障、信息安全软硬件配套购置、信息安全服务等方面加以合作，推定制度建设和完善。

2. 结合实际情况适时修订

以国家、行业颁布的各项档案法规为基础，制订相应的档案信息化标准，同时以数字转型背景带来的新变化和新挑战为研究基点开展适时性修订，提升标准制定的指导性和实用性。档案信息化标准制度建设应重点关注档案信息化标准缺失的部分，结合现今档案信息化事业的需求，弥补当前部分标准的缺位状态。比如，在档案业务外包工作中，以《档案服务外包工作规范第 2 部分：档案数字化服务》（DA/T 68.2—2020）行业标准为基础；在档案数据库的系统安全、网络安全标准领域，面对错综复杂的网络环境，应加快制定档案信息系统身份认证、访问控制、加密、灾害恢复等方面的相关制度和标准。

3. 细化制度标准具体内容

制定相关的法规需保证清晰、细致，要全面、明确、具体，要确保法规具有较强的实用性和可操作性。各个地区要对自身的实际情况和法律条文中提出的规定进行具体分析，需要根据当地的实际情况来制定相应的法规。比如，四川省综合档案馆的档案数字化工作缺乏针对性资金支持等情况，应明确对人才培养、档案信息系统建设等关键环节的资金支持，对人力、财力、物力等资源进行合理规划以全方位支持档案信息化建设。

（二）推动档案数据共建共享

档案数据共建共享是档案信息化建设的重要目标之一，将档案馆建设成为安全和永久保存的国家档案信息资源的数据备份基地，并与各地电子政务数据库服务中心相配套，全面提高档案利用的效率和质量，最大限度满足社会各界的档案利用需求。为此，结合目前四川省各级综合档案馆资源整合共享程度较低的困境，可以从以下三个方面着手。

1. 强化不同部门组织协调

一方面，主动融入政府数字化转型，争取将档案工作纳入各地政府数字化转型的组织领导和总体方案，建立协调机制，借势借力推进档案工作数字转型。另一方面，档案资源涉及主体众多，实现其共享利用不能依靠档案部门的单打独斗，需要相关部门共同参与。为此，四川省各级综合档案馆应在档案部门之间、档案部门与涉民部门及乡镇（街道）之间建立有效联结，通过专门领导机构、档案业务指导部门、技术团队的有力支撑和配合，成立档案信息化建设领导小组，负责本地区档案信息化建设工作的组织领导、指导协调、检查督促，切实保障档案信息化建设工作稳步推进。

2. 加快完善信息平台功能

信息平台的建设是档案信息化建设的重要环节，需要深入推进电子文件归档和档案数据共建共享，加快实现电子文件应归尽归，推进归档材料简化、优化、电子化，加快推进档案资源数字化、数据化和共建共享。完善信息平台功能可从几个方面入手。首先，在档案数字化方面，需建立一个统一的电子档案库，确保数字化过程中的数据完整性和准确性，并采用合适的技术和标准对档案进行存储和管理。其次，在档案检索和查询方面，需提供强大而灵活的检索和查询功能，使用户可以方便地搜索和访问需要的档案信息，并支持关键词搜索、高级搜索、多维度筛选等功能，以满足用户不同的检索需求。最后，在档案安全和备份方面，需确保档案信息的安全性和可靠性，采取必要的安全措施，如数据加密、访问控制等，同时定期进行档案数据的备份和恢复，以防止数据丢失和损坏。

3. 推进专题数据库的建设

与传统馆藏数据库相比，档案专题数据库主要涉及档案信息资源开发，具有多元性、系统性、针对性等特点。因此，在档案资源信息化建设中，应大力推进专题数据库建设，实现档案数据资源集中汇交、多方共享。在信息化时代下，要以满足人民群众日益增长的档案信息需求为导向，对档案专题数据库的开发与应用是档案信息资源开发利用的重要形式与创新手段。因此，立足于地方特色、馆藏特色及本馆特色的基础上，对利用者的需求分析是档案专题数据库建设的新任务。这就需要提炼出人们所关心的档案资源，经过对其进行分类，开发出各类利用价值高、有针对性的档案专题数据库，以满足不同利用者对档案信息资源的需求。比如，可以借鉴泸州市档案馆的做法，即围绕档案馆藏资源和征集的档案资源，归结了五种档案数据库，包含中央历史、重大民生、重大活动、重大事件、重大战略，目前全市涉及围绕市中心建立的专题库已达到 20 多个。

（三）提升信息技术应用水平

档案信息化的发展依赖于自主技术创新和关键核心技术的突破。在全球数字化转型大背景下，档案部门需要加大对新一代信息技术的研究和应用，充分掌握各类技术方法和工具的特性，通过技术创新或适应性改造，更好地发挥新技术对档案工作的推动作用。

1. 以先进的技术理念为指引，打破保守思想束缚

由于档案信息化是以转变观念为前提的创新性工作，因此需要档案管理人员从传统的管理模式和操作方法中走出来，转换思路，积极提升信息技术在档案信息化建设中应用的认知水平。然而，根据调研显示，目前四川省各级综合档案馆的管理人员还存在着思想观念层面的障碍，比如对于推进单轨制的认同感不够，这在主观上限制了信息技术的应用，进一步影响到档案信息化建设的进程。当前，信息技术应用向全社会各领域的渗透是毋庸置疑的大趋势，加之信息化技术具有更新速度快、难以掌握的特点，这也要求档案管理人员随时关注信息技术的发展，及时更新知识，从电子文件产生的前端开始进行关注或干预，对相关技术进行测试、研究、鉴别和筛选，在此基础上对相关问题提出指导意见。

2. 以多场景式的应用为手段，加强科技应用水平

档案信息化管理工作升级转型的难点在于技术指导。只有全面强化技术支撑，才能够有效解决档案信息化管理落后的问题。因此，档案管理人员应有意识地主动发现问题、提出问题，并在应用场景下不断思考信息技术的可应用之处。在多数场景下，利用大数据技术可以实现对海量的数据信息展开动态化管理，充分挖掘档案信息的内涵；利用区块链技术可以进一步保障档案数据的真实性，实现数据信息传输过程的安全可控。此外，四川省各级综合档案馆还可以参考借鉴其他档案馆的先进做法，比如福建省档案馆推出了"福建省省直机关电子档案一体化集中管理平台""人工智能辅助档案开放审核系统"和"档案数据长期安全保存一体化平台"等档案信息化建设成果，以及"三包两结构一体化"电子文件归档与电子档案规范管理模式、数字档案助推绿色无纸化办公和双碳战略目标实现的创新案例等，都可以为四川省各级综合档案馆利用人工智能、物联网、大数据等技术开展档案信息化建设提供范本。①

----

① 王琳婧.福建"数智档案"亮相第六届数字中国建设峰会［N］.中国档案报，2023-05-11（1）.

3. 以数字档案馆建设为抓手，发挥科技支撑作用

对于四川省档案信息化工作而言，应以数字档案馆建设试点项目为抓手，发挥信息技术支撑作用。在档案信息化基础设施方面，四川省已有良好的基础，可以充分利用"四川省档案综合管理服务平台"建设和全省档案目录体系建设，开展数字档案馆应用软件需求分析和功能设计，发挥科技创新在档案工作中的支撑作用，加快实现以档案信息化为核心的档案管理现代化。比如，泸州市档案馆加大档案科研成果转化力度，完成国家档案局科技项目"互联网＋环境下档案资源普查流程优化与创新技术应用研究"，推广应用研究成果等，推动全市数字档案的集中管理和科学利用。① 四川省各级综合档案馆可以借鉴其他区域同级档案馆的数字档案馆策略，比如贵州省黔南布依族苗族自治州档案馆按照"分类收集、统一管理"原则，围绕接收规范化、管理高效化、服务便捷化、利用最大化等特点，全州打造了电子档案和实体档案接收平台，有效解决前端业务庞杂、纸质文件增长迅速、手工收集整理效率低等难题，将档案信息化平台建设纳入州级公共资源（州县一体）信息化平台建设项目，积极探索"统筹资源、依托银行、搭建平台、共建共管"档案信息化平台建设新模式。②

（四）加大档案科研工作力度

1. 加大科研工作经费投入

科研经费是科技创新的重要保障，只有充足的资金支持，才能推动档案科研取得实质性进展。在资金投入方面，政府和相关机构应该共同努力，增加对档案科研的专项拨款。此外，四川省各级综合档案馆可以与企业、高校等合作，开展联合科研项目，共享资源，共担风险，以优势互补的方式产生更有效的科研成果。同时，建立透明高效的科研经费管理机制，确保经费使用的合理性和科研项目的顺利进行。通过加大科研经费投入，档案科研领域将能够拥有更多的创新机遇和条件，为档案事业的发展注入源源不断的活力。

2. 完善科研干部激励机制

激励机制是激发干部工作热情和创新能力的重要手段，为解决干部热情不够的

① 汪东. 四川泸州档案信息化建设跑出"加速度"[N]. 中国档案报，2023-05-04（2）.
② 陆跃帅. 聚焦"收、管、用、督"四环节　加强档案工作闭环管理[N]. 中国档案报，2023-04-17（3）.

问题，完善科研干部激励机制势在必行。首先，可以建立绩效考核和奖励制度，根据科研成果、技术专利、学术论文等绩效指标进行评估，并给予相应的奖励和晋升机会。其次，提供广阔的发展空间和培训机会，鼓励干部参加各类学术交流和科研培训活动，不断提升其科研水平和创新能力。最后，加强对干部的关怀和支持，建立良好的工作环境和团队氛围，增强其对档案科研事业的归属感和责任心。通过完善科研干部激励机制，激发干部的工作热情和积极性，将为档案科研工作的蓬勃发展提供坚实保障。

五、结语

总体而言，四川省各级综合档案馆始终结合实际发展情况和现实需求，从多个层面着手，全方位推动档案事业朝着信息化方向发展，科技与信息化建设成绩斐然，具体表现在档案资源信息化建设全面铺开、数字档案馆项目渐次扎实推进、档案信息化安全保障得到重视、档案信息化基础设施不断完善、档案科研工作及成果日益突出等方面，但也呈现出局部发展不平衡不充分的特点，暴露出一些问题与挑战，如档案制度规范建设未成体系、信息资源整合共享程度较低、信息技术应用力度有待加强等。未来，为不断提升档案管理水平，推动各地区各部门的档案工作实现资源共享与系统联动，同时更好地满足民众多元化、个性化的档案需求，四川省各级综合档案馆的科技与信息化建设应朝着三个方向发展：完善制度标准体系建设、推动档案数据共建共享、提升信息技术应用水平。

文化建设篇

一、引言

　　档案作为人类文明传承的载体和精神文化的产物，具有深厚的国家与民族的文化基因，蕴含了丰富的文化内涵。无论是实体档案馆，还是虚拟档案馆，都是存储人类元文化的圣殿，处于公共文化服务生态中的核心地域，蕴含着被公众理解、阅读、品味的文化内力①，档案馆文化建设是档案事业发展的重要主题与基础工作之一。档案馆文化建设质量关系到档案事业的高质量持续发展。党的二十大报告提出要实现的"中国式现代化"是物质文明与精神文明相协调的现代化，这对于贯彻落实党的二十大精神和习近平总书记对档案工作的重要指示，高质量进行档案馆文化建设发展提出了新要求。《"十四五"全国档案事业发展规划》强调，"不断推出具有广泛影响力的档案文化精品""加强档案文化创意产品开发"，提出实施档案文献遗产影响力提升工程。2018 年以来，四川省各级综合档案馆始终秉承档案文化建设达到新水平的目标，提高档案编研、档案展陈水平，培育一批档案开发利用的精品工程、示范工程，开发一批具有四川档案文化特色的文创产品，全方位推动档案文化建设转型升级，提升档案文化建设水平。由此，本篇章以四川省各级综合档案馆文化建设为研究对象，阐述其现状与成绩、发现其困难与挑战、提出相应对策与展望，总结四川省各级综合档案馆档案文化建设的整体图景。

二、文化建设的现状与成绩

　　在"十三五"时期四川省各级综合档案馆文化建设所取得的历史成就和现实进展的基础上（详见《四川省档案馆"十四五"发展规划》），2018 年—2022 年，四川省各级综合档案馆在爱国主义教育基地建设、档案编研、档案文化活动开展和档案文创产品开发等方面不断加强，并取得了突出成绩。

---

　　① 聂云霞.基于场域理论的档案馆文化生态位重构［J］.档案学研究，2023（2）：20-27.

（一）爱国主义教育基地建设成效显著

1. 档案文化展览宣传成效明显

2018 年—2022 年，四川省各级综合档案馆积极响应服务中心大局目标，分别围绕"6·9"国际档案日"档案见证改革开放""新中国的记忆""档案见证小康路、聚焦扶贫决胜期""档案话百年""喜迎二十大·档案颂辉煌"主题，聚焦"乡村振兴""疫情防控""党史教育"等任务，普遍开展了线下实体、线上虚拟的常设档案展览和专题档案展览系列宣传活动，部分综合档案馆推出的档案展览如表 18 所示。

表 18 部分综合档案馆推出的档案展览

综合档案馆	展览名称	展览形式
四川省档案馆	"新时代四川省机关党的建设成就展"	线下实体展
	"'印记 100'——川渝地区档案馆藏中国共产党红色珍档展"	线下实体展
	"四川解放"档案文献展	线下实体展
	"为了人民健康——四川历史上疫情防控档案文献展"	线下实体展
	百年恰是风华正茂	线下实体展
四川省档案馆、重庆市档案馆	"档映巴蜀"	线上展览
南充市档案馆	"风华百年光辉历程——南充市庆祝中国共产党成立 100 周年档案图片展"	线下实体展
	南充市脱贫攻坚和抗击新冠肺炎疫情档案微展览	线下实体展
	清代南部县衙档案专题展	线下实体展
成都市档案馆	"成都市档案馆国家重点档案典藏展"	线下实体展
	"信仰的力量——中国共产党人的家国情怀"	网上 VR 档案展
	"档案见证：砥砺前行的成都"	网上 VR 档案展
绵阳市档案馆	"不忘初心、牢记使命"主题档案文献展	线下实体展
自贡市档案馆	"盐都壮歌——典藏自贡市抗疫记忆主题展"	线下实体展
	"'印记 100'——川渝地区档案馆馆藏中国共产党红色珍档展"	线下实体展
	"辉煌创业历程——自贡三线建设专题展"	线下实体展
内江市档案馆	档案讲述内江红色历程	线上展览

续表

综合档案馆	展览名称	展览形式
成都市青羊区档案馆	"传承与梦想——让非遗在时光中静美"	线上展览
	"闪亮你的眼睛、用实物讲党史——献礼中国共产党百年华诞《共产党宣言》百年版本展"	线上展览

其一,四川省各级综合档案馆的线下档案展览以图文展览为主。通过与不同领域的博物馆、图书馆等公共文化场馆,不同性质的企事业单位的跨界、跨行业的合作,实现扬长避短、1+1>2 的效果,增强展览的吸引力和展览效果。如 2018 年,四川省档案馆积极争取中央档案馆国家档案局支持,在川共同举办"不忘初心、牢记使命"档案文献展,通过 200 余件档案文献资料,展示了中国共产党人的初心和使命;配合有关部门做好改革开放 40 周年、"一带一路"建设、国家工业重大历史档案、国家重大建设项目档案工作专题展览展示活动及纪念"5·12"汶川特大地震抗震救灾 10 周年等展览宣传活动。并与四川大学启动实施"回眸四十载,阔步新时代:改革开放四十年四川省档案文化建设成果展"以及建设"四川档案文献专题数据库"项目。2018 年,成都市档案馆创办的"读档时光"活动,是全国档案行业创办时间最早、持续时间最长、读档嘉宾规格最高的档案文化品牌活动,至 2022 年已连续 5 年成功举办 17 期,超过 2000 人参加活动。2021 年,四川省档案馆和重庆市档案馆联合主办"'印记 100'——川渝地区档案馆馆藏中国共产党红色珍档展",通过对馆藏红色珍档的查找、梳理、保护和开发,密集呈现珍贵红色档案,保护革命档案,弘扬传播红色故事。南充市档案馆围绕庆祝中国共产党成立 100 周年和党史学习教育,深度挖掘本地红色档案,生动讲好红色故事,成功举办了《风华百年 光辉历程——南充市庆祝中国共产党成立 100 周年档案图片展》,累计接待全市各级各单位 91 批次,接待参观者 2 万人。2022 年,成都市档案馆策划实施《成都市档案馆国家重点档案典藏展》,梳理揭示成都城市发展轨迹和特点,为探索山水人城和谐相融新实践、超大特大城市转型发展新路径提供历史借鉴,逐步形成以红色故事、天府文化、城市发展等为主题的档案展览、科研项目、文献研究、史料汇编、资政参考等形式多样的、特色鲜明的档案品牌活动,为加快建设践行新发展理念的公园城市示范区贡献档案力量。

其二,四川省各级综合档案馆的虚拟档案展览以网上 VR 档案展为主。应用数字媒体技术提高展览的可观性、趣味性,有效传递办展主旨、思想,创新办展思路与模式。网上展览应用 VR 技术进行档案实体的三维展示,便于将同一主题的文字、照片、音视频等不同形式的档案综合展示，将展览场所从线下搬到了线上，"还原"实体展览的三维空间效果。如成都市档案馆《信仰的力量——中国共产党人的家国情怀》《档案见证：砥砺前行的成都》《百年恰是风华正茂》网上 VR 展览，通过珍贵档案与图片，直观地展现中国共产党人为中国人民谋幸福，为中华民族谋复兴的初心和使命；展示建党以来成都百年发展历程；中国共产党砥砺奋进的百年奋斗历程和伟大成就，用档案讲好党的故事，传承红色基因。成都市青羊区档案馆举办"传承与梦想——让非遗在时光中静美"线上展览，展览以时间线推进，图文并茂地回顾了从首届到第七届历届国际非遗节的盛况，向全社会普及国际非遗节的主题思想和有关知识。与线下实体展览相比，网络 VR 展览应用数字技术为档案馆开发档案资源、宣传档案文化带来了新的思路，利用 VR 重建数字化档案，增强档案叙事能力，为档案展览注入了新的活力。

2. 开发红色档案讲好巴蜀故事

四川省各级综合档案馆积极推进档案馆爱国主义教育基地建设工作，积极开发独特的红色档案资源，完善综合档案馆"五位一体"功能，不断提升档案馆公共服务能力和水平。省、市（州）、县（市、区）综合档案馆利用四川丰富的档案资源，生动讲述巴蜀档案故事，开展专题讲座、爱教基地展陈、研讨会、培训会等多个主题的活动。如四川省档案馆巾帼党员讲解队多次高质量完成展览参观接待、讲解工作任务，团队先后被评为四川省直属机关"三八红旗集体""四川省巾帼文明岗""全国巾帼文明岗"称号。2018 年，四川省档案馆联合省委宣传部出台《关于加强全省国家档案馆爱国主义教育基地建设的意见》，有力地推动了各地档案馆爱国主义教育基地展陈工作。从 2019 年起，四川省档案馆每年举办一次档案馆文化建设研讨会，将其打造成为集研讨、交流、分享、展示、传播于一体的全省档案馆宣传文化"嘉年华"，积极推进全省档案文化建设，已形成全省档案馆档案文化建设品牌。内江市档案馆自 2021 年开始，与中共内江市委宣传部、内江市住建局等单位一起共同筹建全市重点爱国主义教育基地项目梅家山铁路主题文化公园。档案馆爱国主义教育基地建设极大促进了四川省各级综合档案馆文化教育功能的实现。

（二）档案编研作品巴蜀文化特色凸显

1. 新媒体下文化传播效能凸显

四川省各级综合档案馆不断创新档案编研成果宣传推广形式，采取群众易于接受的方式推进档案文化传播。音、视频类型的档案作品丰富多彩，生动讲述贴近百姓生活的故事，将档案故事与地方文化融为一体（参见表19）。如2022年，内江市举办"档案见证·红色内江"革命历史档案展，开展"进机关、进企业、进社区"活动，让广大干部群众更加了解内江，更熟悉内江革命历史。利用微信公众号、政务微博等宣传阵地，持续开展"档案讲述内江红色历程"网络展示展播活动，对馆藏一件件红色档案由来、时代背景及其背后的故事进行讲述，让广大干部群众透过档案回顾内江红色历程，引导干部群众知史爱党、知史爱国。雅安市档案馆联合市融媒体中心历时10个月，深挖市县（市、区）红色文化、茶文化、熊猫文化等档案文化资源，采编拍摄《档案里的雅安》专题片。通过拍摄《西康记忆》《雄关通途》《电力之光》《古路新路》《茶香天下》《古城新生》《石材王国》《熊猫家园》《八景传说》等共十期专题片，分别用档案真实记录展现了雅州·雅安、雅安交通、水电、城建、旅游、石材、茶叶、熊猫等8个百年以来发生翻天覆地变化的特色主题，见证了从大渡河畔到青衣江边、从夹金山上到蒙顶山下，雅安市委市政府团结带领雅安人民的奋斗历程和雅安经济社会发展成就，展现了雅安百年来厚重的历史文化底蕴。这些音视频等作品借助各种新媒体平台实现档案文化的跨领域、跨时空、跨场景传播，起到很好的社会教育、文化建设的作用。

表19　部分综合档案馆推出的音、视频作品

综合档案馆	作品名称	作品类型
四川省档案馆	"千人读档"优秀视频	系列视频
	《疫情防控，我们在行动——四川省档案馆抗疫纪实》	短视频
	"我与宪法"微视频《传承》	微视频
	《清代巴县民俗档案赏析》	短片
雅安市档案馆	《档案里的雅安》	系列专题片
成都市档案馆	《档案里的成都》	系列微视频
	《百年珍档之成都印记》	系列微视频
	《印记100》	系列微视频
	《追寻先烈足迹》	系列微视频
内江市档案馆	《中国的西北角》等6部读档视频	系列视频
	《档案见证内江——成渝铁路修建中的内江记忆》	专题片

综合档案馆	作品名称	作品类型
宜宾市档案馆	《宜宾抗战老兵影像录》	影像
	《蓝图绘就展翅高飞》	宣传片
	《历史见证者——宜宾市档案局搬迁纪实》	宣传片

2. 档案编研作品体现巴蜀特色

四川省各级综合档案馆推出的档案编研作品体现了多平台合作、多元性创作等特点，表明了档案馆更加关注巴蜀特色的彰显及传播渠道的多元，以公众需求为导向，制作人民群众喜闻乐见的档案编研产品。2018年，四川省档案馆与成都商报合作，首席记者直接参与写稿，四川省档案馆配合查找相关的资料，最终在成都商报大周末版的栏目出版《跟着档案去旅行3》，可读性较强并受观众喜欢。四川省档案馆还与四川省方志办的合作，参与《四川抗战历史文献编撰工作》项目，出版了少数民族卷和大事记卷。此外，四川省档案馆和重庆市档案馆合作推出了《印记100·川渝地区档案馆馆藏中国共产党红色珍档集》活动；与四川大学合作，签订民国时期四川地区图书馆事业档案整理合作协议，整理出版民国时期四川地区图书馆方面的档案；和自贡市档案馆合作开发馆藏的民国盐务档案《盐而有信·民国自贡档案书信选编》；和重庆市档案馆合作，推出《成渝地区双城经济圈城市概览》；和巴蜀书社合作，推出《清代川滇边务大臣衙门档案》，该工程被列入国家十四五出版重点规划。内江市建立部门协作、市县联动，人员、资源、信息共享的档案编研工作机制，编辑出版《内江地区档案志》《内江抗击新冠肺炎疫情档案展纪念画册》《成渝铁路修建中的内江记忆纪念画册》。成都市档案馆注重开展"档案编研成果化"工作，2022年成都市档案馆两项编研成果获得成都市的社科评奖一等奖和三等奖。

（三）档案文化活动教育功能显著增强

1. 档案文化活动取得突出成果

近5年，四川省、市（州）、县（市、区）综合档案馆通过档案展览、视频、图书、文创、讲座、研学活动等，围绕经济社会发展中的重点和热点问题，灵活运用档案文化教育功能，采取摄影比赛、主题征文等多形式、多渠道主动开展党史学习教育、红色珍档发布品读活动、档案宣传系列活动，服务国家战略、民生发展，取得突出成果。四川省各级综合档案馆部分档案文化教育活动如表20所示。

表 20　四川省各级综合档案馆部分档案文化教育活动

组织单位	档案文化教育活动
四川省档案馆	2018 年，组织开展迎新春茶话会、庆祝"三八"妇女节活动、"档案故事我来讲——七一分享会"，开展年节慰问工会会员活动。
	印发《2019 年全省档案宣传工作要点》，开展国际档案日宣传活动，组织省档案馆第九届公众开放日活动，组织参加国家档案局"新中国的记忆"主题征文活动，获得"优秀组织奖"。
	2020 年 11 月，川渝地区档案馆爱国主义教育基地讲解员风采大赛总决赛，并举行了"档映巴蜀"网上展览开展仪式、"守护珍档"展示活动。
	2021 年 5 月，四川省档案馆、重庆市档案馆在成都联合举办川渝地区档案馆馆藏红色珍档发布暨品读活动，集中发布川渝两地 100 件（组）红色珍档名录。
	2022 年 10 月，联合各省 20 家档案馆，推出"江河奔腾　千人读档"跨省区联动展播活动。
成都市档案馆	成都市档案馆推出《百年珍档之成都印记》等短视频 40 余部，多部被人民日报客户端、央视频转载。
	2020 年 6 月—9 月，举办第一届成都市馆藏珍档评选活动。
	2022 年 5 月—6 月，成德眉资红色珍档暨成都市第二届馆藏珍档评选活动，在成都市档案馆官网、微信公众号以及中国网、学习强国、四川在线等平台传播。
	2022 年 9 月，追忆红色故事，传承红色精神——"读档时光"活动首进校园，打造鲜活的思政课堂。
自贡市档案馆	举办"千年盐都·精彩自贡——自贡设市 70 年大型图片展""历史留痕——自贡社会生活老照片展""千年盐都·百年体育图片展"等大型图片展，展示和发挥了档案文化功能。
宜宾市档案馆	2017 年 4 月，市直机关工委将宜宾市档案馆"宜宾记忆"展陈厅作为市直各机关党委、总支、支部开展地方史教育和思想教育的一次重要主题活动。

　　四川省各级综合档案馆主动融入文化强省建设，发掘四川档案文献的魅力，逐渐形成四川特色的档案文化品牌。例如，四川省档案馆联合长江黄河流域 20 个档案馆，发起共建红色档案文化品牌，以 20 家档案馆 20 部红色珍贵档，以喜迎党的二十大、档案颂辉煌为主题，拍摄了读档视频，创建江河奔腾系列活动，2022 年为江河奔腾千人读档活动。2022 年开始，四川省各级综合档案馆在 6·9 国际档案日举办百千万活动，即百馆联动、千人读档、万人观展活动，以弘扬伟大建党精神，联动长江黄河流域的档案馆共同学习宣传，贯彻落实党的二十大精神。四川省档案馆

扎实开展党史学习教育，创新打造"线上＋线下"党史宣传模式，完成17项"我为群众办实事"项目。组织青年理论学习小组开展"百日精读"学党史等活动，加强离退休人员政治思想和党组织建设。成立以馆长为组长的党史学习教育领导小组，制定省档案馆党史学习教育实施方案，以"清单制＋责任制"方式分解任务清单35项，组织开展党史学习教育宣讲报告会、专题党课。四川省档案馆、重庆市档案馆共同启动100场"云宣讲"栏目和"建党百年　四史百讲"专栏，在川渝两地档案馆官网、微信公众号以及四川新闻网同步推送。"四史"学习教育活动多以四川省档案史料为依托，以人物为主线，聚焦党史中的红色人物、红色故事与时代精神紧密结合，形成四史学习教育的生动教材和重要载体。

2.档案宣传体系建设多维发展

近5年，四川省各级综合档案馆建设立体多维、融合发展的档案宣传体系。在社交媒体文化传播理念上，已有部分档案馆借助微信公众号、档案网站等平台开展与不同机构联合、社会公众参与的档案创新活动，体现出活动推广、机构联合的新媒体理念，比如四川省档案馆是全国首个入驻学习强国平台并设置专栏的省级档案馆；内江市广泛运用新媒体平台，激活用好红色档案资源，制作《为了永不忘却的纪念》等3期栏目、《威远县农民协会抗租宣言》等3部微视频，在"四川观察"等平台宣传报道，网络点击量超10万人次。如表21所示，有16个省、市（州）档案馆开设了公众号，大部分档案馆未链接网站。且81%的市（州）档案馆设有对应的档案网站，部分档案馆挂靠在当地政务信息网的窗口。此外，宜宾市、达州市档案馆的档案服务内容较为丰富、展览内容更为多元，形成体系化档案文化传播网络。比如，成都市档案馆开通"成都档案"微信公众号、微博、政务头条号，推出"百年百档"等专栏。"成都档案"微信公众号在中国人民大学档案事业发展研究中心举办的2021年度十佳档案工作案例征集活动中，荣获十佳档案媒体推广案例。

表21　四川省、市（州）综合档案馆开设公众号、网站情况

综合档案馆	有无公众号	有无文章	链接网站	开设网站	档案服务内容
四川省档案馆	√	√	×	四川档案	查档服务、联系我们
成都市档案馆	√	√	√	成都市档案馆	近期活动、查档指南、档案馆简介、成都网络辟谣等

续表

综合档案馆	有无公众号	有无文章	链接网站	开设网站	档案服务内容
绵阳市档案馆	√	√	政务信息网	绵阳市档案馆	观展预约、展览简介、查档预约、档案馆简介
自贡市档案馆	√	×	×	×	×
攀枝花市档案馆	×	/	/	攀枝花市档案信息	/
泸州市档案馆	×	/	/	泸州市档案信息网	/
德阳市档案馆	√	√	×	德阳市档案网	×
广元市档案馆	√	√	广元档案	广元档案	查档指南、联系我们、全市查档电话
遂宁市档案馆	√	×	×	×	×
内江市档案馆	√	√	×	×	×
乐山市档案馆	√	√	×	×	×
资阳市档案馆	×	/	/	×	/
宜宾市档案馆	√	√	宜宾档案	宜宾市档案馆	宜宾记忆（展厅VR漫游、展厅语音展览、档案视频、专栏文章、精品档案）、展厅预约、查档预约
南充市档案馆	√	√	南充市档案信息网	南充档案	局馆简介、网络竞答、工作动态
达州市档案馆	√	√	×	×	档案动态（合作交流、档案资政、比选公告）、档案服务（查档须知、达e查、档案征集、我要捐赠）、档案印象（三维展厅、红色珍档、民国珍档）
雅安市档案馆	√	√	×	雅安档案	×

续表

综合档案馆	有无公众号	有无文章	链接网站	开设网站	档案服务内容
广安市档案馆	√	√	广安档案	广安市档案馆	×
巴中市档案馆	√	√	×	×	×
眉山市档案馆	√	√	×	眉山市档案馆	×
阿坝州档案馆	×	/	/	×	/
甘孜州档案馆	×	/	/	×	/
凉山州档案馆	×	/	/	凉山档案	/

3. 档案文化活动多渠道传播

四川省各级综合档案馆推出的活动采取多方合作、多渠道传播、多载体表现的方式（参见表22）。如2019年，宜宾市档案馆制作了"记录历史、传承文明，档案让宜宾历史记忆永远留存"的档案公益广告，与市委宣传部、宜宾新闻网等单位联合制作了"宜宾抗战老兵影像录"，为展陈厅拍摄制作了《蓝图绘就　展翅高飞》《历史见证者——宜宾市档案局搬迁纪实》等多部宣传片并不同平台播出。2020年，各市（州）档案馆联合媒体开办《档案见证》等档案文化栏目，制作《泸州红色人物》《抗日战争时期的泸州》等档案专题片，推出《档案里的成都》等系列微视频。2022年，四川省档案馆突出迎接宣传贯彻党的二十大工作主线，联合长江、黄河流域20个档案馆推出"江河奔腾　千人读档"跨省区联动展播活动，讲述红色档案故事，诠释党的初心使命，实现长江、黄河流域档案馆首次跨省区联合联动、首次多平台展示展播、首次读档宣讲宣传、首次云端接力接续。6月9日国际档案日期间，四川省档案馆以"喜迎二十大·档案颂辉煌"为主题，组织开展"百馆联动、千人读档、万人观展"系列活动，四川省各级综合档案馆集中开展档案展览、档案法治讲座、档案知识竞赛、打卡"我心中的档案馆"等351项档案宣传文化活动。内江市档案馆举办"档案见证·红色内江"革命历史档案展，开展"进机关、进企业、进社区"

活动，让广大干部群众更加了解内江，更加熟悉内江革命历史。成都市档案馆与成都市电视台合作，根据市档案馆馆藏档案资源联合制作《秘档》栏目，得到社会良好反响。

表22　部分综合档案馆推出的活动

综合档案馆	活动名称	传播形式
四川省档案馆、重庆市档案馆	100场"云宣讲"栏目和"建党百年　四史百讲"专栏	川渝两地档案馆官网、微信公众号以及四川新闻网
四川省档案馆	"学百年党史　讲巾帼故事"省直机关纪念"三八"妇女节线上活动	党史讲解员现场讲述、视频分享、知识问答等
	《红色电波中的巾帼玫瑰》	短视频网上征集展示活动
	"四川省档案馆'十四五'规划意见建议公开征集活动"	四川档案网、微信公众号向社会公开征集意见
	"镜头里的抗疫记忆"摄影大赛	摄影大赛
	"江河奔腾　千人读档"跨省区联动展播活动	联动展播
成都市档案馆	"我和我的祖国"	视频拍摄活动
自贡市档案馆	"档案与民生"特别节目	电台节目
宜宾市档案馆	《走进宜宾档案》	电视栏目
	"记录历史、传承文明，档案让宜宾历史记忆永远留存"	公益广告
四川省档案馆与陕西、北京、天津、福建、湖北、宁夏共七省（市、区）档案馆	"档案记忆""6·9"国际档案日特别直播节目	直播节目
市（州）及县（市、区）	档案文化建设专题讲座	视频连线方式

（四）档案文创开发与期刊出版稳步提升

四川省各级综合档案馆创新档案文创产品开发形式、开发内容。四川省各级综合档案馆重视档案文化产品开发，形成文创品牌百年印记，充分体现巴蜀文化的特色。为积极服务成渝地区双城经济圈建设，在2022年"6·9"国际档案日系列主题活动中，四川省档案馆、重庆市档案馆联合制作"百年印记"的档案文创便签盒。

档案文创便签盒精选了川渝两地 12 件红色珍档，包括《四川通讯》第一期、《关于重庆组织破坏经过和狱中情形的报告》、邱少云家书、郭沫若及夫人于立群赋攀枝花三线建设诗书画等。2021 年四川省档案馆发布了文创 U 盘、书灯、拼图、台历等档案文创系列产品，自贡市档案馆联合市文旅投下属单位制作档案文创产品礼盒（内含钥匙扣、U 盘各 1 件）500 套。可见，四川省各级综合档案馆的文创产品主要采用"文化内容＋生活用品"的开发模式，其文创产品追求创新性，与不同地区档案馆、博物馆、文旅单位等文化单位合作，聚焦当下的时政热点，挖掘川蜀文化特色，开发文创产品，以此引领全省档案馆加强档案文化创意产品开发。2021 年，内江市档案馆在拍摄制作"档案见证内江—成渝铁路修建中的内江记忆"专题片的同时，制作独具档案特色的专题片光盘，面向市（州）档案馆、市级部门及有关团体交流赠送 200 余盘，受到了普遍好评。"十四五"期间，内江市档案馆将继续创新开发档案文创产品，探索制作档案文创挂历、档案文创书灯、档案文创拼图等产品。

四川省各级综合档案馆深入档案出版能力建设。近五年，四川省档案馆持续开展《四川档案》编辑、出版、发行工作。2020 年，四川省档案馆召开《四川档案》办刊工作研讨会，广泛征求进一步办好《四川档案》的意见建议，省直有关部门（单位）专家参会。并通过办好档案媒体，持续提升《四川档案》杂志办刊水平和影响力，进一步办活"四川档案网"、微博微信公众号，使得《四川档案》杂志办刊质量和发行量双提升。

三、文化建设的困难与挑战

（一）巴蜀文化品牌建设有待强化

四川省各级综合档案馆挖掘和开发档案资源，开发档案文化品牌，发掘四川档案文献的魅力，巴蜀档案文化品牌建设还有待升级。档案文化品牌营销力度不够、传播半径较小，社会大众对档案文化品牌认知度和忠诚度不足，尚未形成磁吸效应。

一是档案文化品牌建设意识和动力相对不足。部分市档案馆认为，与其他业务评价排名靠前的档案馆相比，其缺乏凸显自身特色的品牌，并非没有档案资源，而是档案深度编研、文化品牌建设的意识和动力相对不足。此外，档案文创产品主要作为档案活动的附属品，大多在活动中进行赠送宣传，没有利用自身特色形成特有的用户群体，加剧了用户群体同质化。

二是档案文化产品有待丰富。目前，四川省各级综合档案馆档案文化产品开发主要采用系统归类、整理档案中的文化信息的方式。然而，档案文化产品开发不只是将档案中的文化信息进行系统归类、整理。对于富有说服力和冲击性的档案素材需要立体的表达方式呈现在社会公众面前，利用互联网和大数据时代下的各种现代化信息技术对档案中的信息进行深层次的分析和进一步研发，促进档案信息资源的管理到文化建设成果转变。

（二）档案编研重"汇编"轻"研究"

档案编研具有存贮历史文化、选择优秀文化成果、传承增值文化以及教育培养人才、推动科学研究创新文化等五大文化功能。档案馆做好档案编研工作有利于实现档案文化功能的新环境和新氛围，推动中国先进文化的建设服务。档案馆的编研工作是以馆藏档案为主要对象，以满足社会利用档案的需要为主要目的，在研究档案内容的基础上，编辑史料，编写档案参考资料，参加编史修志，撰写专门著述。"编"和"研"是档案编研工作的两个重要组成部分。然而，四川省各级综合档案馆的编研工作存在重视档案汇编，档案研究工作不足的问题。

一是档案编研的"研究"功能发展不均衡。一方面，编研素材较少。据相关工作人员反映，档案编研工作对时政的热点确实不敏感，不知从何入手开展工作。此外，编研人员掌握的档案资源具有滞后性，比如档案编研主要利用民国以前的资源，而已经进馆的档案在公开发布时受到法律限制，难以及时利用于编研工作。另一方面，部分档案编研成果仅仅用以反映工作情况，或侧重于文件汇编、大事记编写等基础性工作，具备学术价值的精品较少，有"编"无"研"或"编""研"脱节的现象比较严重。

二是县（市、区）档案馆中的高价值档案得不到充分的研究和挖掘。档案编研人才缺乏，尤其是县（市、区）档案编研面临"少人做"的窘境。目前档案部门大部分工作人员按照公务员职务进行管理，对档案编研知识和档案专业技术了解程度不深，开展档案编研的能力和水平较低。人员身兼数职，档案编研面临"少时做"的窘境。尤其是县（市、区）档案馆主要功能是完成档案征集接收、保管利用、安全管理等多项职责，无余力完成档案编研工作。然而，许多四川省的县（市、区）档案馆拥有丰富的明清档案、民国档案资源，但由于缺少档案编研人才，高价值档案得不到充分的研究和挖掘。

三是档案编研为现实服务的成果较少、编研成果经济效益较少。四川省各级综合档案馆积极开展档案编研工作，如内江市档案馆积极搭建部门协作、县区联动、多方参与的档案编研工作平台。统筹谋划年度档案编研工作计划，明确目标任务，落实工作保障，确保档案文化产品开发的顺利推进。联合各县（市、区）档案馆，筛选、整理红色珍贵档案 45 件，高质量完成《红色四川（内江篇）》编辑任务，透过档案讲述内江红色历程，为开展革命历史教育提供优质教材。然而，受传统思维模式的影响，编研工作选题陈旧，编研成果在为党委政府中心工作服务方面效果不够突出，且不注重聚焦群众关心的热点问题。编研成果多送领导参阅或赠予社会公众，社会效益较好。但走向市场的编研成果较少，经济效益不太明显。

（三）档案文化建设区域发展不均衡

一是综合档案馆文化建设力量不均衡。综合档案馆公共文化空间包括人、公共空间和档案文化活动三个构成要素，人是综合档案馆公共文化空间的主体，也是综合档案馆公共文化空间建设中最能动的要素，公共空间是综合档案馆公共文化空间建设的实体因素，档案文化活动是空间建设的价值表现形式，开放、亲民和互动的档案文化活动才能吸引公众，促进公众的参与。综合档案馆新馆建设未能充分体现当地文化与档案文化。四川省部分综合档案馆在 2008 年汶川地震中受损严重，各地陆续重建新馆，但在一些档案馆建筑设计上并未充分体现当地文化与档案文化。

二是地方档案馆对档案文献遗产重视程度不够。我国虽是最积极的教科文组织成员国之一（中国是 193 个成员国常规预算缴款国前几位），但 432 项世界级文献遗产中，中国仅入选 13 项，在所有成员国中仅排第 8 位。2021 年 5 月发布的《"十四五"全国档案事业发展规划》，提出"实施档案文献遗产影响力提升工程。实施中国档案文献遗产宣传推广计划，开展中国档案文献遗产名录网上和新媒体展示活动。并提出加大档案资源开发力度。"[①] 四川省各级综合档案馆在档案文献遗产申报、管理和保护等取得了一些成绩。2018 年开展首次全省档案文献遗产评审工作。2019 年建立了四川省档案文献遗产名录，"《人声》创刊号"等 24 件（组）档案入选。并积极申报《中国档案文献遗产名录》，截至目前，四川省档案馆已有 1 项档案成功入选《中国档案文献遗产名录》。为进一步挖掘馆藏 1.6 万余卷的民国自贡盐业司法档案价值，以申报促宣传，2022 年，积极邀请四川大学法学院专家来省档案馆实地调研并评估档案

---

① 中华人民共和国国家档案局.中办国办印发《"十四五"全国档案事业发展规划》[EB/OL].（2021-06-09）[2022-05-25].https：//www.saac.gov.cn/daj/toutiao/202106/ecca2de5bce44a0eb55c890762868683.shtml.

价值，邀请北京、省内知名专家学者撰写推荐信，与四川大学法学院签订盐务司法档案合作开发框架协议。然而，四川省县级综合档案馆在文化建设层面对档案文献遗产重视程度仍显不够。政策制定并未积极响应文献遗产工程号召。虽然制定了《四川省档案文献遗产申评办法》，将推动文献遗产的建设和保护利用明确写入本地区"十四五"档案事业发展规划 [①]，但在县（市、区）综合档案馆实际业务工作中也较为缺乏开展档案文献遗产保护宣传、数字化、学术研究或相关培训等实践。

（四）档案资源的叙事能力有待提升

叙事主要指"以文字或口头、静态或动态的画面等形式，对真实或虚构的组合性事件进行再现"。档案叙事主要指档案以某种方式的再现。档案叙事体系是档案叙事中各要素相互作用的过程。传统主流档案叙事体系的叙事目的，主要包括满足主流群体的档案利用需求，促进社会生产活动发展，维护社会稳定，传承国家记忆与文化，实现社会有序前进。[②] 近年来，四川省各级综合档案馆在档案叙事上取得了许多成果，但更多采用传统档案叙事的方式，未建构完善的档案叙事体系。建构档案叙事体系实际上是不同主体建构世界的权力斗争，谁掌握了档案叙事体系，谁就掌握了权力，获取建构记忆、传达信息、传递知识的能力，从而实现社会控制。[③] 随着馆藏资源不断丰富、载体形式多样、数字技术更迭、档案数字化数据化的特点不断彰显，四川省各级综合档案馆在档案叙事方面仍面临不少瓶颈和挑战。

一是缺乏档案叙事人才。据调查，四川省各级综合档案馆缺乏相应叙事能力培训档案叙事人才。在教育内容方面，四川省各级综合档案馆 2018 年—2022 年的教育培训活动主要划分为档案业务培训、思想作风培训、综合素质培训三个类别。如2018 年，四川省档案馆利用国际档案日、国家宪法日、省"两会"等时间节点，开展档案法治宣传活动，举办档案法治培训会，宣传贯彻新制定和修订的有关法律法规，但缺乏档案叙事能力的培养。

二是叙事载体单一线性化。叙述载体方面，传统主流叙事体系下，叙述载体与社会公共活动关联密切，在传统纸质环境下，主流叙事体系先后通过垄断知识、授权等形式控制档案叙事。而随着数字环境的发展，主流叙事体系又通过认证、数字

① 王玉珏，徐拥军，郭若涵，等.中国档案文献遗产工程建设发展报告［M］//中国人民大学档案事业发展研究中心.中国档案事业发展报告（2022）.北京：中国人民大学出版社，2022：289.
② 李孟秋.论档案叙事的发展演变：基于社群档案的分析［J］.浙江档案，2021（6）：23-26.
③ 李孟秋.论档案叙事的发展演变：基于社群档案的分析［J］.浙江档案，2021（6）：23-26.

签名等管理和技术手段强化主流话语对于档案叙事的控制。档案文化建设工作主要通过档案书籍汇编、档案实体陈列展览、档案文化专栏、拍摄专题片、举办文化讲座等形式开展。目前，四川省各级综合档案馆的档案叙事载体单一线性化，在数字时代下，如何吸引公众参与其中，做到多感官的激活和互动是未来所有档案馆档案叙事需要重点考虑的问题。

三是叙事目的表层化。传统叙事目的主要包括满足主流群体的档案利用需求，促进社会生产活动发展，维护社会稳定，传承国家记忆与文化，实现社会有序前进。目前，四川省各级综合档案馆进行档案叙事工作的叙事目的较为单一。如某市档案馆在 2021 年围绕庆祝中国共产党成立 100 周年和党史学习教育举办了庆祝中国共产党成立 100 周年档案图片展。

四是叙事内容同质化。目前，四川省各级综合档案馆进行档案叙事聚焦于挖掘红色档案、"四史"教育专题等档案，但是存在叙事内容同质化的问题。四川省各级综合档案馆聚焦当下时政热点和针对四川历史档案资源进行开发，容易加剧同质化问题。

四、文化建设的对策与展望

（一）提升巴蜀文化品牌建设成效

一是打造档案文化 IP，合作搭建文化创新和产业聚集平台。文化 IP 代表着某一类标签、文化现象，某一个品牌、无形资产，核心属性是内容和流量。四川省各级综合档案馆可通过打造档案文化 IP 和商业化运营、产业化融合，转化为档案消费品，实现档案价值变现。如四川省林业和草原局与峨眉电影集团签订战略合作框架协议，双方共同讲好大熊猫的故事，打造大熊猫顶级"IP"，共同建设全国首个大熊猫光影档案中心，并在影视作品创制、大熊猫文化品牌建设、数字林草建设、生态文化宣传等方面开展广泛合作。①

二是大力实施"档案文化品牌建设工程"。档案文化品牌建设需要从两方面着手，一是盘活用好档案资源，完成对档案馆特色馆藏资源的挖掘与文化包装，树立档案馆特色文化品牌的定位，在社会公众中培植品牌文化信仰，形成强烈的品牌忠诚。

---

① 寇敏芳. 四川将建大熊猫光影档案中心［N/OL］.（2020-07-23）［2023-04-24］.http://www.zgdazxw.com.cn/news/2020-07/23/content_308629.htm.

需要推出更多优秀档案编研成果和档案文化产品，利用档案推动党史、新中国史、改革开放史、社会主义发展史的学习宣传教育，大力弘扬中华优秀传统文化、革命文化和社会主义先进文化。二是建设内容相依、时序相继的系列化、专题化档案文化活动集群。^① 围绕《建设文化强省中长期规划纲要（2019—2025 年）》，重点实施公共文化服务效能提升工程、文化产业高质量发展工程、中华文化走出去工程重点工程，深入挖掘遗迹遗物、蜀工蜀艺、名人名篇、川剧川曲、民族民俗、美景美食"六大资源"，凝练"天府四川"形象主标识，打响"熊猫家园·天府四川""神秘古蜀·天府四川""美景美食·天府四川"等品牌^②，注重打造服务四川城市文化建设的档案学术文化品牌、档案服务文化品牌等，加强档案文化资源的开发利用，开发一批面向新时代、贴近社会、贴近群众的档案文化产品。

（二）推动档案编研工作"四化"转型

一是实现选题的市场化和创新性。为了适应时代发展和满足社会需求，四川省各级综合档案馆应树立以市场为导向的工作理念。积极寻找档案编研与社会需求的最佳结合点，实现从"小编研"到"大编研"的升级。在选题方面，充分发挥四川省各级综合档案馆馆藏档案资源的优势，参与史志研究、乡土文化教材编纂等工作，致力于创作与存史、资治、育人相关的文章。同时，紧密结合历史和现实需求，抓住与人民群众密切相关的热点话题，关注党委政府中心工作的重点问题，为经济建设提供有力支撑，使档案馆成为一个充满创新力的"思想智库"。

二是实现编研力量的社会化与合作性。四川省各级综合档案馆应树立"社会参与、共建共享"的工作理念，积极拓展合作领域，鼓励有关机构和社会公众参与档案编研工作。可以考虑建立以综合档案馆为中心，与相关高校、科研机构、文化部门、档案服务机构等单位共同组成档案编研网络。同时，加强与宣传、文化、高校、科研等部门的联系和沟通，开展档案编研合作，逐步形成开放式、协作性的编研体系。此外，可以积极探索人才培养导师制度，借助高校丰富的师资力量，通过导师指导，培养一支具有事业心和责任心、熟悉研究和编研的档案人才队伍。

三是实现档案资源的多样化与丰富性。四川省各级综合档案馆应树立"资源为

---

① 任越，路璐.美国国家档案馆档案文化活动的特色分析及启示［J］.档案学通讯，2020（4）：96-102.

② 四川日报.文化强省"强"在什么地方［N/OL］.（2019-05-07）［2023-04-24］.https：//www.sc.gov.cn/10462/12771/2019/5/7/67f2ce8d82a74e4ba109cd8d07cfd802.shtml.

王""应收尽收、应归尽归"的工作理念，加强档案资源体系建设，积极丰富档案资源。除了传统档案收集外，还要重视发掘红色档案资源。加强对重大活动、重点项目、重要人物和地方特色的档案的发掘。

四是实现编研成果的特色化和个性化。四川省各级综合档案馆应树立以独特性为目标的工作理念，深入挖掘档案文化资源。在实施档案编研工程时，注重突出特色性、体现趣味性和富有时代性的要求，推出一系列符合地域特点、融入丰富档案元素的档案文化精品成果，以实现编研成果的差异化。不断拓展档案编研成果的宣传展示、文化休闲和社会服务等功能，通过多样化、个性化的档案编研工作，传递档案文化的声音，展示档案文化的魅力，逐步形成特色鲜明、形式新颖、载体多样、传播多元、品质卓越的档案编研精品。

（三）促进档案文化建设均衡发展

一是推动省市（州）、县（市、州）档案馆交流与合作，促进档案文化建设互动融合发展。综合档案馆交流与合作在内容的选择上要进行充分的调研与论证，在"精"而不在"多"，挖掘符合四川省各级综合档案馆发展内涵的主题鲜明、参与性强，受众面广的交流活动，进一步扩大四川省各级综合档案馆文化交流活动的影响力。如围绕传承历史文明，山东省青岛市崂山区档案馆与崂山区文联开展"手拉手"文化合作，征集百米国画长卷《绿水青山图》进馆，填补了区档案馆大型画卷类档案资料的空白。[①]

二是开展多种形式的交流合作模式，为强化档案文化建设基层工作投入保障。四川省档案馆通过馆际交流访问、组织参观、业务座谈等方式，加强与国家级档案馆、兄弟省（区、市）档案馆的交流与合作，加强对市（州）、县（市、区）国综合档案馆的业务指导，加强跨区域档案交流合作；开展以馆藏内容和地方历史为主的课题研究，加强与党史、方志、文化部门和社科院、高校及有关方面的合作，组织学术研究与交流活动。

（四）助力档案资源叙事转型创新

四川省各级综合档案馆在促进档案叙事转型创新中，可从叙事者、受叙者、载

---

① 崂山区档案馆.青岛市崂山区档案馆征集成果丰硕［N/OL］.（2022—10—12）［2023—04—24］.http：//www.zgdazxw.com.cn/news/2022—10/12/content_337087.htm.

体、叙事目的、叙事内容五个要素入手，构建档案叙事体系，助力档案资源叙事转型创新。

一是提升档案叙事者的叙事能力和创新意识。档案叙事者是叙事体系的主体部分，也是档案的形成者和记录者。叙事者决定档案的呈现内容。首先，培养四川省各级综合档案馆档案叙事者专业知识和技能，增强跨学科合作与交流。档案叙事者应具备扎实的档案学知识和史学基础，熟悉档案材料的收集、整理和解读方法。通过系统的培训和学习，不断提升自身的专业素养和叙事技巧。并且档案叙事者可以积极与其他领域的专业人士进行合作，如历史学家、文化学者、艺术家等。其次，探索多样化的叙事方式。档案叙事者应积极探索多种叙事方式，如故事化叙事、多媒体叙事、互动叙事等，通过运用音频、视频、图片等多种媒体形式，使档案叙事更具吸引力和互动性，提升受众的参与度和体验感。最后，关注档案编研受众的需求和反馈。档案叙事者应不断关注受众的需求和反馈，了解他们对档案故事的兴趣和喜好。通过与受众的互动和反馈，及时调整叙事策略，使叙事内容更贴近受众，提升叙事的吸引力和影响力。

二是创新档案叙事的载体。载体是叙事体系的媒介，也是连接叙事者与目标群体的通道，决定了叙事文本的固化方式。创新档案叙事的载体可以通过以下方式实现：首先，四川省各级综合档案馆可以利用多媒体展示、虚拟现实和增强现实技术，通过动态的视听效果和互动性，增强叙事的感染力和吸引力。其次，四川省各级综合档案馆开发移动应用程序和利用社交媒体平台，让观众随时随地访问档案叙事内容，并通过分享和互动传播档案叙事。最后，四川省各级综合档案馆与其他领域的创意机构、艺术家合作，创造跨媒体形式的档案叙事，并利用三维打印和实物展示方式，增加观众的亲身体验和感知。

三是充分探索和丰富叙事目的。档案叙事目的在档案叙事体系中起到前端控制的作用，读者的确认与载体的选择都受叙事目的影响，并由叙事目的驱动。一方面，需构建多样化的主题和视角。四川省各级综合档案馆应不断探索多样化的叙事主题，涵盖历史事件、人物传记、社会变迁等各个方面，并从不同的视角和角度叙述历史和事件，以展现多元的历史观和观点。另一方面，应以受众需求为导向。四川省各级综合档案馆在探索和丰富叙事目的时，应以受众为导向，考虑观众的需求、兴趣和接受能力，确定叙事目的。这有助于确保叙事内容与观众的期望相符，并实现更好的信息传递和互动效果。

四是挖掘多元丰富的叙事内容。叙事内容是档案的记录方式，是整个档案叙事体系的预设逻辑，也为档案叙事体系提供方法论指导，叙事内容决定了最终的叙事效果是否能够实现事先预设的叙事目的。一方面，全面挖掘档案资源。四川省各级综合档案馆应对馆藏档案资源进行全面挖掘，包括历史事件、人物档案、文化文物等多个方面。通过深入研究和整理四川省各级综合档案馆馆藏档案资料，发现其中的珍贵信息和故事，如为叙事提供丰富的素材和内容。另一方面，多方面的合作与交流。四川省各级综合档案馆可以积极与四川大学、四川省的文化场馆等相关机构进行合作与交流。借助外部专业知识和资源，拓宽叙事的视野，引入多元的观点和声音，从而丰富叙事内容的层次和深度。

五、结语

总体而言，四川省各级综合档案馆文化建设成就卓越，爱国主义教育基地建设成效显著、档案编研作品巴蜀文化特色凸显、档案文化活动教育功能显著增强、档案文创开发与期刊出版稳步提升。然而，放眼全国，四川省各级综合档案馆不足之处体现于巴蜀文化品牌建设有待强化、档案编研重"汇编"轻"研究"、档案文化建设区域发展不均衡、档案资源的叙事能力有待提升。着眼未来，四川省各级综合档案馆将继续做中华优秀传统文化的传播者、优秀档案文化产品的供给者，全方位加强档案文化产品的供给，打造一批蜀档品牌的档案文化精品力作，有力促进全省文化产业的发展壮大，助力社会主义先进文化建设。

人才队伍建设篇

一、引言

档案工作横陈百业，纵跨千年。随着国家治理体系和治理能力现代化的推进，逐渐从幕后走向台前，在信息与数据的浪潮中，不断实现服务前移，融入国家治理生态。档案队伍作为档案事业发展之重器，人才兴则档案兴，人才强则档案强。《"十四五"全国档案事业发展规划》指出要加大人才培养力度、拓宽人才培养渠道、完善人才评价机制，着力建设高素质专业化人才队伍，全方位、多层次激发和释放人才效能。2018 年以来，四川省各级综合档案馆总结既有经验，认识人才发展规律，清晰以"人才强档"推进档案事业的发展方向。同时，凸显地方特色，厚植档案人才优势，将新时代档案人才定位为"档案的守护者、历史的传承人、发展的服务员"，致力于提升档案专业人才培养，深耕培养激励和教育培训机制，探索科学高效人才评价体系，高层次、宽口径复合型档案人才培养步伐不断加快。由此，本篇章以四川省各级综合档案馆人才队伍建设为研究对象，客观真实概述人才队伍建设现状与成绩，有针对性地梳理困难与挑战，创新阐述对策与展望，助力四川省各级综合档案馆建设结构更加合理、功能更加完善、素质更加优良、作风更加过硬的新时代档案人才队伍。

二、人才队伍建设的现状与成绩

（一）顶层设计布局合理，战略部署重点突出

"十三五"时期，四川省深入落实"人才强档"工程，在档案干部人才培训、档案专业职称评审、"283 工程"实施等方面亮点纷呈。比较而言，"十四五"规划内容更加细化、范围更加拓宽、目标更加明确，进一步明确了"十四五"时期四川省档案事业建设的基本脉络。（如表 23 所示）。

表 23　四川省档案事业发展"十三五"规划与"十四五"规划人才队伍建设内容对比一览表

<table>
<tr><td colspan="2"></td><td>《四川省档案事业发展"十三五"规划》</td><td>《四川省档案事业发展"十四五"规划》</td></tr>
<tr><td colspan="2">工作目标</td><td>人才队伍更显活力。努力使档案人才队伍的规模、质量和结构与档案事业发展相协调</td><td>档案工作活力竞相迸发，档案人才发展机制更加健全，人才评价体系更加科学，队伍结构更加优化，能力水平更加优良，基本建成一支高素质专业化的档案人才队伍</td></tr>
<tr><td colspan="2" rowspan="3">重点工程</td><td rowspan="3">努力把省档案干部教育培训基地建成全国一流的档案干部教育培训基地，建立"互联网＋档案"实训基地</td><td>建设结构合理、层次分明的档案人才队伍，建成全省档案专家队伍、储备队伍和中青年档案业务骨干队伍。组建档案行政管理、档案开发利用、档案信息化建设等8个领域全省档案专业人才库</td></tr>
<tr><td>定期举办专业人才专题座谈会（研讨会、研修班）。</td></tr>
<tr><td>重点抽选、优先使用专业人才参与全省档案事业发展规划编制、档案法律法规制定等工作</td></tr>
<tr><td rowspan="6">主要任务</td><td>干部队伍建设</td><td>不断加强档案部门领导班子和干部队伍建设，切实抓好党风廉政建设和反腐败工作，深入推进档案系统政风行风建设，努力建设一支忠诚干净担当的档案干部队伍</td><td>加强政治能力建设，锤炼全省档案干部忠诚干净担当的政治品格，着力提高政治判断力、政治领悟力、政治执行力</td></tr>
<tr><td>人才引进</td><td>坚持正确用人导向，支持和帮助档案部门充实干部人才队伍，建立科学的引才育才机制，科学合理配备档案工作人员，注重引进和培养档案专业人才</td><td></td></tr>
<tr><td rowspan="3">重视人才培养</td><td>深入实施人才优先发展战略，通过健全人才培养体系、加大教育培训力度、鼓励社会各方参与等方式</td><td>弘扬工匠精神，大力开展岗位练兵和技能比武，培育档案攻坚队伍。
重点加大档案抢救、修复、保护等基层专业人才培养力度</td></tr>
<tr><td>扎实开展"两学一做"学习教育，自觉践行"三严三实"，广泛开展学习先进活动</td><td></td></tr>
<tr><td>建立合理激励机制，强化档案干部上岗教育、继续教育和业务培训</td><td>安排干部上挂下派</td></tr>
<tr><td>激发人才活力</td><td></td><td>规范开展职称评审工作，搭建继续教育在线学习平台，进行综合评价</td></tr>
</table>

一是工作目标明确细化，重视人才队伍结构与能力建设，夯实整体发展机制。与"十三五"规划相比，"十四五"规划在工作目标中把人才队伍建设单列成段，凸显出对人才队伍建设的充分重视，将建设高素质专业化人才队伍设定为发展目标。同时"十四五"规划在发展目标中增加了人才发展机制和人才评价体系的表述，充分体现其"以人为本"的工作原则。以四川省档案馆为例，"十四五"时期四川省档案事业以人才强馆，厚植档案人才优势的任务定位，以人才培养驱动档案"人才强档"工程进一步提质增效。四川省各级综合档案馆以"三名工程"（四川省中等职业教育名校、名专业、名实训基地建设工程）为建设特色，以"档案职业教育提质培优"项目为建设依托，持续打造全国一流干部教育培训基地，并将培训 2.5 万名档案人员作为预期目标。同时充分利用外部优势，引进外部学术资源，塑造人才使用和激励新模式。

二是工作重点更加突出，细分档案专业人才建设条目，强调人才队伍长效化发展与可持续建设，提升优质人才利用效能。四川省各级综合档案馆"十三五"期间主要依托省档案干部教育培训基地将档案干部教育培训作为重点工程推进实施，"十四五"规划中拓宽人才培训渠道，增加档案专业人才库、人才专题座谈会等方式，形成档案专业人才能力建设、学习培养、知识利用等宽口径、多维度工程布局。统计发现四川省 18 个地级市、3 个自治州的档案馆均在工作重点任务明确提出"十四五"时期加强人才培养力度，主要体现在档案专业智库、档案人才交流、档案人才评价等多方面。不同地区在对《"十四五"全国档案事业发展规划》中提出的在对档案人才队伍工作内容延伸的过程中，也体现了地区发展特色，具体列举以下三个方面：一是以职业教育带动业务能力提升，重视档案人才"走出去"，采取分类培训、指导、多岗锻炼的方式，锻造业务骨干。二是以档案科研推进档案人才培养，例如凉山州档案馆提出充分发挥青年理论小组、业务学习小组、档案学会在档案科研中的作用；泸州市档案馆提出建设泸州档案在线课堂，确保档案专业人员每年继续教育时长不少于 90 学时，积极鼓励档案从业人员开展学术研究；成都市档案馆则提出搭建学习平台，鼓励年轻干部进行资政创作、论文制作、公文写作等。三是以政治作风扎实档案人才品格，内江市档案馆提出建立责任清单制度、考核管理机制和评优评先激励机制，以"干部轮值"制度，聚焦党的六大纪律、工作作风、环境卫生、日常工作等领域。

三是工作任务创新优化，针对当前四川省档案人才队伍建设的要点、难点、痛点问题制定路径契合、方向合理的任务规划。"十四五"规划深入四川省档案人才队伍实际情况，摒弃浮于表面的路线设计，例如针对四川省档案工作人员专业结构单一，缺乏档案学专业人才的现状，制定重点加大档案抢救、修复、保护等基层专业人才培养力度的工作任务。"十四五"时期，不仅是四川省档案馆、市（州）档案馆单独将人才队伍建设列为单独任务，县（市、区）档案馆也增强对人才队伍的重视力度，在人才引进、人才培养、人才流动等多个层面根据实际工作情况做出战略部署。在此，以眉山市青神县和仁寿县作为代表性案例进行简要分析。《青神县档案事业发展"十四五"规划》指出，"十四五"时期青神档案工作在人才队伍建设方面面临的挑战为全县档案干部队伍综合素质和人才结构不能适应新时期档案事业发展的需要。对此，青神县档案馆在主要任务中提出"新增人员编制"和"把有专业技术的人才充实到档案队伍中"两项特色举措。仁寿县档案馆在《仁寿县档案事业发展"十四五"规划》中指出，人才队伍建设的主要问题是档案工作人员多为兼职且更换频繁，因此在主要任务中明确加强档案业务培训工作。总体而言，虽然"十四五"期间四川省县（市、区）档案馆制度发展规划的数量并不多，但大部分县（市、区）档案馆自行制定的档案事业发展规划都承继上级档案事业发展指示，也紧贴基层档案发展现实情况。

（二）教育培训有序推进，优化整体人员素质

四川省档案馆印发了《四川省档案业务培训管理办法》，在规范和加强档案业务培训管理工作的同时，大力培养档案馆事业发展的急需紧缺人才，提升档案人才队伍整体素质，在教育形式、教育渠道和教育内容上呈现出诸多亮点。

第一，教育形式知行合一，充分融合理论教育与技能训练。四川省各级综合档案馆主要依托省档案学校、四川省档案学会、高校等共同开展档案教育培训工作，以理论教育夯实基础知识素养，以实践教育深化实操技能训练，落实培训教育常态化、培训师资专业化、培训效果优质化。在理论教育层面，省档案学校是四川省档案馆进行档案教育培训的"主阵地"。省档案学校成立于1986年，直属四川省档案馆，承担职业教育和干部培训两大职能，既是我国唯一一所新型、正规、专门的档案类中等专业学校，也是四川省档案专业人员的唯一省级教育培训平台，能够帮助档案专业技术人员补充更新知识、拓展知识结构、强化实践操作技能、提高综合素质。2018年—2022年，该校面向全国举办培训班（培训会）120余期，其中各省行业、系统专题班20期；全省档案专业人员培训班（培训会）60期；省内各行业、系统专题培训班43期（如表24所示）。市（州）档案馆主要

以常规化业务培训为主，以特殊化业务培训为辅。常规业务培训以馆内业务工作人员为培训主力，例如成都市档案馆开展的"机关干部大讲堂"，市档案局处级领导干部全部参与，每月一次，轮流讲课。特殊业务培训主要包括以下三种形式："联合办班"，即市（州）档案馆与省档案学校、省干函院、部分高校等展开合作，切实加强综合知识和业务技能；"以会带训"，即通过召开座谈会、访谈会、论证会等方式，在会议中学习档案最新理论知识和业务实操技能；"档案论坛"即通过业务论坛的形式凝聚档案业务共识、促进各方学习、推进档案业务优化、提出对档案事业发展有价值的意见和建议。

表24 省档案学校2018年—2022年培训次数和人数一览表

年度	办班数量（期）	培训人数（人）
2018年	31	5404
2019年	32	5238
2020年	23	3472
2021年	22	3888
2022年	15	2873
合计	123	20875

在实践技能训练层面，四川省各级综合档案馆将人才培训作为人才队伍能力建设的"掌舵石"，在多维度学习档案整理、档案资政、档案编研、档案信息化等理论知识基础上，主张精通档案修复、档案信息化、档案移交接收等业务流程的实操技能。四川省档案馆主要针对年轻档案干部与"轮岗锻炼""技能竞赛"等方式抓好干部教育培养，努力建设高水平、高素质的档案干部队伍。2020年至2022年，四川省档案馆先后完成23次、近100人次年轻干部的轮岗锻炼工作。同时四川省档案馆于2022年举办首届"档案职业技能竞赛"，组织45岁以下年轻干部参加理论竞赛。四川省市（州）档案馆由于经济发展水平差异和地理区位因素局限等因素，在技能培训上存在较大差距，小部分市（州）档案馆每年持续对外联络，实现"跨省域"档案实践学习，同时积极参加四川省档案馆各类实践培训活动；大部分市（州）档案馆依然局限在档案理论教育层面或者内部开展岗位技能教育，不涉及对外档案实操技能学习。

第二，教育渠道来源多样，充分利用多方丰沛教育资源。四川省各级综合档案馆培训渠道覆盖线上和线下以专题讲座、培训班等"请进来"的专业化培训为重点，充分利用外部资源，弥补内部业务弱点。一方面，与高校合作是四川省各级综合档案馆获得前沿档案理论知识的主要渠道。四川省档案馆与中国人民大学信息资源管理学院长期以来持续保持良好的教育培训合作伙伴关系，并于 2021 年成功签署战略合作框架协议，多次在中国人民大学举办四川省档案系统领导干部高级研修班。在市（州）档案馆中，南充市档案馆自 2018 年起，连续 5 年分别在中国人民大学、四川大学、厦门大学举办"档案资政"专题培训班，并将其纳入全市干部培训总体计划，受到市委、市政府高度重视，由财政安排专项培训经费，不断提高档案专兼职工作人员的业务素养和实际工作能力。此外，成都市"异地培训"项目特色也很明显，体现为在中国人民大学举办系统党支部书记党性教育与能力提升专题培训班、在井冈山、延安等革命圣地举办党性修养培训班、在香港举办档案专业培训班。另一方面，跨省域业务交流与培训是四川省各级综合档案馆了解先进工作业务动态的主要路径，是四川省各级综合档案馆在人才队伍培养方面的突出特色，充分体现出四川省各级综合档案馆精心布局人才队伍培养的战略眼光。

第三，教育内容覆盖全面，充分落实多元多向培养目标。四川省各级综合档案馆关照全省档案人才培养工作，站位更加宏观，档案教育内容聚焦覆盖全面、丰富多样，有针对性地开展档案教育培训工作，提升档案人才队伍整体素质。

首先，在思想作风培训层面，《关于新时代加强和改进思想政治工作的意见》①提出要深化政治机关意识教育，开展对党忠诚教育，有计划有步骤地开展全员培训。2018 年—2022 年，四川省各级综合档案馆平均每年度开展党建和廉政作风方面的教育培训超过 20 次。在党建教育中，四川省各级综合档案馆深入贯彻落实中央全面深化改革要求，坚持党管档案，不断增强"四个意识"、坚定"四个自信"、做到"两个维护"，狠抓党支部阵地建设，落实党建工作责任。在廉政教育中，四川省各级综合档案馆全面落实管党治党责任机制，把反腐倡廉和相关党纪法规纳入馆领导班子理论学习和干部职工政治理论学习内容，切实提升档案人才的廉政法纪意识。例如广元市档案馆在使用"学习强国"的基础上，积极探索开发"广元党员 e 家""广

---

① 新华社.中共中央 国务院印发《关于新时代加强和改进思想政治工作的意见》.［EB/OL］.（2021-07-12）［2023-04-19］.http：//www.gov.cn/zhengce/2021-07/12/content_5624392.htm.

元干部网络学院等学习平台"，抓好纪律教育，强化思想引导。内江市档案馆着力打造"学习型机关"，形成积极向学风气。成都市档案馆利用"学习强国"平台，刊发原创信息 37 条，发挥好档案在意识形态主阵地的作用。

其次，在档案业务培训层面，四川省各级综合档案馆主要聚焦基础业务、重点业务和政策学习三项内容，展开常时定期培训或临时密集培训（如表 25 所示）。其中基础业务主要涵盖档案基础业务建设、档案信息化建设、经济科技档案工作、档案法治建设、档案文化建设等，根据问卷调查"5.贵馆开展或选派人员参加的档案业务培训内容主要包括哪些？"统计结果（如图 14 所示），在回收的 174 份有效问卷中，125 个县（市、区）档案馆（71.84%）的业务培训重点在于档案基础工作，即收集、整理、鉴定、保管、统计等；重点业务包括"两类档案"（脱贫攻坚档案、疫情防控档案）、红色档案、"四重档案"等规范化管理，例如 2020 年凉山州档案馆牵头与州档案局联合举办"凉山州精准档案规范化管理视频培训会议"，从源头确保脱贫攻坚档案资料收集齐全、整理规范、保管安全和利用有效；政策学习主要指针对国家新近发布的法律法规、政策文件及行业标准进行集中培训与交流。例如 2018 年阿坝州档案馆组织举办贯彻新修订《归档文件整理规则》档案工作规范化管理培训。

表 25　四川省市（州）档案馆档案业务培训内容（部分）

培训内容	培训时间	主办单位
新修订《归档文件整理规则》	2018 年	阿坝州档案馆
脱贫攻坚档案工作培训会	2018 年	甘孜州档案馆
档案馆资源建设暨鉴定开放业务培训	2019 年	达州市档案馆
"新修订档案法公益大讲堂"视频学习培训	2020 年	德阳市档案馆
"酒城档案论坛"	2021 年	泸州市档案馆
档案"机关干部大讲堂"	2020 年	成都市档案馆
成都大运会档案工作专题培训	2020 年	成都市档案馆
档案业务培训班	2019 年	广安市档案馆
精准扶贫档案规范化管理视频培训会议	2020 年	凉山州档案馆
"档案资政"专题培训	2018 年	南充市档案馆
重大建设项目档案管理培训班	2018 年	宜宾市档案馆

培训内容	培训时间	主办单位
档案法律法规培训班	2018 年	自贡市档案馆
档案管理基础理论培训班	2021 年	内江市档案馆

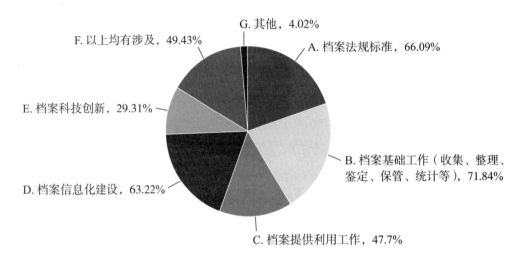

图 14　问卷调查"5. 贵馆开展或选派人员参加的档案业务培训内容主要包括哪些？"统计结果

最后，在综合素质培训层面，主要涉及管理技能、沟通协调能力、团队协作能力等方面，旨在提升工作人员的综合素质，提高服务水平和管理水平。如 2022 年泸州市档案馆将新修订《档案法》《乡镇档案工作办法》等纳入市委党校培训教学计划，纳入科技干部任前考法内容，举办档案法"进党校"专题培训讲座，以"会前学法"的形式提升档案人才队伍的法律意识和法律素养。内江市档案馆将"档课"纳入新入职公务员教育培训内容，面向内江全市 147 名新入职公务员，把"档课"融入党课进行宣讲，以提升干部档案意识、扩大档案影响面。

（三）人才引进口径拓宽，厚植档案人才基础

四川省各级综合档案馆通过建立人才引进机制，确保能够有才可引、有才可用，在档案人才引进上不断扩宽口径，将优化档案人才引进学历层次、专业结构作为重点任务持续推进，同时探索多维度人才引进方式方法，畅通人才引进渠道，保障新进人才质量，助力档案事业发展。

在方式选择上，四川省各级综合档案馆主要采用公开考录、遴选、选调、转任、

军转安置等方式加大对优秀年轻干部和急需专业人才的引进力度。其中选调是四川省档案馆档案职业人员引进的主要方式，遴选和转任是年轻优秀干部引进的主要方式。四川省档案馆 2020 年和 2022 年分别通过考录和遴选的方式引进 10 名专业人才，通过转任和军转安置的方式引进 6 名专业人才。公开招考作为市（州）档案馆招录工作人员比例最高的方式，在人才引进中发挥重要作用，例如广元市档案馆 2019 年通过社会途径公开招考 3 人，完成馆内新老血液的更替；2018 年—2022 年，选调和遴选也成为四川省市（州）档案馆人才引进的重要方式，市（州）档案馆依靠优秀青年人才选调和遴选，优化档案队伍年龄结构，保证档案干部工作质量。例如雅安市在 2020 年选调 35 岁以下优秀干部 2 人、2022 年引进市域机关单位 35 岁以内优秀青年干部 4 人，不断激发人才队伍活力。县（市、区）档案馆与市（州）档案馆趋同，即通过公开招录、遴选、选调、军转安置等方式引进人才，但县（市、区）档案馆十分注重人才引进的适配度与专业性，并加大对优秀年轻干部和急需专业人才的引进力度。例如眉山市青神县在 2022 年引进了一名信息化人才，熟悉档案信息化建设各类应用操作，贴合青神县"十四五"时期建设智慧档案馆的战略蓝图，有利于青神县数字档案馆建设的优化与完善。

在专业选择上，近年来四川省各级综合档案馆试图从人才引进的源头突破档案人才局限于管理学、档案学的结构不均衡问题，在信息化浪潮中，以跨学科、跨专业思维优化人才队伍专业层次和结构。"十三五"期间，缺少档案学专业人才、档案信息化人才一直是四川省市（州）档案馆人才队伍工作的堵点和难点，"十四五"时期，市（州）档案馆在人才引进的前端"入口"严格把控，将人才引进的专业结构作为重点考虑内容，向着复合型人才建设方向不断发展。例如成都市档案馆在 2018 年—2022 年期间，引进档案及图情专业 9 人、历史类 5 人、文学类 8 人、计算机类 9 人、哲学类 2 人、政治学类 1 人，人才队伍专业结构不断完善。四川省县（市、区）档案馆在"十四五"期间的中心工作是建设数字档案馆，不断增加纸质档案数字化数量，此外，县（市、区）档案馆 50 岁以上的退休档案人员较多，本科学历人数因退休等客观原因下降幅度较大，面临着档案基础业务"青黄不接"的现象。这也间接决定了"十四五"期间县（市、区）档案馆人才引进的重点是引进档案专业人才和熟悉计算机操作的信息化人才。

在学历选择上，四川省各级综合档案馆为了避免人才流失和优化人才结构，提高了人才引进的学历门槛，博士和硕士研究生学历档案人才备受青睐。以四川省档案馆的统计数据为例，2018 年拥有博士研究生学历有 2 人，硕士研究生学历为 19 人，本科学历为 96 人；2022 年拥有博士研究生学历有 4 人，硕士研究生学历为 27 人，本科学历为82人。①可以看出4年的时间里，四川省档案馆博士研究生学历新增2人，硕士研究生学历新增8人，而本科学历人数下降幅度较大，共缩减14人。同时，市（州）档案馆近年来着力提升档案人才队伍的学历层级，增加研究生及以上人才引进人数，将学历最低门槛设定为本科学历，一定程度上提升了新进人员的学历水平和工作素养，例如成都市档案馆目前研究生以上学历人员为28人。

（四）人才活力竞相迸发，激发档案工作热情

四川省各级综合档案馆在档案人才队伍活力建设方面多措并举，以科学化、民主化、高效化的人才评价和激励机制，赋能档案人才队伍工作效率提升和热情助涨，主要体现在人才评优和人才晋升等方面。

深入研究人才评优机理，提升人才评优工作动能，保证评优工作"解人心，合人意"。2018年—2022年四川省各级综合档案馆共229人入选"全国档案专家"。以四川省档案馆为例，2018年入选人员有4人、2020年入选人员为3人、2022年入选人员为4人。在"三支人才队伍"入选方面，四川省共有1580人入选，人才专业来源主要有档案保管保护、档案管理鉴定、档案著录编目、档案仿真复制、档案数字化加工和档案开放利用六个领域。同时四川省档案馆于2018年建立四川省人才信息库，确定档案领军人才18人、档案高级人才78人、档案优秀人才216人。市（州）档案馆在四川省档案馆"283"人才工程（档案领军人才、档案高级人才和档案优秀人才）的指引下，不断培养优质档案人才，选拔先进典型人物。市（州）档案馆基本遵照"信念坚定、为民服务、勤政务实、敢于担当、清正廉洁"的要求和"人岗相适、人事相宜"的原则，健全考核评价体系，突出实绩，全面考察。同时通过评优工作确保馆内工作人员"学"有榜样、"赶"有目标，营造出浓厚的比学赶超氛围。

全面打通人才晋升渠道，实现档案人才无缝隙快速实现职务提拔和职级晋升。四川省档案馆对参照公务员法管理人员、事业管理人员、专业技术人员、工勤人员进行分类考核，建立完善工作流程和管理制度，以科学考核评价激励档案人员立足岗位干事创业、争先创优，并且严格执行绩效工资制度与津补贴制度，严格开展直属事业单位绩效工资核增工作，在很大程度上激发了人才队伍建设的活力与积极性。市（州）档案馆按照"好干部"标准和正确用人导向抓好干部选拔任用工作，配齐配强中层干部，以打造"年轻化"档案人才队伍为目标，配合做好职务与职级并行

---

① 资料来源：四川省档案馆，档案事业统计调查报表，2018年—2021年。

制相关工作，坚持平时考核与年终考核相结合，严管与厚爱结合，激励与约束并重，扎实做好人才晋升工作。由于市（州）档案馆工作人员总数较少，且近5年来退休人数较多，所有空缺出来的职务职级位置也相对较为充足，人才晋升速度较快。例如雅安市档案馆在2020年职务职级一次性晋升9人，提拔科级领导干部3人；成都市档案馆自2018年至2022年，职务职级晋升137人，提拔处级领导干部22人。

三、人才队伍建设的困难与挑战

四川省人才队伍建设整体呈现出"稳中向好"的趋势，在战略层面详细规划人才队伍建设目标蓝图、在实践层面高度重视人才队伍建设路径落实，取得了一定的成绩。但同时，由于人才在社会层面受制于社会流动和社会分层，具有不稳定性和易变化性，导致人才队伍建设不可避免地出现结构性缺失和功能性不足。体现为人才基础架构的不均衡，主要在年龄结构、学历结构、编制结构、教育结构四个层面，但结构性问题并不能通过短时间、高效率的"救急性"策略解决，还需要整体布局、多方统筹，在保证功能健全的基础上不断加以完善。

（一）人员老化明显，年龄结构需进一步均衡

四川省各级综合档案馆人才队伍在年龄结构上集中体现为人员老化，即50岁以上的干部职工数量较多，34岁以下的干部职工数量较少，面临着较为严重的退休导致的业务断层现象。一方面，在横向历时性分析维度，四川省各级综合档案馆年长干部数量较多，占总人数比重较大，且呈现出逐渐递增趋势。人口老龄化是经济社会发展的重要趋势，是人类文明进步的重要体现，在人口老龄化国情的影响下，四川省档案馆在人员年龄构成上也呈现不均衡的发展态势（如图15所示）。就数量而言，2018年四川省档案馆50岁以上干部职工数量为64人，34岁以下干部职工数量为19人，2020年50岁以上的干部职工下降到59人，2021年下降至58，年轻干部数量同样呈现下降趋势，2019年为13人，2020年2021年保持在15人。[①] 这种变化体现自然退休人员数量逐年增加，但还未达到峰值，在一定程度上缓解了四川省档案馆的人才队伍老龄化问题，老龄化进程得到抑制，也体现出四川省档案馆正在着力调整人才队伍年龄结构，积极引进新鲜血液，缩小年龄结构的悬殊状况。同时，在市（州）档案馆层面，根据对四川省17个市（州）档案馆2018年—2022年统计年报中的干部职工

---

① 资料来源：四川省档案馆，档案事业统计调查报表，2018年—2021年。

年龄进行结构化分析（如图16所示），绝大部分市（州）档案馆50岁以上干部职工数量占干部职工总数的比例远超过35—49岁和34岁以下这两个区间，就50岁以上干部职工数量变化而言，大部分市（州）档案馆50岁以上干部职工数量呈现递增趋势，仅有凉山州、雅安市、泸州市在内的5家档案馆呈现逐年递减趋势；就34岁以下干部职工数量变化而言，数量递增与数量递减的比例各半，这主要受到当年编制数量和招聘情况的影响较大，并不能直接说明对年龄结构的变化。

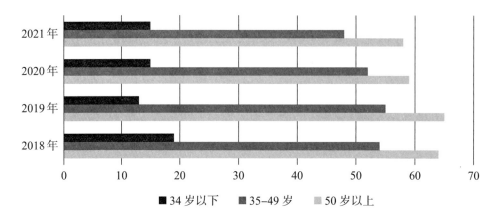

图15　四川省档案馆干部职工年龄结构分布

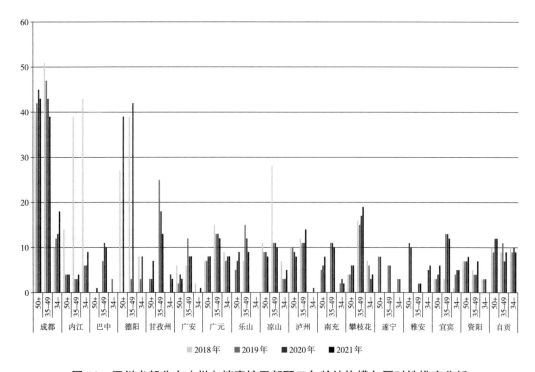

图16　四川省部分市（州）档案馆干部职工年龄结构横向历时性维度分析

另一方面，在纵向区域性分析维度，四川省各级综合档案馆之间年龄分布差异较大，但共性特点均为年龄结构相对不均衡。以 15 个市（州）档案馆 2021 年统计年报数据为例（如图 17 所示），发现市（州）档案馆之间三类年龄分布差异较大，根据年龄结构极度不均衡、年龄结构较为不均衡、年龄结构较为均衡三种类型进行划分，数据对比与分析结果如下：年龄结构极度不均衡的市（州）档案馆数量较少，以巴中市档案馆为代表，50 岁以上干部职工人数为 1 人，35—49 岁人数为 10 人，34 岁以下人数为 0 人。[①] 虽然在年龄结构上各类年龄分布差距悬殊，但也体现出巴中市当前人才队伍年龄优势较大，青壮年人数较多，有利于在未来较长时间内保持人才流动稳定。年龄结构较为不均衡的档案馆数量占比较大，体现为两种结构形态。一是 50 岁以上干部职工人数和 34 岁以下干部职工人数较少，35—49 岁干部职工人数较多的"两头小、中间大"的橄榄型结构，代表档案馆有为广元市档案馆和宜宾市档案馆；二是 35—49 岁干部职工人数较多，34 岁以下干部职工人数较少的"下面大、上面小"的金字塔结构，代表性档案馆有资阳市档案馆和乐山市档案馆。年龄结构较为均衡的档案馆主要体现为三类年龄分布较为均衡，差值较小，例如自贡市档案馆 50 岁以上干部职工人数为 12 人，35—49 岁和 34 岁以下干部职工人数均为 9 人。相比四川省档案馆和市（州）档案馆，四川省县（市、区）档案馆的人员老化现象更为严重，这主要由于受限于编制数量和区位因素，新进人才数量较少，新鲜血液无法注入，同时年龄较大的人员流动缓慢，出现年龄结构上较为明显的不均衡。

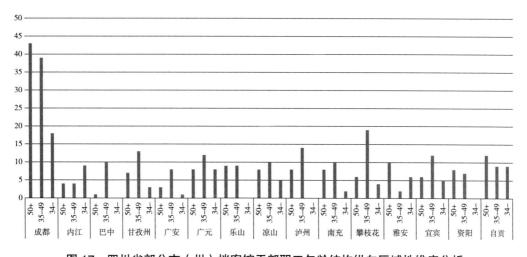

图 17　四川省部分市（州）档案馆干部职工年龄结构纵向区域性维度分析

---

① 资料来源：巴中市档案馆，档案事业统计调查报表，2021 年。

（二）复合型人才稀缺，能力结构需进一步优化

四川省各级综合档案馆的人才队伍正在逐步向高学历化方向发展，但当前高学历人才引进入口依然较为狭窄，人才数量较少，纯档案学专业人才较少，精通计算机、历史学等学科的复合型人才稀缺，严重制约档案馆人才队伍综合素质提升。

高学历人才数量较少，学历水平阻碍高素质人才队伍建设目标。2018年—2022年，四川省各级综合档案馆中专及以下学历干部职工比例逐年下降，本科及以上学历人员比例逐年上升。随着时间的推移，硕士及以上学历的干部职工比例逐渐增加，而本科学历的干部职工比例则有所下降。这一变化趋势表明，四川省各级综合档案馆人才队伍的学历结构正在优化，但仍然未能达到高学历、高素质人才队伍的建设要求。

四川省县（市、区）档案馆在人才队伍能力结构上相比较四川省档案馆和市（州）档案馆而言，疲态更甚，研究生学历及以上的干部职工屈指可数，大部分县（市、区）档案馆本科学历的干部职工数量较少。以眉山市青神县为例，在学历结构层面，2018年有2人为大学本科学历，1人为大学专科学历；2021年大学本科学历人数依旧保持不变，研究生以上学历没有新增。在专业结构层面，具有1名档案学专业背景的人才有42家县（市、区）档案馆，具有档案学专业背景超过1人的县（市、区）档案馆有39家，109家县（市、区）档案馆并无信息技术专业背景人才。当前在档案人才"青黄不接"的时代困局下，缺乏纯档案学专业人才会导致档案修复、档案鉴定、档案编研等多项和档案学深度相关的工作降低专业化水准，虽然可以通过馆内"传帮带"式的培训加以缓解，但这无法从根源上解决档案工作专业化的问题。

复合型专业人才匮乏，专业结构限制人才队伍宽口径发展方向。分析四川省各级综合档案馆自2018年—2022年的统计年报可以发现，虽然在新引进人才的学科结构、学历结构上进行调整，不断引入新鲜血液，此外通过轮岗锻炼、职业培训、学术实践等方式，不断注入多维知识，但档案馆在实际业务运转过程中，仍然面临档案干部职工专业知识与技能结构不合理的问题。近年来，四川省各市（州）档案馆档案数字化转型不断开创新成绩，数字档案馆进行进程逐渐加快，但在"存量数字化，增量电子化"的指引下，档案数字化建设需要有专业化的维护团队作为保障，负责系统、网络、数据的维护和运营，四川省各级综合档案馆的人才招聘数据均显示缺乏既懂档案业务、又懂计算机技术的复合型专业人才。此外，虽然轮岗锻炼和选调优秀年轻干部可以提升工作效率，但人才成长周期性问题所导致的短时间内复

合型专业人才匮乏与实际业务需求之间存在的矛盾，影响多项工作开展。县（市、区）档案馆作为四川省档案事业发展的基层单位，直接面向基层群众，主责事项范围宽泛，工作任务繁重。这就要求县（市、区）档案馆干部职工在具有多维专业技能应对日常业务需求的同时，也需要具备管理学、社会学等专业素养。对于县（市、区）档案馆而言，在多维技能人才方面面临极大的阻碍，例如眉山市青神县在进行地方志编研的过程中，由于缺乏历史学、汉语言文学专业的人才，面临史书中因笔体、字画、字形等方面的识别困难，同时在编研成果宣传上缺乏新闻传播、广告学专业人才，精美的编研成果无法为公众熟知和应用，导致青神县档案开发利用进程较为缓慢。

技术型专业人才短缺，能力结构拖慢数字档案馆建设进度。四川省各级综合档案馆纯档案学专业人才较为稀缺，大部分为从其他专业调剂，并在实践工作中慢慢积累档案工作经验的人才，拥有档案学+信息化的复合型专业背景人才数量几乎为零。据甘孜州档案馆数据统计，2020 年全州档案专业技术人员仅占 25%，人数不足 50 人。现阶段四川省各级综合档案馆所实行"以老带新"的传帮带式人才培养模式难以解决深层次的专业技术需求，面临着技术人员"断档"的威胁，继续补充培养深谙档案专业技术的年轻人才。例如，在调研过程中，雅安市档案馆指出，在现阶段专业人才的规模、质量和结构与档案事业发展不协调，档案信息技术、技术开发和运用方面的人才相对匮乏。此外，在进行内部培训和外部培训的过程中，大部分综合档案馆培训时间较短，一般在 3～5 天，培训机制尚未完善、缺乏系统性规划、培训力度欠缺、方式不够多样、针对性不强，档案人员难以习得系统化、宽口径、深层次的学科知识。更有相当一大部分职工对于信息技术的主动接受能力较差，不能熟练使用信息技术。在县（市、区）档案馆关于信息技术专业背景人才统计中，具有 1 名信息技术专业背景的人才有 41 家档案馆，具有信息技术专业背景超过 1 人的档案馆有 24 家，109 家档案馆并无信息技术专业背景人才。在这种缺乏信息技术专业背景人才的环境下，县（市、区）数字档案馆在人才技术支撑上面临极大的障碍，这也是导致县（市、区）档案馆纸质档案数字化进程较慢的重要因素，亟需通过人才引进，优化县（市、区）档案馆人才专业结构，实现人才专业结构的区域化均衡。

档案人才队伍能力素质是档案馆工作活力不断释放、推动档案事业高质量发展的重要一环。当前正处于多领域、多部门、多学科跨界融合的大数据、智能化、网络互联的新时代，这对档案工作提出了新的更高的要求，四川省各级综合档案馆档案事业迫切需要一支观念新、业务精、作风好的高素质、专业化人才队伍。

（三）区域差距明显，培训机制需进一步完善

四川省各级综合档案馆在培训范围上涵盖多面、培训形式上涉及多元，深入贯彻落实以内部培训撬动档案人才队伍建设新机能，以主动学习助力档案人才队伍建设厚基础。但整体在培训机制上呈现出横向区域差距大、纵向市（州）与县（市、区）差距大的问题。四川省县（市、区）档案馆作为人才培训的基层单位，在培养方式上与市（州）档案馆基本一致，以"引进来＋走出去"的内部培训与外出学习相结合方式为主，但在培训频率和学习人数上在纵向上与市（州）档案馆差距悬殊，主要和行政区划和人员数量有关；横向上各县（市、区）档案馆差异较大，经济发展水平较高、档案工作基础较为扎实、上级领导较为重视的县（市、区）培训人数较多。

档案业务培训频次差距大，外出培训次数较少。各县（市、区）档案馆平均每年度参加市（州）档案馆培训超过 10 次，由各县（市、区）、乡（镇）档案馆选派专兼职档案人员按照分管业务类型参与培训活动。例如 2020 年，阿坝州档案馆举办全州档案基础业务培训班，州、县（市）、乡（镇）专兼职档案人员共 140 人参训；市（州）档案馆内部培训呈现出"不定性、不定时、不定量"的特点，主要根据该年度馆内档案工作重点工作任务和档案工作发展规划设定培训内容，并根据省档案馆工作指示和实际工作随时进行调整。此外，市（州）档案馆还依托省级档案培训资源，助力档案业务培训，例如德阳市档案馆于 2022 年依托省档案学校培训基地，组织德阳市从事档案工作的干部职工共 50 余人参训，为推动全市档案事业发展提供人才保障。就频次而言，大部分市（州）档案馆平均每年度参与省级及以上培训高达 10 余次，基本控制在 10 ~ 20 次的区间内，但也有部分档案馆外出培训次数较少。其中，阿坝州档案馆、成都市档案馆、甘孜州档案馆等参与次数和送培学员较多，例如阿坝州档案馆平均每年度送培学员参加省级档案部门举办的各类业务培训班达 14 期；达州市档案馆、乐山市档案馆、遂宁市档案馆等平均每年度选派参与培训次数少于 8 次，例如，2019 年分 5 批次送培市机关、企事业单位档案工作人员到省级档案部门等地参加培训。2018 年—2022 年，县（市、区）档案馆培训次数差异较大，但基本落实档案理论知识和业务能力培训，保障了人才队伍建设的知识学习力度和效度。根据对 174 个县（市、区）档案馆数据统计分析，培训次数最多的县（市、区）档案馆有 49 次，培训次数最少的县（市、区）档案馆为 1 次，平均值为 6.75 次。培训次数超过 10 次的有 36 个县（市、区）档案馆，培训次数少于 5 次的有 68 家档案馆，培训次数在 5 ~ 10 次的有 70 家档案馆。例如四川省凉山州普格县档案馆 2018 年—

2022年共开展49次培训，坚持"引进来与走出去"相结合，邀请各方专家学者授课培训，研讨档案业务工作，极大地提高了档案干部职工的理论素养。

档案业务培训人次差距大，参与人员覆盖不全面。大部分市（州）档案馆平均每年度选派外出参加培训人次超过200余人次，不少于20余人次，平均在100余人次。例如泸州市档案馆2018年与省档案馆开展"订单式"培训380余人次，广安市档案馆2019年组织全市各级各部门档案干部职工参加国家档案干部教育中心、四川省档案干部教育培训基地举办的档案业务培训班达110余人次；遂宁市档案馆2022年全年累计选派35人次参加省、市各级各类学习培训活动。2018年—2022年，县（市、区）档案馆档案培训人数上呈现出断层式差距，并未基本保障馆内至少主要干部和一线业务人员参与培训，学习成果共享，人才队伍建设的能力素养的深度与精度还需要继续提升。根据对174个县（市、区）档案馆数据统计分析，"断层式"差距主要体现为，有5个县（市、区）档案馆培训人数破千，泸县档案馆培训人数高达1526人次。对以上5个县（市、区）档案馆进行分析表明，培训次数与人数并不呈现绝对的正比例关系，例如珙县档案馆、郫都区档案馆、龙马潭区档案馆培训次数均为5次，但培训人数却破千。此外，15个县（市、区）档案馆培训人数破百人，91个县（市、区）档案馆培训人数少于10人，68个县（市、区）档案馆培训人数介于10～100之间。

四、人才队伍建设的对策与展望

（一）关注结构问题，实现人才队伍均衡协调发展

优化人才队伍结构是四川省各级综合档案馆推进档案事业转型和加速发展的关键性命题和战略要素。这需要对人才队伍结构问题进行深入研究和实际探索，以实现数量和质量上的稳步提升和均衡发展。

一方面，制定合理的人才年龄结构目标是优化人才队伍结构的关键所在。干部队伍年轻化是当前党和国家长期坚持的一项基本方针，是各项事业生生不息、持续发展的重要保证。在制定人才结构目标时，一方面，应该考虑到四川省各级综合档案馆的战略目标和人才队伍的实际情况，采用科学合理的方式进行人才年龄结构规划。目标应该具有可操作性、可量化性、可评价性，能够满足人才队伍数量和质量的稳步提升和均衡发展要求。另一方面，要建立动态监测机制，每季度对馆内档案专业人员配备情况进行摸底和排查，定期统计各综合档案馆档案人员需求状况，积

极向省委报送用人需求计划和特殊人才引进方案，多措并举引进档案或相关专业人才，优化人才结构，提高队伍素质。同时，要加大档案干部遴选、招录力度，优先考虑调任优秀青年干部，为四川省各级综合档案馆补充专业人才，切实解决档案人才队伍年龄结构和知识结构青黄不接的现象。

另一方面，要建立健全的绩效评价体系，是优化人才队伍结构的活力之源。评价体系应包括定期的绩效评估和奖励制度，定期的绩效评估应基于工作目标、工作绩效、专业素养、团队合作等方面进行，以全面客观的方式评估干部职工表现。在奖励制度方面，应该采用差异化奖励机制，即对表现优秀的干部职工给予更多的激励，从而增强其积极性和创造性。对于长期在档案馆工作的干部职工，还应该实行持续的职业发展和培训计划，以提升干部职工的专业能力和职业素养，同时也提高干部职工的归属感和忠诚度。同时，需要制定针对不同层次、不同类型人才的职业发展规划和岗位晋升方案，提供有竞争力的薪酬待遇和福利体系，吸引和留住优秀的人才。

（二）聚焦功能需求，迎合数字时代能力素质要求

在当今信息化时代，数字化已成为档案管理领域不可逆转的趋势。为适应数字化转型的需要，四川省各级综合档案馆需要通过提高干部职工综合素质、促进跨学科融合、提升干部职工信息处理能力和建立科学的教育培训体系来实现全面数字化转型。

跨学科融合是推动档案人才全面发展的关键，档案工作涉及历史、法律和信息技术等多个领域的知识，要求档案人才具备跨学科的知识储备和思维方式。因此，档案馆应该采用多种策略来促进干部职工的综合素质提高。学科交叉融合是孕育新的知识增长点的重要方式，人才作为实现学科间相互交流合作的载体，可以通过搭建档案学、计算机科学、历史学、管理学等学科间的交流平台加强馆内不同学科知识的协同与融合，促进知识的相互渗透与交流。同时，也可以引入其他职业领域的思维模式和方法论，启发档案工作人员跨越职业边界进行创新思维和解决问题的能力培养。

随着信息技术的快速发展，数字化已成为档案管理领域不可逆转的趋势，为了实现数字化转型，四川省各级综合档案馆应重视信息处理能力的培养，以提升数字化水平为目标。为了提高干部职工的信息处理能力，四川省各级综合档案馆应该开展系统性的信息技术培训，引导干部职工了解信息化技术在档案数字化中的应用和

作用。① 此外，四川省各级综合档案馆应该加强信息化设备的更新和升级，以满足数字化工作的需要。通过提高信息处理能力和设备更新，干部职工可以熟练掌握数字化处理技能，提高数字化质量和效率，推进档案数字化转型。

建立科学的教育培训体系，提升干部职工综合素质。四川省各级综合档案馆应建立符合馆内人才队伍建设现实需求的内部培训体系，积极为档案工作人员提供专业技能培训、职业素养提升和学习交流机会。同时结合岗位职责和业务流程，开展职业素养和个人成长方面的培训，激发干部职工的工作热情和创造力。通过建立科学的教育培训体系，四川省各级综合档案馆可以更好地满足干部职工的培训需求，提高干部职工的素质和能力，为数字化时代的档案管理奠定坚实基础。

（三）着眼流动现象，留住川渝地区优质人才资源

党的二十大以来，党中央将人才发展体制机制改革摆在新时代人才工作的突出位置，制定实施《关于深化人才发展体制机制改革的意见》②，大力破解人才工作体制机制障碍。四川省各级综合档案馆要根据需要和实际向用人主体充分授权，既要真授、授到位，又要确保下放的权限接得住、用得好。

一方面，科学的人才管理政策是综合档案馆人才管理工作的基础，需要建立和完善相应的管理体系和制度。首先，要加强对人才的吸引和引进，制定针对不同层次、不同领域人才的激励政策和待遇。其次，要加强对人才的培养和发展，制定科学的职业发展规划和培训计划，为干部职工提供广泛的学习和成长机会。此外，要加强对人才的评价和激励，制定公正、合理的绩效考核和激励机制，激发干部职工的工作热情和创造力，提高工作效率和质量。在制定人才管理政策时，需要考虑到档案馆的实际情况和发展需求。四川省各级综合档案馆要注重人才的结构和布局，避免过度聚焦于某些领域和层次的人才，而忽视其他领域和层次的人才的引进和培养。③

另一方面，要根据人才的特点和需求，制定差异化的管理策略，以更好地满足干部职工的个性化需求和发展要求。良好的人才文化和工作氛围是吸引和留住人才

---

① 毛国兰.新形势下关于档案信息化建设存在的问题及建议［J］.办公自动化，2023（8）：49-51.
② 新华社.中共中央印发《关于深化人才发展体制机制改革的意见》［EB/OL］.（2016-03-21）［2023-05-13］.https：//www.gov.cn/xinwen/2016-03/21/content_5056113.htm.
③ 杨文，姚静.档案学科建设与人才培养的数字转型——基于图书情报与档案管理一级学科更名为信息资源管理的思考［J］.图书情报工作，2023（1）：99-107.

的重要因素，也是日常管理工作的重要内容。首先，四川省各级综合档案馆应加强对人才的宣传和形象塑造，营造出尊重人才、关心人才的良好氛围。其次，四川省各级综合档案馆要建立健全团队文化，促进干部职工之间的交流和合作，培养良好的团队精神和合作意识。此外，还要加强对干部职工的关怀和照顾，营造温馨工作环境，让干部职工感受到家的温暖，增强干部职工的归属感和凝聚力。同时，四川省各级综合档案馆应该建立并坚持"以人为本"的管理理念，为干部职工提供更广阔的发展空间和机会，重视干部职工的专业素养和价值观念，注重干部职工的个性发展和职业生涯规划，鼓励干部职工发挥潜力和创造力，使干部职工充分感受到四川省各级综合档案馆的温暖和关怀。

五、结语

总体而言，四川省各级综合档案馆在档案人才队伍建设过程中，秉持全方位培养用好人才的思想，顶层设计布局合理、教育培训有序推进、人才活力竞相迸发，不断聚天下英才而用之。水积而鱼聚，木茂而鸟集。针对人才队伍建设过程中的结构性不均衡和功能性不健全的问题，四川省各综合档案馆应牢牢把握战略主动，做好人才队伍建设的顶层设计和战略谋划，关注结构问题，实现人才队伍均衡协调发展；聚焦功能需求，迎合数字时代能力素质要求；着眼流动现象，留住川渝地区优质人才资源。持续以人才为本、信任人才、尊重人才、善待人才、包容人才，走好档案人才培训之路、着力拓宽人才引进渠道、不断激发人才工作活力①，用好、用活各类人才，让复合型档案人才遍布川蜀大地，助力四川省档案事业持续焕发新生机。

---

① 梁健.新时代档案人才队伍现代化建设研究［J］.兰台内外，2023（12）：39-41.

案 例 编

多源共建，多元宣传，积极探索服务政治建设和党的建设

——四川省档案馆服务重大活动成果案例

【案例背景】

　　档案工作担负着存史资政育人的重要职责，政治定位、政治特质、政治功能十分鲜明。近年来，四川省档案馆认真贯彻新时代党的建设总要求，坚定不移推进全面从严治党，强化党的创新理论武装，学懂弄通做实习近平新时代中国特色社会主义思想，深入贯彻习近平总书记对档案工作重要指示批示精神，紧紧围绕党委政府中心工作，创新服务方式、丰富服务内容、拓展服务范围，积极探索服务政治建设和党的建设的工作路径，取得明显成效。

【案例描述】

　　近年来，四川省档案馆充分利用档案资源，深挖档案文化内涵，围绕改革开放40周年、中华人民共和国成立70周年、中国共产党成立100周年、党的二十大等重要历史节点开展各类党史理论学习和爱国主义教育活动，在服务政治建设和党的建设中发挥了独特作用，取得了明显成效。

　　一、用好用活红色档案，服务党内集中教育

　　服务"不忘初心、牢记使命"主题教育。四川省档案馆为配合"不忘初心、牢记使命"主题教育，主动对接中央档案馆国家档案局，获得"不忘初心、牢记使命"档案文献展在四川的承办权。在准备阶段，四川省档案馆宣教处与保管处组成展览小组，分赴中央档案馆和巴中、达州、南充、甘孜、雅安等市（州）进行材料采集，查阅省档案馆档案文献资料。在筹办阶段，四川省档案馆加强解说员培训与交流学习，在展览设计中充分考虑主题教育活动的场景设计，为参观者提供了现场理论学习、重温入党誓词的场所，办展、解说、接待水平和质量受到参观者高度称赞。展览开放期间，四川省档案馆主动汇报争取省委主题教育领导小组办公室下发《关于

组织参观"不忘初心、牢记使命"主题教育档案文献展的通知》，扩大宣传、参观范围；编印展览宣传折页，向有关部门发出参观邀请函；扎实有序做好展览的预约参观和接待服务工作；展览于 2019 年 6 月的"不忘初心、牢记使命"主题教育开始后正式对外展出，共接待参观者 737 个单位、22400 余人次。

服务党史学习教育。四川省档案馆坚定做好档案工作的历史自信，用好红色资源，深入开展社会主义核心价值观宣传教育，弘扬以伟大建党精神为源头的中国共产党人精神谱系。五年来，四川省档案馆及时更新调整爱国主义教育基地"百年四川"相关展陈内容；充分联合省委办公厅、省委宣传部、省委党校、省直机关工委等单位和四川日报社等媒体机构联合举办新时代四川省机关党的建设成就展等各类档案文献展，不断优化建设爱国主义教育基地，主动开发"展览预约"微信小程序，方便更多单位和观众在线预约；培养建立"巾帼党员讲解队"，实现省直机关省级单位各类党史教育服务展览观展全覆盖。此外，四川省档案馆开发、利用好馆藏红色档案资源，推出多元红色档案编研成果，包括《黄河源头·长征记忆》书籍、《四川党的建设》红色档案故事专栏系列文章、档案见证党史"五个一"特色课程等，为党史学习教育贡献档案力量。

二、紧扣重要时间节点，推出档案文化精品

服务中华人民共和国成立 70 周年庆祝活动。四川省档案馆主要围绕两项重大活动服务开展新中国成立 70 周年庆祝活动。一是参与省委、省政府主办，省委宣传部等承办的"壮丽 70 年阔步新时代——四川省庆祝新中国成立 70 周年大型成就展"，主要负责展陈大纲修改、重大事件梳理、文稿审定等工作，并协助省政协查阅、复制参展照片。二是举办"四川解放"档案文献展，该展览以档案文献为载体，以图文展示为主，共展出档案 134 件，具体分为"挺进西南、解放四川""建立政权、发展经济"两部分，集中展示了中国人民解放军解放四川的光辉历程和经济发展所取得的巨大成就。

服务中国共产党成立 100 周年庆祝活动。积极联合相关机构、单位、平台举办建党百年主题教育活动，四川省档案馆承办由中央档案馆、新华通讯社主办的"百年恰是风华正茂"主题档案文献展，展出珍贵档案文献 500 多件，生动展现中国共产党的奋斗历程和伟大成就，为全省党史学习教育和"四史"宣传搭建生动课堂；与省委宣传部等部门共同承办由省委主办的以"壮丽史诗、伟大飞跃"为主题的四川省庆祝中国共产党成立 100 周年主题展览，利用 1200 余张历史图片和 400 余件实物再现了各个历史时期共产党人在四川不忘初心、砥砺前行的伟大实践和推动巴蜀大地发生的历史性巨变；与成都博物馆探索文博档案资源共享合作途径，共同举办"红星耀蓉城·百年铸辉煌"展览，通过 270 余件（套）档案、文物及实物资料，较为全面地展现了中国共产党百年奋斗史中的成都时刻；与"学习强国"四川平台联合推出"红色百宝"专栏 3 期；与成都电视台合作拍摄制作《蓉城先锋》《新天府会客厅》特别节目；与"四川新闻网"联办云宣讲专栏，播放 70 余部红色档案微视频。

迎接服务党的二十大。2022 年"6·9"国际档案日期间，四川省档案馆组织全省档案馆，以"喜迎二十大·档案颂辉煌"为主题，开展"百馆联动、千人读档、万人观展"系列活动，进一步普及档案知识、增强社会档案意识、扩大档案工作影响力、展示档案工作成效，为党的二十大胜利召开营造浓厚氛围。一是通过百馆百项活动集中展示、百馆风貌风采集中展播、百馆问计于民集中打卡、百馆优秀案例集中推介，集中发布全省档案馆国际档案日 351 项主题活动，汇总全省 205 个档案馆的基本情况、形象照等，全景展示全省档案馆风貌和档案人风采。二是与邓小平故居陈列馆、川陕革命根据地红军烈士陵园管理局、四川长征干部学院阿坝雪山草地分院合作，联动全省档案馆，联合"学习强国"四川学习平台、"兰台之家"强力推出，以资源整合、社会互动、广泛参与的方式，发动社会公众参与"千人读档"线上读档接力活动，汇集红色档案文化合力。三是以开展公众开放日、媒体开放日为主要形式的"万人观展"活动，带动全省档案馆组织参观档案文献展览、开设档案文化讲座、开展红色档案研学等线下活动，以及在线展览、网络直播、档案知识网络竞答、发布档案文创产品等线上特色活动。

三、深耕川渝红色资源，助力成渝地区双城经济圈建设

2020 年 5 月 9 日，四川省档案馆与重庆市档案馆签署《助力成渝地区双城经济圈建设合作协议》。截至 2022 年，双方先后召开两次联席会议，在档案资源建设、档案利用服务、档案文化宣传、红色档案开发等方面开展业务交流与研讨，联合开展"印记 100"川渝地区档案馆建党百年档案宣传系列活动并举办成渝地区双城经济圈建设项目档案业务培训班、川渝地区档案馆爱国主义教育基地讲解员风采大赛等，协同助力成渝地区双城经济圈建设，为推进国家战略落地落实贡献档案力量。"印记 100"川渝地区档案馆建党百年档案宣传系列活动在全国档案局长馆长会议上得到中央档案馆国家档案局馆局长肯定。在档案编研方面，四川省档案馆组织 15 个市（州）档案馆积极参与《成渝地区双城经济圈城市概览》编撰，形成省档案馆牵头、市（州）

档案馆积极参与配合的良性合作方式。在档案利用服务方面，川渝区域网络共享平台构建协同开发通道在归集数据、接入端口、电子证照共享互认等方面的加速发展为推动档案信息服务平台整合贯通创造了良好条件。

【案例分析】

四川省档案馆勇于担当、积极作为，不断增强拥护"两个确立"、做到"两个维护"的政治自觉、思想自觉和行动自觉；主动围绕中心、服务大局，充分发挥红色档案资源独特作用，教育引导广大党员干部传承红色基因、赓续红色血脉、汲取奋进力量，更好地满足政治建设与党的建设对档案信息和档案文化的需求。具体分析如下：

紧密结合历史节点服务中心大局。四川省档案馆增强"四个意识"、坚定"四个自信"、做到"两个维护"，在思想上政治上行动上坚决同以习近平同志为核心的党中央保持高度一致，围绕改革开放 40 周年、中华人民共和国成立 70 周年、中国共产党成立 100 周年、党的二十大等重要历史节点开展政治建设与党的建设主题教育展览，充分挖掘馆藏红色档案价值，找准历史档案与现实需求的结合点，借助贴近群众、贴近生活、贴近实际的创意传播方式宣传阐释党的百年奋斗重大成就和历史经验，展现党和国家事业的新变化新面貌新气象，不断激励广大干部群众和青年一代感悟红色文化、传承红色基因，厚植爱党爱国情感，不仅为重大活动胜利召开营造浓厚热烈氛围，更能有效提高社会档案意识，进而更好地发挥档案存史资政育人的作用。

多源共建确保红色资源丰富完整。红色档案资源具有鲜明的地域性特征，长期处于分散保存、多源异质的状态，资源数据重复、数据孤岛等问题层出不穷，一定程度上割裂了对区域整体革命历史发展的理解与意义的阐释。一方面，四川省档案馆深度融入成渝地区双城经济圈发展战略，融合川渝地区红色档案资源开展"印记100"——川渝地区档案馆建党百年档案宣传系列活动、"解码巴蜀红色珍档"专栏等跨区域协作开发，实现川渝地区红色基因一体化传承；另一方面，四川省档案馆强化主体协同，根据重大活动主题聚合多机构的红色档案资源优势与人员优势。新修订《档案法》第十八条明确规定，档案馆与博物馆、图书馆、纪念馆等单位应当在档案的利用方面互相协作。基于此，四川省档案馆与博物馆、陈列馆、党史馆等多机构开展合作，全方位、深层次、多角度讲述有特色的红色档案故事。

多元宣传构建重大活动档案传播矩阵。进入互联网时代，面对信息获取方式与感官刺激类型的极大丰富，公众愈发关注知识获取的有效性，同时对档案开发利用成果亦提出了更高要求。《重大活动和突发事件档案管理办法》明确规定，重大活动和突发事件档案工作应当积极运用新技术、新手段，不断提升信息化管理水平。一方面，四川省档案馆注重新媒体、新技术、新平台运用，在档案宣传上由静态转为动态，由单一变为多元，积极联合学习强国、四川新闻网、四川日报社、成都电视台等媒体平台，制作并发布党课、纪录片、微视频等优秀作品，尝试通过直播实现线上观展，社会效应显著，民众反馈良好，档案品牌影响力逐步上升，宣传矩阵初步搭建；另一方面，四川省档案馆不断创新档案资源传统开发形式，探索被更多社会公众接受和喜爱的档案文化服务，通过围绕重大活动结合时事开辟期刊专栏文章，在爱国主义教育基地档案文献展和党史教育活动主题展览中尝试引入数字人文技术手段进行场景设计，服务各类重大活动出版相关编研成果等，既能满足不同受众群体对档案资源的利用需求，更能显著增强重大活动档案的服务价值效力，为弘扬伟大建党精神贡献档案力量。

【案例启示】

2021年6月9日，中共中央办公厅、国务院办公厅印发《"十四五"全国档案事业发展规划》，明确指出"积极探索知识管理、人工智能、数字人文等技术在档案信息深层加工和利用中的应用""深入挖掘红色档案资源……传承红色基因"。如何充分挖掘红色档案，写好这本传承红色基因、赓续红色血脉、建构红色记忆最为真实且生动的教科书成为我国各级综合档案馆现阶段最重要的工作之一，因此，探索档案馆服务党的政治建设工作具有重要现实意义。四川省档案馆以服务中心、多源共建、多元宣传为工作模式，充分发挥红色档案的存史资政育人价值，在开发利用馆藏红色档案资源，弘扬以伟大建党精神为源头的精神谱系，服务党和国家中心大局工作开展，持续推进党史学习教育常态化等工作中积累了许多可供推广的先进经验。

在做好新时代档案工作中把牢政治方向。四川省档案馆始终牢记"档案工作姓党"的政治属性，把捍卫"两个确立"、做到"两个维护"作为最高政治原则和根本政治规矩，从思想上政治上行动上同以习近平同志为核心的党中央保持高度一致。在此基础上，四川省档案馆深入学习贯彻习近平总书记对档案工作的重要指示批示精神，持续加强政治能力建设，带动全省各级综合档案馆在档案保管、开发、利用、宣传上把政治标准放在首位，强化政治把关，注重政治效果，在服务党和国家中心工作中尽到政治责任。

在红色档案开发利用工作中树立创新思维。习近平对档案工作的重要指示批示精神充分凸显推动档案事业创新发展的重要性。基于此，四川省档案馆围绕重大历史事件和重要历史节点，积极探索更易于大众理解、更具打动人心力量的档案呈现方式与档案文化产品，在潜移默化中赓续红色血脉、传承红色基因。同时，创新思维对档案馆工作人员的服务意识和产品意识提出了更高的要求，启发档案馆应与各地博物馆、陈列馆、党史馆保持密切联系合作，在学习与交流中不断提升红色档案工作的服务性。

在服务重大活动档案工作中发挥多元价值。利用新媒体、融媒体宣传服务重大活动档案工作旨在借助新媒体技术创新档案馆的服务形式，提高档案馆的服务质量，充分发挥档案在重大活动中的多元价值，打造综合档案馆档案文化品牌。新修订《档案法》第三十四条明确规定，"国家鼓励档案馆开发利用馆藏档案，通过开展专题展览、公益讲座、媒体宣传等活动，进行爱国主义、集体主义、中国特色社会主义教育，传承发展中华优秀传统文化，继承革命文化，发展社会主义先进文化，增强文化自信，弘扬社会主义核心价值观"。随着互联网技术的发展，社会公众对知识的获取不再局限于官方，个人、组织、机构都是信息的生产者和传播者，唯有充分协调好原有宣传模式与新兴媒体平台，才能最大程度扩大其影响力，让更多公众通过档案重温红色记忆，自觉成为中国特色社会主义文化的弘扬者、传承者。为此，以四川省档案馆为借鉴，各级各类档案机构可以紧跟数字技术和新媒体技术的迭代发展，选择恰当的媒体组合，加快档案宣传矩阵构建，助推新时代档案事业实现高质量和现代化发展。

加强政治教育和理论学习，提升实操演练和业务能力

——四川省档案学校档案干部培训工作案例

【案例背景】

四川省档案学校是我国唯一一所新型、正规、专门的档案类中等专业学校，是全国档案系统重点中专、省部级重点中专，同时也是四川省档案干部教育培训基地。近年来，省档案学校以习近平新时代中国特色社会主义思想为指导，坚持"立足本省、辐射周边、走向全国"的工作思路和以人为本的人才队伍建设要求，把加强政治能力建设贯穿到全链条人才培养中，弘扬档案系统的优良传统和作风；以提高专业化水平为主线，拓宽培养渠道，加大人才培养力度，努力开创档案人才工作新局面，为全省档案事业高质量发展提供人才支撑。

【案例描述】

第一，培训工作介绍。四川省档案局 2008 年 9 月批准学校成立四川省档案干部教育培训基地，承担档案干部教育培训任务。四川省档案干部教育培训基地是档案专业技术人员补充更新知识、拓展知识结构、强化实践操作技能、提高综合素质的教育培训机构，是我省档案专业人员的唯一省级教育培训平台。通过政治建设和创新实践，该学校努力为全省档案事业的高质量发展提供人才支撑。2013 年开办电子文档管理实训、科技档案实训、理论学习等课程。2014 年四川省委党校举办"第一期全省档案系统领导干部培训班"、贵州省重点建设项目档案管理人员培训班、南充市档案基础业务培训工作、凉山州机关单位档案人员业务培训班。2015 年在四川电大教育宾馆举办"全省企业事业单位档案工作规范化管理培训班"。2021 年举办全省档案基础业务操作培训班、脱贫攻坚档案管理暨乡村振兴档案工作专题培训班、全省企事业单位档案业务培训班、全省项目档案业务培训班等。2022 年举办全省档案工作规范化管理培训班。省档案学校开展针对档案干部的培训工作，旨在提高他们的政治素养、业务能力和服务意识。该培训工作包括政治教育、理论学习、实操演

练等多种形式，以满足参训学员的学习需求。

第二，培训工作目标。省档案学校档案干部培训工作的目标是锤炼档案干部的忠诚干净担当的政治品格，提高他们的专业水平和服务能力。通过政治教育和理论学习，培养参训学员的政治意识、理想信念和责任担当，同时注重实操演练，提升他们在档案保管、开发、利用、宣传等方面的业务能力。

第三，培训工作成效。通过该培训工作，省档案学校档案干部培训取得了显著的成效。2018—2023年共举办档案培训班137期，培训干部23417人。其中，2018年31期，培训干部5404人；2019年32期，培训干部5238人；2020年23期，培训干部3472人；2021年22期，培训干部3888人；2022年15期，培训干部2873人；2023年上半年14期，培训干部2542人。全省性档案培训是学校培训的主体，其次是服务省内市（州）县区档案行业举办的培训班，承接国家档案局、省外培训为辅，培训服务范围覆盖四川、重庆、贵州、西藏、新疆、河南、河北、广东、江苏、江西、甘肃、山东、海南、湖北、青海等省（市、区），充分体现了学校的档案培训立足四川、辐射周边，积极为四川档案事业发展做贡献的指导思想。一方面，提升学员政治意识和理论水平。参训学员的政治意识和理论水平得到提升，进一步增强了对党的路线、方针、政策和科学理论的理解和把握。另一方面，提高档案干部的业务能力。档案干部的业务能力得到提高，能够更好地开展档案保管、开发、利用、宣传等工作。培训工作紧密结合实际需求，注重解决实际问题，参训学员在实际工作中能够有效应对挑战和提供更优质的服务。

【案例分析】

省档案学校档案干部培训工作多措并举，在加强政治建设、创新培训方式、丰富培训内容、强化规范管理等方面取得许多先进经验。

一、加强政治建设

与学习习近平总书记重要指示批示精神相融。省档案学校将习近平总书记对档案工作重要指示批示精神作为各培训班次必修课，如四川省档案馆主要负责同志在2022年全省机关事业单位档案业务培训班（在线）上面向全省作《全面贯彻落实习近平总书记重要批示精神　续写新时代档案事业发展新华章》辅导报告。2022年5月17日四川省档案干部教育培训基地举办2022年全省档案信息化建设培训班，培训首要内容是学习习近平总书记关于新时代档案工作的重要批示精神。省档案学校档案干部培训工作与学习习近平总书记重要指示批示精神深度相融，为广大档案工作者深入学习批示精神提供了路径，切实提升了全省机关事业单位档案人员的政治思想高度。

与主题教育相融。省档案学校将党史学习教育纳入档案人才培养计划，始终强调"档案工作姓党"的政治属性，增加了党史学习教育专题讲座，丰富拓展了红色教育、党史学习教育现场教学等课程。通过党史学习教育理论学习和现场教学，学习党的路线、方针、政策和科学理论，进一步强化参训学员政治意识、理想信念、初心使命，不断增强参训学员政治能力、理论武装、为民宗旨、责任担当，学党史、悟思想、办实事、开新局，使档案业务工作始终保持正确的政治方向，切实推进全省档案事业走向依法治理、走向开放、走向现代化。

与政策理论相融。落实全国档案局长馆长会议和四川省委关于档案工作的要求，与聚焦服务四川省深入推进创新驱动引领高质量发展、奋力推动新时代治蜀兴川再上新台阶的目标结合起来，教育参训学员在档案保管、开发、利用、宣传上把政治标准放在首位，善于从政治上考量，强化政治把关，注重政治效果，在服务党和国家中心工作中尽到政治责任。

二、创新培训方式

形成新思维。省档案学校变被动等待为主动跟进，着眼于发挥档案干部培训服务省委、省政府中心工作、服务干部的作用，紧扣党委、政府关心的问题，组织授课老师长期跟踪研究新理论、新政策，做好参训需求调研，充分了解送培单位要求和参训学员的学习需求，正确定位和把握培训方向，科学设计、精心组织、从严管理，提升培训质量。

运用新方式。四川省档案学校不断增强市场服务意识，想送培单位所想，急送培单位所急，继续"点菜式"授课模式，积极探索线上＋线下的培训模式。为送培单位、参训学员量身定制培训方案，最大限度满足其需求。近年来成功举办全省综合性业务培训班、档案基础业务操作培训班、档案业务能力提升培训班67期；加强与全省各市（州）、县（市、区）档案局、馆的培训合作，先后与凉山州、阿坝州、巴中、泸州、宜宾、简阳等市（州）县区联合举办47期专题培训班，其中凉山州和宜宾培训班是采取了送培到基层的合作模式；和西藏自治区档案局、贵州省地矿局、青海省果洛州档案局、海南省档案局、湖北省档案局保持良好合作关系，联合举办档案干部培训班。

请来新面孔。针对精品课程人才缺乏实际，充分考虑到纵向层次和横向专题的需求，采取"请进来"的办法，不断充实、强大、更新培训师资库，达到177人。师资力量雄厚，有中央档案馆国家档案局，各省、市、州、县、区档案局、档案馆的领导和专家，有高校知名教授，有行业（企业）档案专家，有省档案学校教学骨干。根据不同专题、不同层次的培训项目请进授课老师，确保每期培训班都有知名专家、都有精品课程，最大限度满足参训需求。

三、丰富培训内容

理论课程实。集中优势教学资源，突出针对性、实效性，为学员提供最具吸引力、更有生动性的优质课程，以求最大程度贴近参训学干部职工作需求，跟上档案事业发展步伐。以学习习近平新时代中国特色社会主义思想、习近平总书记对档案工作重要指示批示精神辅导报告、"十四五"档案事业发展规划为重点，加强参训学员政治能力素养；以《机关档案管理规定》（国家档案局13号令）、《建设项目档案管理规范》（T28-2018）、新《归档文件整理规则》（T22-2015）、档案信息化建设等为重点，提高参训学员业务能力水平；以《保密法》学习为重点，提高参训安全保密意识；以全面贯彻落实新修订的档案法为重点，提高参训学员法律底线思维。

实操训练实。实操训练是省档案学校培训工作的亮点和特色，授课老师在理论教学的基础上对学员开展实操训练。实操训练涵盖文书档案整理、科技档案整理、电子文件归档与管理等内容。实操训练课堂上授课老师耐心进行讲解、示范、指导，让参训学员边学习、边实践，有问题边交流、边答疑，突出针对性、指导性和可操作性。通过实训，切实让学员将理论学习落实到实践操作中，真正熟悉档案整理的整个流程，大大提高了培训效果。

现场教学实。根据培训专题需求，组织学员现场教学。现场教学包括红色教育现场教学、参观档案数学化加工现场，参观数字档案馆（室）建设等。现场教学丰富了培训内容，加强了学员和外界的沟通交流，拓展了学员的视野，提高了学员素养。

考核内容实。在培训考核过程中，针对不同专题，不同层次的培训项目采取多种考核方式，有档案基本知识理论书面考试，有档案工作基本操作如分类、整理、装订等技能考核，有授课老师的随堂考查，还有心得分享，学习总结方面的考核。通过考核，促使学员好学、学好，学有所获、学以致用。

四、强化规范管理

学员管理细。培训前精心准备，认真做好报名相关工作，充分了解参训学员基本情况。培训过程中严格贯彻落实中央组织部、中央纪委国家监委相关培训纪律要求，加强学员管理，切实改进干部教育培训学风，严格考勤，严格履行请销假制度，促使学员遵规守纪，转变身份，认真学习。切实提高工作人员责任意识和服务意识，服务过程中关心学员生活，学会倾听，多了解学员需求，及时解决问题，让培训工作不失温度。每期培训结束后，做好反思总结工作，做好相关资料整理归档工作。

授课管理细。课前充分了解学员情况，授课老师对待参训学员始终做到以诚相待，课前反复完善授课内容，使课堂教学更具针对性、灵活性、鲜活性和趣味性，授课过程力求口语化、通俗化，让参训学员坐得住、听得进，思想上受启迪、实践上受指导。为取得良好的培训效果，加强了对授课教师的考核及培训课程的教学监管，坚持做好培训班教学课后测评工作，根据反馈不断提升改进教学质量。

安全管理细。培训前，做好新冠疫情防控方案及各项准备工作。培训中，从严管理与温馨关怀并重，做好参训学员健康登记、体温检测、会场、餐厅、住房消杀等工作，严格履行学员请销假制度，坚持学员签到考勤制度，及时了解班级各类突发情况，并积极妥善处理，牢牢守住培训工作安全底线。培训后，认真总结疫情防控薄弱环节，调整优化方案改进防控措施。

【案例启示】

通过政治建设和创新实践，省档案学校的档案干部培训工作取得了显著成效，为全省档案事业的高质量发展提供了有力的人才支撑。在档案干部培训工作中，要注重政治建设，创新培训方式，丰富培训内容，以提高档案人员的专业水平，推动档案事业的发展。

首先，政治建设是重要基础。政治建设是档案干部培训工作的重要基础，加强政治教育和理论学习，有助于提高档案干部的政治意识和理论水平。省档案学校的档案干部培训工作与学习习近平总书记重要指示批示精神相融、与主题教育相融、与政策理论相融，落实习近平总书记对档案工作重要指示批示精神、全国档案局长馆长会议和四川省关于档案工作的要求，将红色教育、党史学习教育现场教学纳入档案人才培养计划，进一步强化参训学员政治能力、理论武装，为干部在实际工作中保持正确的政治方向、履行政治责任提供了坚实基础。

其次，创新培训方式是关键。创新培训方式是提升培训效果的关键，通过灵活运用适宜的培训模式，可以更好地满足参训学员的学习需求。省档案学校"形成新思维"，主动跟进党委、政府关心的问题，跟踪研究新理论、新政策，正确定位和把握培训方向；省档案学校"运用新方式"，采取"点菜式"授课模式，积极探索线上＋线下、量身定制培训方案；省档案学校"请来新面孔"，采取"请进来"的办法，不断充实、强大、更新培训师资库，最大限度满足参训需求。创新培训方式能够激发学员的学习兴趣，提高培训的效果。

再次，丰富培训内容是重要手段。丰富培训内容是提高档案人员专业水平的重要手段，结合实际需求，开展理论课程和实操演练，可以有效提升档案干部的业务能力。省档案学校培训"理论课程实"，为学员提供最具吸引力、更有生动性的优质课程，竭尽所能满足参训学员工作需求；省档案学校"实操训练实"，涵盖文书档案整理、科技档案整理、电子文件归档与管理等内容，熟悉档案整理的整个流程，大大提高了培训效果；省档案学校"现场教学实"，包括红色教育现场教学、参观档案数字化加工现场等，加强了学员和外界的沟通交流；省档案学校培训"考核内容实"，针对不同专题、不同层次的培训项目采取多种考核方式，促使学员学有所成。在档案干部培训中，注重丰富培训内容，结合实际需求，开展理论课程和实操演练，以提高档案干部的专业水平。

实干担当促发展守正创新谱新篇

——四川省档案科学技术研究所档案科研项目案例

【案例背景】

档案科技创新是档案事业高质量发展的技术保障，做好档案科技工作对档案事业发展具有重要意义。四川省档案科学技术研究所（以下简称省档案科研所）作为全国为数不多的档案科研机构，对于四川省档案事业的全面推进发挥了极其重要的作用。

省档案科研所成立于1984年，为四川省档案馆直属事业单位，编制数15个，内设机构3个。自成立以来，省档案科研所始终坚持党对档案工作的领导，着力破解档案工作遇到的新情况、新问题。目前，省档案科研所专业技术人员共7名，副研究馆员3名，馆员4名，其中硕士研究生6名，全省档案专业人才库入选两名（档案工匠1人、青年档案业务骨干1名）。

【案例描述】

按照"科研立所"的指导思想，在档案保管保护和档案信息化建设方面进行科学研究永远是省档案科研所工作的主题和使命。省档案科研所在档案科研方面的主要做法：一是围绕档案事业发展的需要，结合自身能力实际，独立自主或与高校、市县档案馆、社会化公司合作，积极探索科研课题，向国家档案局、省科技厅、省档案局申报课题项目。二是把重点研究课题与四川省档案事业"十四五"发展规划相结合，重点在档案资源体系、档案利用体系、档案信息化体系等档案工作重点领域选育重点课题。三是探索建立专业技术干部业务学习、调研学习制度，通过规定专业技术干部每年到立档单位或基层档案馆室学习调研达标时间，推动技术干部深入工作一线，积累工作实践经验，在实际工作中寻找研究方向、贮备研究课题、规划申报项目。近三年来，省档案科研所向国家档案局申报科技项目三项，其中批复立项二项；向省科技厅申报获批基本科研项目三项，科技成果转化项目两项，共获得省科技厅 100 多万元项目资金支持；同时，省档案科研所根据省档案局、省档案馆重点工作，所内立项研究项目三项。

【案例分析】

在四川省档案馆的坚强领导下，省档案科研所深入贯彻落实新发展理念，坚持"科研立所、服务兴所、人才强所、开放活所"的发展思路，统筹推进各项工作高质量发展，在服务全省档案事业发展大局中积极作为、实干担当，助力档案事业创新发展。

一、守正创新，以科研工作引领事业发展取得新成果

2022 年，省档案科研所申报了《基于国产操作系统的档案管理系统研究》项目，并获得四川省科技厅基本科研项目资金资助。该项目是总结实际使用中的经验后，完全自主研发并适配国产处理器、国产操作系统的自主可控环境下档案管理系统，省档案科研所拥有完全独立的知识产权。项目取得的成果"基于国产操作系统的档案管理系统"可运行于统信桌面操作系统、银河麒麟桌面操作系统，与基于Windows 操作系统的档案管理系统数据兼容，档案数据能够在各操作系统之间无缝迁移。该系统已成功上架到统信桌面操作系统和银河麒麟桌面操作系统的软件商店，机关企事业立档单位都能够从操作系统的软件商店中免费下载安装使用。

随着档案库房内用电设备的增多，档案库房的用电安全问题日益重要。省档案科研所申报了《基于物联网技术的档案库房环境监控技术》项目，并获得了省科技厅成果转化项目资金资助。该项目将档案库房用电安全功能整合到档案库房温湿度监控系统中，并通过物联网技术实现远程查看实时情况、历史记录和调控档案库房的温度、湿度和控制供电。系统包含设备终端、物联网云平台和移动应用，具有全天候自动化记录、分析、调控等特点。系统的使用可以减少档案库房管理人员的劳动量，对档案库房的防火、防潮、提高档案库房温湿度达标率以及延长档案寿命等都起到了积极作用，该系统具有广阔的实际应用价值。

在全面推行绿色发展、生态发展的大背景下，省档案科研所与宜宾森禾档案病虫害防治有限公司强强联手，向国家档案局申报立项了《运用植物基复合剂进行档案（库）绿色环保杀虫灭菌新技术的研究》项目。该项目针对纸质文物和档案消杀和保存特点，依托四川省天然油樟资源，研究出了基于油樟生物复合剂的防虫、防霉、防潮于一体（"三防合一"）的绿色防治方法。该复合剂是由油樟、薄荷等多种纯天然植物的叶、根藤经过蒸馏萃取加工制成的纯植物基复合剂，通过低剂量循环

熏蒸技术和缺氧密封技术，达到环保杀虫灭菌的效果。该方法杀虫灭菌效果显著［抑菌效果：灭杀率（%）≥99.9%；杀虫效果：死亡率（%）=100%］，对人体健康和环境友好，对纸张性能无明显损伤（处理前后色度变化≤±5.5%，抗张强度变化≤±5.5%，耐折度变化≤±5.5%），可对档案库房进行整体消杀，先后对宜宾市博物院、宜宾市档案馆等多家档案库房进行了杀虫灭菌应用。

二、实干担当，以科技服务开辟事业发展新天地

省档案科研所坚持科研和服务并重的工作原则，积极面向档案行业，适应社会需求，大力开展成果转化和档案事务服务工作。一是把加快转化已有的相关研究成果作为服务档案事业的重要内容，抓实抓好，做大做强。侧重做好了"馆室一体化档案管理系统""基于物联网技术的档案库房环境监控系统""RFID技术在档案高密度智能化储存中的应用""智能低温冷冻库在档案杀虫中的应用""档案数字化数据质检应用系统""植物基复合剂进行档案（库）绿色环保杀虫灭菌新技术"等科研成果直接面向基层企事业单位、基层档案馆室的推广应用，取得了较好的社会效益和经济效益。二是面向省直单位和县（市、区）档案部门大力开展档案整理、档案数字化、档案信息化技术咨询服务，应约上门多个省直单位进行档案专业项目事务咨询服务，对重点省直机关开展免费档案科技服务达10家之多，服务全省档案管理软件用户上万家，做好了全省电子文档管理软件的日常维护和技术答疑工作，积极服务于档案行业重点难点工作，充分发挥科技支撑职能。

三、夯实平台，以基础建设保障事业发展新依托

省档案科研所采取合作建设、独立建设等多种形式，争取财政、科技等多渠道资金投入先后建成了国家开放档案数据共享服务平台西南分中心、标准化智能化数字档案室、档案冷冻杀虫库、档案纸张脱酸技术装备实验室，积极改善档案科研基础条件，为科研项目工作的开展创造较好的硬件条件。目前，省档案科研所已建成了较为先进的档案信息化技术实验室、档案保护技术实验室、档案智能低温冷冻杀虫库、实体档案保管与技术应用实验库（档案寄存中心），投入建设资金配备了较为先进的实验仪器设备，能基本满足实验需求，支撑科研工作发展。

【案例启示】

省档案科研所将以《四川省档案馆"十四五"规划》为指导，以建设一流的省

级档案科研机构为总目标，力争到 2026 年，省档案科研所实验室建设和学科建设更加科学合理，科研项目研究积极性增强，科研立项和研究内容更加切合档案事业需求，创新能力显著增强，切实发挥促进四川档案科技发展骨干引领作用，不断解决四川省各级综合档案馆事业发展中重大共性技术问题；科研成果转化效率显著提高，档案科技服务平台建设运转成熟，能有效服务于省档案馆、省直机关档案室、地方档案馆事业发展的诸多技术需求。

首先，强基础，加强学科建设和实验室建设。制定实验室、研究室建设方案，围绕核心职能和科技发展需求，持续加强对档案保护技术和档案信息化技术等学科方向的建设。以应用基础和应用技术研究为主、兼顾基础研究为建设方向，形成优势明显、促进创新、契合需求的现代档案学科体系。制定实验室建设方案，高效利用财政资金和积极争取专项建设资金，开拓横向资金渠道，加大对相关实验室的建设投入，重点建设好档案保护技术实验室和档案信息化技术实验室，使其设备和技术应居于省级档案科研院所一流。

其次，抓主业，加强科研项目建设。依据四川省各级综合档案馆事业的发展需求，遵循档案保护技术研究档案信息化技术研究的工作方向，切实在档案接收与利用、档案的整理与鉴定、档案的保管与保护、档案数字化、档案信息化项目建设、档案信息资源一体化、平台化利用等档案馆事业发展的具体业务领域，准确把握档案馆事业发展的科技需求，凝练重大共性技术问题，研究提出解决措施与方案，提供技术指导，发挥智力支撑作用。

再次，固团队，加强科研人才团队建设。根据实验室、研究室建设方案，制定人才团队建设规划。创造必要的工作和生活条件，引进领军人才；完善各类人才激励措施；制定研究项目编制外工作人员聘用管理办法。以人才引进培养、科研方向凝练、科研条件建设等为重点，培育骨干科研人才。改革科研人员管理制度，探索建立技术人员弹性工作制，建立以研究课题数量与质量为主的考核机制。改革完善科技奖励措施，不断提高团队创新能力；探索建立由团队（课题）带头人负责科研事务、按规定程序选人用人、核批项目经费的项目责任人负责制。

以档资政，服务大局，助推档案工作提质增效

——成都市档案馆创新建立档案"大资政"工作模式案例

【案例背景】

成都市档案馆提出"1234工作思路"，核心是"两个转型"。一是从工作角度而言，由"重馆藏"向"重开发利用"转型；二是从人员角度而言，由"保管员"向"研究员"转型，让档案"活"起来、"用"起来。具体来说，"1"，即用习近平总书记针对档案工作提出的"四个好""两个服务"（把蕴含党的初心使命的红色档案保管好、利用好，把新时代党领导人民推进实现中华民族伟大复兴的奋斗历史记录好、留存好，更好地服务党和国家工作大局、服务人民群众）作为工作基本遵循；"2"，即大力推进"两个转型"；"3"，推动依法治档、高效用档、人才强档；"4"，即结合档案馆当前的一些问题和薄弱点，推动4个工程的发展——"补链强链""提质转化""品牌建设""安全底线"。"1234工作思路"得到上级部门认可，成都市委书记施小琳同志予以肯定性批示，属于成都市档案馆历史上的第一次（"一把手"对档案工作进行批示）。

做好资政参考工作是提质转化工程的重要内容。资政参考在档案系统内既是一个痛点，也是一个难点，成都市档案馆认为自身的思维观点、工作模式相对局限，过去的资政成果得不到领导认可。因此，为深入学习贯彻落实党的二十大精神和习近平总书记关于新时代档案事业"四个好""两个服务"重要指示批示精神，全力实施成都市档案馆"1234"工作思路，着力锻造高素质专业化兰台队伍，引领档案工作从重馆藏向重开发利用、"保管员"向"研究员"转型，不断推进档案资政工作高质量发展。2021年1月26日，成都市档案馆印发《成都市档案馆档案信息资政参考报送工作方案》，成立档案信息资政参考报送工作专班，建立工作机制，形成工作计划，量化工作任务。2022年，成都市档案馆创新建立档案"大资政"工作模式，推行档案资政参考专刊周报制度。

【案例描述】

2022 年，成都市档案馆创新建立档案"大资政"工作模式，推行档案资政参考专刊周报制度，成立由馆主要负责人为组长的领导小组，以目标管理的方式统揽全馆人员"参采、参编、参用"，采用"呈现历史＋讲好故事"的形式，每周一期，报送至市委常委、市人大常委会主任、市政协主席、副市长的工作案头。截至 2023 年 1 月，已报送 41 期，先后 9 次获得市领导的肯定性批示。特别是利用声像档案编辑形成的《成都市委工作实录》《成都市疫情防控工作实录》特色资政专刊在服务市委、市政府中心工作中取得显著成效。值得一提的是，成都市档案馆工作简报标题上注明"资政参考专刊"，明确简报主题是"唤醒档案记忆，讲好成都故事"，中间设计了一个红色 logo（刻了一个篆体字"成都档案"），此版式设计被成都市委给予高度评价。自此以后，成都市档案馆每周定期编发一期简报呈送领导。

为服务成都经济社会发展，成都市档案馆依托系统性专业研究，围绕全市工作大局，结合时政热点，推出《打造国际会展中心，再创进博事业辉煌——成都百年劝业会启示》《方寸合同，蕴含成都西门子渊源》《天府百年，不一样的"农民节"》《歼20 为什么是成都造？》等专题资政报告。依托智慧档案馆专题资政成果，成都市档案馆采取"延时服务""预约查档"、疫情防控期间开辟"绿色通道"等多种便民服务措施，不断满足市民群众日益增长的查档需求；主动融入智慧蓉城建设，推动电子档案在线接收列入成都"十四五"新型智慧城市建设规划；联合市国资委等 10 家相关市级部门全力实施民生服务工程，依托"天府市民云"开通线上档案查询服务；构建全国民生档案跨馆查询机制，实现同 35 家档案馆民生档案跨馆查询，签订异地跨馆合作协议数量在中西部地区位居前列。

随着"两个服务"融合走深走实，档案资政服务撬动成都市档案馆各项业务建设成效日益显现。编研成果《抗战时期成都市防谍肃奸档案汇编》《微"档"成都》系列丛书分别获得成都市哲学社会科学优秀成果一等奖、三等奖。在全馆参与资政专刊撰写过程中，成都市档案馆干部专业水平和研究能力得到全面提升，3 名同志在全国档案系统"三支人才队伍"选拔中脱颖而出。

《成都市档案馆"十四五"发展规划》中也提到未来要"发挥档案资政辅政作用，适时编报档案资政参考，为市委市政府重要决策和专项研究提供信息参考和历史借鉴"。未来，在党的二十大精神鼓舞下，成都市档案馆将进一步坚定历史自信、增强历史主动，践行档案"大资政"工作模式，全力打造档案工作高质量发展"成都样本"。

【案例分析】

一、贯彻根本遵循，高起点谋划档案资政

以习近平总书记关于新时代档案事业"四个好""两个服务"的重要指示批示精神为根本遵循，结合实际，紧紧围绕成都市档案馆"1234"工作计划，大力推进"资政育人"工程，高起点谋划利用馆藏档案资源，服务党委政府决策。各处室强化大局意识和系统观念，树立一盘棋思想，统筹配合，齐心协力做好档案资政参考报送工作。

二、紧扣中心工作，高质量完成撰稿任务

参与撰稿的同志紧紧围绕市委市政府"共建经济圈、打造都市圈、建好示范区、建设幸福城、办好大运会"等中心工作，切合时政热点，积极挖掘馆藏档案资源的独特价值，唤醒档案记忆，讲好成都故事，切实发挥档案资政辅政重要职能作用。

三、强化组织领导，高水平锻造干部队伍

高度重视档案资政参考报送工作，强化组织领导，合理任务分工，加强工作指导和督促，对资政稿件质量严格把关，并将档案资政参考报送任务完成情况纳入个人考核。同时，借助资政参考报送这项创新工程的推进来锻炼打造档案干部队伍，进一步发现专业人才、培养年轻干部、提高档案科研能力和水平。

2022年，档案资政工作打破了档案系统瓶颈，推动了全馆工作破题；成都市档案馆馆藏丰富，具有特色，为历史文化研究提供了丰厚资源；档案资政工作任重道远，以馆藏资源为支撑，突出档案优势，坚定"呈现历史＋讲好故事"的初心，在保持和突显品牌特色方面下功夫，充分发挥好档案资政辅政作用；各处室用好档案资政工作平台，锻炼提升青年干部专业能力，进一步推动档案工作从重馆藏向重开发利用、"保管员"向"研究员"转型。共同推进成都档案资政工作高质量发展，为奋力打造中国西部具有全球影响力和美誉度的社会主义现代化国际大都市贡献更多档案力量。

【案例启示】

在我国长期档案工作实践中，档案资政服务一直是重要内容之一。随着经济社会迅速发展，政府决策民主化、科学化要求愈发严格。档案资政为政府决策工作注入活力的同时，也增加了决策的复杂化和不确定性。因此，探索规范可行的档案资政工作模式势在必行。档案"大资政"工作模式正是对时代需求和现实需要的切实高效回应。档案"大资政"工作模式是未来档案资政服务的发展方向和趋势，是对传统档案资政工作模式的蝶变与跃升，深入挖掘档案资源以为政府决策服务，能够更为充分地发挥档案资政襄政的功能。在厘清档案"大资政"工作模式的出场逻辑和科学内涵的基础上，要明确档案"大资政"工作模式的实践要求，将其纳入档案工作体系中，充分、有力发挥档案资政襄政作用。成都市档案馆作为档案"大资政"工作模式的提出者和践行者，有着丰富经验，可为档案"大资政"工作模式的推广和应用提供参考和借鉴。

首先，转变思想观念，把握资政使命。在理念上深化，深刻认识档案工作的重要地位和独特作用，以习近平新时代中国特色社会主义思想为指导，深入贯彻习近平总书记对档案工作重要指示批示精神，自觉担负起档案部门作为政治机关服务大局、守正创新的行动自觉，积极发挥档案存史资政育人的重要作用。始终将服务中心大局摆在突出的位置，将档案资政服务纳入综合档案馆事业规划中。

其次，完善组织机制，保障档案资政。要高度重视档案资政参考报送工作，强化组织领导，明确责任与分工，加强工作指导和督促，完善岗位管理机制和绩效考核制度。同时，档案部门要进一步加强与党政部门及高校、科研机构、企业等的合作，开展资政工作交流，实现资源共享、优势互补，从而提升档案资政水平。

再次，运用先进技术，赋能数字资政。档案"大资政"工作模式要求档案资政成果不仅包括简报、编研成果等传统形式，也要有决策支持系统、智库等新型形式。因此，在生产过程中，要突破"简单加工"的定式思维，走出纸质环境空间，精准对接决策需求，运用信息技术实现档案资政成果形态多样化发展，由传统服务转向知识服务，借助数字技术更好支撑公共决策。

最后，推动成果转化，扩大资政影响。长期以来，档案资政大多更重视其成果的形成和评价，至于成果的转化和服务，很少有人问津。档案"大资政"工作模式要更为重视资政成果产出后续，推动成果转化，以扩大资政影响，在一次次开采中使资政成果不断提升和转化，推动全市地域文化研究向纵深发展。

以档为媒，凝心聚力，为档案工作蓄势赋能

——泸州市档案馆创新开展思想教育工作案例

【案例背景】

习近平总书记强调："坚持学思用贯通、知信行统一，把新时代中国特色社会主义思想转化为坚定理想、锤炼党性和指导实践、推动工作的强大力量，使全党始终保持统一的思想、坚定的意志、协调的行动、强大的战斗力，努力在以学铸魂、以学增智、以学正风、以学促干方面取得实实在在的成效。"在全党上下深入开展学习贯彻习近平新时代中国特色社会主义思想主题教育之际，泸州市档案馆认真贯彻落实习近平总书记对档案工作的重要指示批示精神，以档为媒，用档发声，创新开展思想教育工作，在寓教于乐中凝心聚力，为档案工作蓄势赋能，逐渐探索出一条利用档案开展思想教育工作的创新之路。

【案例描述】

2021年以来，泸州市档案馆立足本职工作，深挖馆藏档案资源，依托爱国主义教育基地建设，线上线下、多层次多角度开展思想教育工作，主要有以下三个方面：

一、唱好线下展览"重头戏"

紧紧围绕"举旗帜、聚民心、育新人、兴文化、展形象"目标，充分发挥爱国主义教育基地宣传教育作用，不断充实展陈内容、创新展示手段。在组织领导上，明确分管宣传编研工作的领导负责抓爱国主义教育基地建设，落实责任到科室、到人头，制订实施方案，逐条细化完成；在展陈内容上，严把政治关、史实关，先后策划举办了"不忘初心、牢记使命——泸州这片热土"档案文献展、"红色印记·初心如磐"档案文献展、"珍档拾贝"专题展、学习贯彻习近平新时代中国特色社会主义思想主题教育档案文献展等线下展览，做到"主题内涵挖掘充分，结构布局合理完整，展品组织有序得当"；在展陈方式上，运用电视、耳麦、声像等多媒体，增

强展览互动性；在队伍建设上，定期开展讲解技能拉练，选拔培养 6 名兼职讲解员，不断提升讲解理论水平和实操功底；在设施设备上，定期进行检查、更换，做到"建筑风貌整洁干净，功能区块布局合理"，2021 年获批为泸州市中共党史教育基地，连续两年在爱教基地测评中获"优秀"等次，目前正在申报创建泸州市干部教育培训基地。

二、唱好云端读档"压轴戏"

2022 年，围绕迎接和学习宣传党的二十大主题，泸州市档案馆以"6·9"国际档案日集中宣传周为契机，开展"云上读档·共颂辉煌"短视频征集活动，向全市各级机关企事业单位、各区县和社会公众广发征集令，共征集读档视频 50 余条，内容涵盖泸州红色历史、经济发展、科技创新、风土人文等方面，涉及书信布告、证件文件、口述采集、音视频等档案类型。在国际档案日期间，利用泸州广播电视台微信公众号、网端、直播泸州 App 等平台，集中开展短视频展播和"最美读档人"网络评选活动，收获网络投票 70 多万票，网络点击率达 100 余万次。参加全省"喜迎二十大·档案颂辉煌"千人读档云接力活动，首次携手长江黄河流域 20 家档案馆举办"礼赞二十大·江河奔腾千人读档"跨省区联动展播，15 个读档视频在学习强国、兰台之家等平台展播，5 名读档人获优秀读档视频奖，市档案馆获优秀组织奖，在全省市州中获奖最多，泸州档案文化品牌效应更加凸显。

三、唱好档案编研"连场戏"

习近平总书记指出，我们党的百年历史，就是一部不断推进马克思主义中国化的历史，就是一部不断推进理论创新、进行理论创造的历史。中国共产党百年历史过程中，形成了海量的珍贵档案资料。档案部门的一大重要使命就是通过解密档案、课题研究、拍摄专题片等多种方式，引导人们从党史中寻找理论滋养、精神支柱，在学史中鼓舞斗志、明确方向，坚定信念、凝聚力量。

市档案馆立足馆藏档案资源，充分挖掘馆藏党史档案资料，先后出版《红色印记——泸州革命斗争要览》《朱德与泸州》《朱德在泸轶诗探寻》等图书，完成《红色四川（泸州篇）》《成渝地区双城经济圈城市概览（泸州篇）》等编纂任务，其中《浴火重生感恩奋进——"9·16"泸县地震抗震救灾暨灾后重建影像纪实》，由市委书记作序、有 6 位市领导任编委会成员。拍摄《泸州档案见证：朱德对革命理想的追寻》

等专题片（微视频）17 部。《泸纳军团军事政治学校大纲（1927 年）》《泸顺起义中刘伯承到达泸州颁布的第一份布告（1927 年）》《王诚意日记（1924—1925 年）》等 3 份档案入选川渝地区档案馆馆藏红色珍档名录库。组织参加国、省档案部门庆祝建党 100 周年系列活动，获"印记 100"——川渝地区档案馆建党百年档案宣传系列活动优秀奖，1 篇入选《四川档案》杂志庆祝建党 100 周年专刊。连续 3 年国际档案日主题征文获全国优秀奖，市档案馆获国家档案局优秀组织奖。全市开发档案文化产品 11 部、51.8 万余字。

【案例分析】

泸州市档案馆抓好爱国主义教育基地建设，创新开展思想教育工作主要有三个方面的特点：

一、发声频率上同频共振

对泸州的重大事件、重要活动，市档案馆第一时间介入，指导做好档案收集整理归档工作，并结合工作需要，通过线下展览、云端读档、编研开发等方式，透过档案直观再现市委带领全市人民攻坚克难、开拓进取、锐意改革、砥砺前行的奋斗历程，让那些曲折艰苦的奋斗足迹、可歌可泣的英雄人物、彪炳史册的精神财富、令人瞩目的发展成就，再次绽放光芒、浸润人心，激发爱党爱国爱家乡的热情。

二、宣传手段上形式多样

不拘泥于传统载体，敢于打破资源壁垒和传统思维，与时间、空间赛跑，强强联合做宣传。一是做云端读档的弄潮儿。将爱教基地展示的珍贵档案搬出基地、搬上云端，通过各行各业人士参加读档，社会公众参与投票，积极推选优秀读档视频参加省上活动等方式，让档案从"私房菜"变为"百家饭"，飞入寻常百姓家。二是做酒城星空的点缀者。用档案元素点亮酒城星空，在泸州酒城乐园摩天轮上滚动播放彩灯标语，吸引市民驻足观看。三是做泸州记忆的讲述者。联合市诗书画院共同举办"泸州 40 正当红"照片档案展，用档案记录和展现泸州建市 40 年来的沧桑巨变和光荣瞬间。四是当合作共享的大赢家。联合市委党史研究室、市委网信办、市文化广电旅游局组织开展"奋进新征程档案谱新篇"短视频征集活动，对征集到的 120 余条短视频择优网上展示和投票，总点击量达 270 余万，其中已有 15 条短视频在人民日报新媒体平台、学习强国平台、省档案馆微信公众号展播。五是建开放共享的打卡地。举办档案馆"公众开放日"，开展"我心中的档案馆"打卡留影留言活动，邀请市民参观档案馆并参加档案知识问答。六是做公益宣传的志愿者。在市区公交车、出租车投放主题宣传广告，向全市手机用户发送公益短信。七是做档案形象的代言人。制作兰台宝宝 IP 形象卡通人偶，增强宣传趣味性和互动性，让档案形象更加鲜活有趣。

三、作用发挥上精准发力

持续扩大档案工作传播力和影响力，从机关企事业单位干部职工到全市人民，不断扩大思想教育受众范围。今年，以市委办公室名义印发了《关于成立泸州市"酒城兰台"专家智库的通知》，选聘 20 名国家级、省级档案专家人才作为首批智库成员，组织开展档案法治宣传"进机关、进学校、进企业、进镇村、进社区"活动，通过广泛开展宣传教育，让干部观众都能够学有标杆、干有目标、做有标准，奋力推动泸州档案工作高质量发展，为以中国式现代化引领新时代区域中心城市建设贡献档案力量。

【案例启示】

为更好地发挥档案工作存史资政育人的独特作用，泸州市档案馆积极"唱主角""当主演"，高站位谋划、高标准组织、高质量推进思想教育工作，利用档案讲好红色故事、发展故事、奋斗故事，让干部群众从档案里汲取养分、获得启迪、重温初心、振奋精神。

首先，挖掘档案资源，推动成果转化是基础。档案资源是实现档案工作价值的基础和前提，要全面加强档案资源体系建设，深度聚焦馆藏档案资源，及时充实档案展览展出内容，精心编研档案书籍，开发特色档案文创产品，并围绕网络时代的热门热点，采取群众喜闻乐见的方式，适时组织开展群众性主题宣传教育，形成档案文化展示、档案宣传普及的合力，推动思想教育工作深入基层、深入群众、深入人心。

其次，办好档案展览，转变思维方式是关键。爱国主义教育基地是最直观最立体的历史教科书，是进行爱国主义和革命传统教育、弘扬民族精神和时代精神的重要载体，要加强爱国主义教育基地建设，组织开展"公众开放日""假期研学活动"等形式多样的活动吸引观众前来参观。同时，要转变传统思维，创新线上线下展览方式，建设数字孪生"云上馆"，打破时间和空间的限制，引导更多观众足不出户云端读档，持续激发爱国热情、凝聚人民力量、弘扬民族精神、传承红色基因。

最后，弘扬档案文化，树立精品意识是根本。档案承载历史，档案见证发展，要充分发挥本地特有的生态资源、自然资源、红色资源等优势，结合档案特色文化，创新宣传教育形式和方法，把本地特色有机融入思想教育工作中，通过讲述档案背后的真实历史，讲好中国故事、红色故事，进一步弘扬以爱国主义为核心的民族精神，培育和践行社会主义核心价值观。

聚焦基层，深度赋能，在乡村振兴中焕发档案新生机

——内江市村级档案管理案例

【案例背景】

农业农村农民是关系国计民生的根本性问题，自 2005 年作出社会主义新农村建设部署，到 2017 年确立乡村振兴战略，党和国家始终高度重视解决好"三农"问题，科学有序推动乡村产业、人才、文化、生态和组织振兴，牵引农业农村现代化发展，全面实现农业强、农村美、农民富，将乡村打造为中国应对全球化挑战的"压舱石"。档案部门积极响应国家乡村振兴战略部署，围绕中心、服务大局，尽责履职、充分赋能，把"服务农业农村改革发展"摆在重要位置。随着村级档案管理中的收集不完整、保管不集中、处置不规范、工作长效机制缺乏等问题不断暴露，亟需强化推进村级档案的法治化、规范化、现代化管理，充分发挥村级档案在乡村振兴进程中的基础性、支撑性作用，以及村级档案管理在农村基层社会治理中的赋能性、保障性作用。

【案例描述】

为贯彻落实党中央、国务院关于乡村振兴重大战略部署，推进农村基层社会治理体系和治理能力现代化，自 2019 年起，国家档案局联合民政部先后在全国确定了两批 39 个地区，开展档案工作服务农村基层社会治理试点工作。四川省内江市作为第一批整体试点地区，试点范围涵盖全市 83 个乡镇（街道）、1927 个行政村（社区），于 2022 年 9 月成功通过验收，取得了显著的成绩。依托试点工作，内江全市乡镇、行政村建档比例达 100%，形成乡村振兴等方面档案 20.28 万余卷、47.9 万余件，并成功举办全国村级档案工作服务乡村振兴经验交流会，独具四川特色的"内江经验"在全国范围得到学习和推广。"十四五"期间，内江市主动融入和服务乡村振兴战略，以村级建制调整改革为契机，创新工作体制机制，聚焦"富、活、服"，实现全市村级建档工作"从无到有""从有到优"的转变。同时，积极挖掘村级档案的凭证价值

和记忆价值，致力于走好、走宽、走稳村级档案赋能乡村振兴的内江之路。

【案例分析】

四川省内江市村级建档工作按照国家档案局关于档案工作服务乡村振兴和档案工作服务农村基础社会治理的战略部署，加强顶层设计和统筹协调，根据乡村振兴战略中产业兴旺、生态宜居、乡风文明、治理有效、生活富裕的目标要求，立足档案治理体系、档案资源体系、档案利用体系和档案安全体系，以期促进村级档案资源可用、有用、易用、善用、妙用，实现村级档案对乡村振兴"治理强、资源富、利用活、安全稳"的赋能功效。

一、治理强：制度规范健全，监督机制有效

在档案治理体系中，内江市档案馆从制度规范、体制机制、业务监督等维度构建工作流程更加完善，方法手段更加健全，依法治档能力进一步增强的村级档案管理体系，确保村级档案管理执行有力、落地见效。

在制度规范层面，内江市档案馆在宏观层面着眼村级档案工作重点，牢牢把握乡村振兴战略背景下村级档案工作方向；微观层面以专题档案为锚点，以档案管理流程为依托，创新制定系列操作指南助力村级档案管理。一方面，宏观部署上，内江市档案馆灵活求变，编制了简单通俗、便于基层掌握运用的《档案工作服务乡村振兴战略工作手册》《内江市档案工作服务乡村振兴战略指导意见》，将试点工作扩展至全域推进，尤其编制了创新六则涵盖收集原则、收集方法、档案管理、归档时间、安全管理、档案与资料的《村级档案顺口溜》，被收录到四川省档案局印发的《兰台文苑》中，并在《四川档案》杂志上宣传推广。另一方面，微观管理上，内江市档案馆紧扣村级建制改革的关键点，配套制定《内江市村级建设调整改革村级档案移交处置配套措施》；针对脱贫攻坚档案的收集，联合扶贫部门印发了《内江市精准扶贫档案管理办法》《内江市精准扶贫档案整理细则》《内江市精准扶贫档案工作手册》等。同时，各行政村在内江市档案馆的指导下，因地制宜制定适合本村档案管理的规章制度，简化档案归档和整理业务流程，调整归档办法和保管期限表，方便日常工作的操作和执行。例如，威远县兴家村根据《村级档案馆管理办法》的内容要求，结合本村档案工作需求，创新制定了《威远县严陵镇兴家村档案管理制度》，内含"行政村档案室职责""行政村档案管理人员岗位职责""行政村档案保管与库房管理制度"等七项制度，同时根据该村现有档案类目，制定了《兴家村档案分类方案》《兴家村归档范围和保管期限表》等，进一步促进村级档案管理规范化、科学化、标准化，落实档案为村级工作和经济建设服务的宗旨。

在监督机制层面，内江市着力构建"市、县（市、区）、镇（街道）、村（场镇社区）"四级联动监督工作机制。即市档案局、市档案馆联动，认真履职、主动作为；县（市、区）档案局根据市档案局督导要求，组织所辖镇、村一体推进试点工作；镇（街道）组建"业务骨干队"；村级档案干部全力抓，负责落实村级档案细节工作。内江市档案馆将脱贫攻坚、乡村振兴、农村基层社会治理、村级建制调整改革作为服务党和国家、省委省政府中心大局工作的核心议题，自上而下层层强化指挥和监督。比如，在2018年东兴区"档案工作服务乡村振兴"试点工作中，内江市档案局专门成立试点建设项目跟踪督促指导工作组，结合《村级档案管理办法》贯彻实施情况，及时对试点建设进行跟踪指导。在村级档案治理体系建设中，内江市档案馆在村级档案赋能乡村振兴建设过程中紧密围绕中心、服务大局，科学谋划村级档案工作，不断加强部门间协同配合、齐抓共管，循序渐进、分类施策，强化"保基本、守底线"地位，统筹推进村级档案各项工作。

二、资源富：档案收集全域化，数字转型全覆盖

内江市档案馆从档案资源体系规划、档案资源收集范围、档案资源数字化转型等方面，着力构建覆盖面更加广泛、内容更加丰富、形式更加多样、结构更加优化的村级档案资源体系。

一是在档案资源体系规划层面，内江市档案馆制定村级建档目录指导清单，指导全市村级组织对照清单规划档案资源建设。2018年—2022年，内江市聚焦基层组织建设、村民自治管理、乡村依法治理、乡风民俗治理、社会民生保障治理、产业经济发展，入村开展实地调研，系统梳理形成473条符合内江实际的村务管理档案基本目录清单，形成扶贫档案、户籍档案、社保档案、健康档案等大量民生档案，全市村级档案资源得到有效拓展，有力提升村级档案服务能力。

二是在档案资源收集范围层面，内江市档案馆贯彻落实村级档案"全域化"收集和归档。内江市抓住"收"这个基础，指导各村在档案收集齐全、完整、有特色上下功夫，确保必须保存下来的村务管理档案都能安全地保存下来。截至2022年，内江全市681个撤销建制村已全面完成档案归档移交，1119个行政村全部建档。因地制宜，紧扣"五个振兴"，聚焦农业生产经营活动、农村城市化建设等方面，抓实户籍、农村社保、二轮土地延包、房屋产权、农村历史文化、民间艺术、村规民约

等专题档案的分类归档工作，形成涉及农村各方面档案 12 万余卷、24 万余件。以市中区尚腾新村为例，该村现有最早的档案可以追溯到 20 世纪 50 年代，同时档案类别丰富，有污水处理、危房改造、公路建设等在内的科技档案、扶贫档案、文化旅游档案、参保档案、土地确权档案等，此外照片档案、光盘档案、视频档案等数量也十分可观。在村级档案资源收集中，内江市档案馆并不局限于纸质文件，还包括与农业农村经济建设的多种实物档案，例如苏家乡已征集劳动用具、生活用具等实物档案 100 余件。

三是在档案资源数字化转型层面，内江市档案馆着力在夯实数字基础上下功夫，全力推行村级档案数字化全覆盖，促进村级档案工作数字化转型提速。截至 2022 年，东兴区杨岭村、诸古寺村已全面实施纸质档案数字化工作，杨岭村已整理 1987 年—2017 年文书档案 326 卷 3196 件，美丽乡村建设、村级公路建设等项目档案 11 卷、照片档案 2500 余张，并及时对利用率高的 204 卷 2.73 万页档案进行了数字化，扫描图像数据已全部挂接数字档案管理系统，实现了档案目录数据电子检索，进一步提高了查档效率，有效保护了档案实体。

三、利用活：地方文化特色明显，落实精准便民服务

内江市档案馆在村级档案赋能乡村振兴的利用体系建设主要集中于资源开发和利用服务两个层面，聚焦构建开放力度明显加大、共享程度显著提高、利用手段更加便捷的村级档案利用体系。

一方面，内江市档案馆通过打造具有内江地域文化特色、集村史展示与乡村文化旅游景点的多元化村级档案室，深度挖掘档案资源。有效利用档案助推文化和旅游融合发展，赋活村级档案资源开发与利用的同时，助推乡村产业结构升级和经济水平提升。譬如丈雪村打造了"丈雪农耕文化陈列室"；古宇村深入挖掘自身"美丽渔村"历史，打造出村级"鱼博物馆"；四方村结合自身特色，打造了集无花果文化馆、民俗博物馆、四方村村史馆、村文化陈列馆于一体的村史馆。

另一方面，内江市档案馆在利用服务层面，紧紧围绕"服"字着力盘活沉睡的档案资源。内江市档案馆打造了村级档案科学管理、便捷利用的档案管理平台，健全登记、管理、查阅等相关制度，在便民服务中心设置了档案查阅窗口，为档案工作助力乡村振兴提供了必要保障。内江市自 2018 年以来全市村级档案室平均每年为群众提供档案查阅利用服务超过 1 万人次，化解矛盾纠纷 2000 余件（次）。村民逐渐从被动的信息接收者变为主动的查档确权者，所涉及的事务包括退役军人的补贴

政策落实、离职干部的生活补贴、刑事案件的辅助侦破等，村民更加接近档案、更加靠近真相。

四、安全稳：做好日常安全保障，稳步推进"双套"存档

内江市档案馆通过村级档案室建设、数字档案资源管理等维度，不断推动档案安全管理制度和工作机制健全完善。

在村级档案室建设方面上，内江市档案馆突出村级档案室的安全性和便民性。一是加强村级档案室规范化建设。落实档案保管利用硬件需求，设立专用档案柜和档案库房集中管理档案，配备"八防"设施设备，最大限度改善档案保管条件。二是健全和完善各项档案管理制度，坚持按制度管档。各行政村在做好平时立卷归档的同时，及时清整历史遗存档案，杜绝各种将档案据为己有和借各种理由拒不归档的行为，避免在村"两委"换届选举、行政村隶属关系调整等特殊时期出现档案随意处置、档案散失等违法违纪行为。三是建立档案安全防范机制，做好日常档案安全检查，定期进行风险隐患排查，确保档案安全。

在数字档案资源管理维度上，内江市推进村级重要档案数字化工作，逐步实现村级档案目录及全文数字化管理。其中经济基础薄弱的村级档案室采用纸质目录检索；经济基础相对较好的村级档案室采用档案管理应用软件进行著录和管理；目前，东兴区杨岭村、丈雪村已全面完成纸质档案数字化工作。截至2023年，共数字化处理档案305卷43572页，镇、村可同步利用档案，初步实现村级档案资源共享。

【案例启示】

推进完善村级档案管理的长效机制，推动农村基层档案工作实现上下联动、科学运转，进一步激活村级档案赋能乡村振兴的强大能量，成为当下各地区村级档案工作中亟需解决的难题和要题。内江市充分认识到村级档案对于实施乡村振兴战略的服务作用，进一步加强村级档案资源的收集、管理和运用，健全内江村级档案管理机制，在正视难点问题、总结试点经验、创新体制机制和丰富内容形式的过程中形成一系列独具内江特色的村级档案管理特色经验，充分发挥了村级档案赋能乡村振兴的积极作用。

首先，完善组织领导机制，扎实推进村级档案工作。在村级档案工作推进过程中，需要健全区、街镇、村三级档案工作管理网络，各级档案部门各负其责，形成上下联动、协同推进档案工作的良好局面。结合内江市的"市、县（市、区）、镇

（街道）、村（场镇社区）"四级联动监督工作机制，需要保证市档案局和县（市、区）档案局统筹村级档案工作安排，组织推进各项工作任务，对村级档案工作实行全过程的监督指导，推动各项工作扎实开展。在乡镇层面，落实乡镇对村级档案工作的指导责任，发挥其与行政村之间的桥梁作用，组织开展村级档案规范化工作；在村级层面，由指派专人兼职负责档案工作，保证了档案工作有干部抓，有专人管，布置的各项任务得以有效落实。

其次，建立长效工作机制，提高档案工作的服务能力。村级档案内容丰富，与农村群众生产生活息息相关，在村级档案工作中，需要把档案用得方便、用得放心作为目标，着力在档案的"收—管—用"上下功夫，加强业务指导，不断规范工作。一是要落实好《村级档案管理办法》，对各项农村基层社会治理活动做到基本"留痕"，制定村级档案资源目录，贯彻落实"有收全收，长久存收"，保证"该留的材料都能留下来"，提高村级档案资源建设实效；二是抓住"管"这个关键，确保村级档案管得安全，用得放心，不断推动纸质档案数字化进程。同时，持续加大对档案工作的资金支持，配置基础设施设备，为实现村级档案信息化管理打下坚实基础；三是抓住"用"这个目标，加强档案基础业务建设，为方便快捷地利用档案创造条件，确保档案用得方便、用出实惠。

最后，强化业务培训，持续稳固村级建档工作成果。村级档案培训是快速扩大村级建档工作的"金钥匙"，也是检验村级建档效果的"试金石"。针对当前村级建档工作中，部分行政村主动参与培训的意识较弱，统一召集培训较难；培训内容过于局限，技能实操频次较少等问题，需要"以奖励带动培训、以奖励检验培训、以奖励扩大培训"。一是以"奖励带动培训"主要是指在乡镇培训时，借助签到机制对学习时长达标、学习效果较好的干部给予荣誉奖励，折合进各项评优工作中，保证参与人数和学习时长；二是以"奖励检验培训"主要是在培训后积极开展档案管理技能大赛、档案实操技能比拼等竞技活动，召集各村的村干部组队参加比赛，根据比赛成绩评出等级，并颁发荣誉；三是"以奖励扩大培训"即组织在比赛中得奖的村级档案管理人员到名次较落后的村分享工作心得，指导档案整理工作。如此，既能调动各村参与村级档案培训的积极性，又能够扩大村级档案管理规范化和专业化培训的覆盖面。

守护历史，延续记忆，让老档案在新时代"活"起来

——阿坝州国家重点档案抢救与保护典型案例

国家重点档案，是指由各级国家档案馆保存，在中国各个历史时期形成的，在政治、军事、经济、科学、技术、文化、宗教等方面具有重要的研究和利用价值，国家需要永久保存的珍贵档案。档案是历史的真实记录，在其范畴之内的国家重点档案更是珍贵的档案文献遗产。对国家重点档案进行系统性保护与开发，是统筹推进新时代档案利用体系和档案安全体系建设，确保国家档案资源真实完整的应有之义，对于服务中心大局、维护国家利益、赓续红色血脉、坚定文化自信、构筑民族记忆共同体等具有不可替代的重要作用。

【案例背景】

20世纪80年代，国家档案局提出实施国家重点档案抢救保护工程，全国各级档案部门迅速行动，纷纷开展重点档案抢救保护工作。自国家档案局于2006年正式启动"国家重点档案抢救工程"以来，中央财政每年投入经费近亿元，用于支持国家重点档案抢救、保护。此后，国家不断加大对重点档案抢救与保护工作的重视程度，各级档案主管部门按照统筹规划、确保重点、分步实施、分级负责的原则，对处于濒危状态的国家重点档案进行优先抢救和保护。国家档案局先后印发《国家重点档案文件级目录数据验收办法（试行）》（档发〔2017〕2号）、《国家重点档案专项资金管理办法》（档发〔2017〕4号）、《国家重点档案保护与开发项目管理细则（试行）》（档发〔2017〕6号）、《区域性国家重点档案保护中心建设与管理办法》（档发〔2017〕10号）等，为统筹规划全国范围内的国家重点档案抢救保护、项目管理、资金使用等工作提供了基本制度遵循；《"十四五"全国档案事业发展规划》明确提出推进"国家重点档案保护与开发工程"建设，并对项目管理、区域保护中心、基础工作、档案保护开发四个方面指明了具体要求，充分凸显其之于新时代档案资源体系建设效能提升的关键作用；2021年11月，为认真贯彻《"十四五"全国档案事业发展规划》，统筹"十四五"期间国家重点档案保护与开发各项工作，国家档案局印发《"十四五"国家重点档案

保护与开发工程实施方案》，强调国家重点档案保护与开发工作应坚持科学统筹规划、社会效益优先、开发带动保护、守正创新结合的基本原则。总体而言，我国国家重点档案保护与开发工作呈现出良好发展态势，并迎来前所未有的发展机遇。

近年来，阿坝藏族羌族自治州（以下简称阿坝州）认真贯彻落实习近平总书记对档案工作的重要指示批示精神，按照国家档案局和四川省有关重点档案抢救保护的决策部署，不断加大国家重点档案的抢救保护力度，始终将做好此项工作作为重中之重来抓，如通过健全工作体制机制、制定抢救保护方案、加大资金投入等具体措施，一大批包括濒危状态在内的国家重点档案得到了及时的抢救修复和科学保护，对于四川省乃至全国其他地区的国家重点档案抢救与保护工作具有一定推广和借鉴意义。

【案例描述】

阿坝州档案馆成立于 1961 年 9 月，履行接收保管利用州级机关档案职能，是国家二级档案馆。馆藏档案涉及 115 个全宗，97391 卷、39323 件、照片 62970 张、录音录像带 1505 盘、磁带 1 盘、磁盘 6 盘、光盘 279 张。其中，保管中华人民共和国成立以前的档案 8 个全宗 8278 卷，以及反映本州政治、经济、文化、艺术、宗教等方面历史和社会发展概况的档案资料 20382 册，举办有"长征路上新阿坝"档案资料图片展、阿坝州"5·12"汶川特大地震展览等，是阿坝州州级安全保管档案基地和爱国主义教育基地。

阿坝州现有各类国家重点档案 13275 卷 / 件，其内容涵盖清代档案、民国档案、革命历史档案以及民族特色档案等，真实完整地记录、反映了阿坝州各个历史时期社会、政治、经济、文化等方面的情况，对于研究、还原阿坝地区社会发展、人文风俗具有极为珍贵的价值。由于档案形成年代久远，自然环境恶劣，在保管条件限制、存在人为破坏等因素综合影响下，部分档案在不同程度上存在损毁、霉变、字迹褪变等现象。鉴于此，阿坝州档案馆按照国家档案局"统筹规划、确保重点、立足当前、着眼长远"的要求，在摸清家底、制定专门方案的基础上对一大批国家重点档案进行及时抢救和安全保护，最大限度地延长其寿命，在重要档案文献遗产存续与开发、少数民族历史记忆保护与传承方面形成了独具特色的"阿坝经验"。

【案例分析】

运用实践调研、文献研究、网络调查等方法，在对阿坝州国家重点档案抢救与保护工作的整体概况进行梳理的基础上，可以将其工作经验与特色归纳为如下四个方面。

一、重领导，强保障，工作机制不断健全

近年来，阿坝州全面加强档案工作"四个体系"建设，档案治理效能渐趋提升、馆藏档案资源不断丰富、档案利用体系逐渐完善、档案安全保密体系建设稳步推进，将国家重点档案抢救与保护作为档案馆基础工作的重中之重。比如，根据《阿坝州档案馆"十四五"规划》部署要求，阿坝州档案馆将"持续推进重点档案抢救保护与开发"作为未来一段时期的主要工作任务之一。

以强化档案安全保护为导向，阿坝州各级综合档案馆均成立了国家重点档案保护与开发工作领导小组，将抢救保护工作纳入年度目标管理，建立完善了国家重点档案抢救管理办法、制度，有计划、有步骤地分期分批对国家重点档案进行抢救保护与开发，为工作开展提供了完善的制度保障。在积极争取国家档案局专项保护经费的同时，州级财政每年安排专项经费 50 万元，用于全州重点档案抢救保护。在项目实施过程中，阿坝州档案馆严格按照《国家重点档案保护与开发项目管理办法》和《国家重点档案抢救和保护补助费管理办法》及其实施细则进行管理验收，为项目如期、保质完成提供了有力的经费保障。通过努力，阿坝州逐步建立了一套领导机构健全、制度执行到位、经费保障有力的重点档案抢救与保护工作机制。

二、重实施，强硬件，工作方式更趋合理

抢救是档案安全保护的手段之一。国家重点档案抢救工作的根本目的在于将处于濒危状态的档案抢救好、保护好，最大限度地延长其寿命。阿坝州各级综合档案馆结合当地实际，在组织开展档案抢救工作的同时，不断探索尝试档案保护工作的创新举措，取得了良好成效。

申报档案文献遗产。立足于深耕馆藏珍贵档案资源，阿坝州各级综合档案馆积极组织申报档案文献遗产并获得丰硕成果。截至 2023 年 5 月，《四川省阿坝藏族羌族自治州茂县羌族刷勒日文献》（保管于茂县档案馆）于 2015 年入选第四批《中国档案文献遗产名录》；《清代卓克基、沃日等土司藏文档案》（保管于阿坝州档案馆）、《清代芦花等土司头人汉藏文档案》（保管于黑水县档案馆）、《明代洪武驿符》（保管于松潘县档案馆）等 4 件（组）档案入选第一批《四川省档案文献遗产名录》，入选数量占全省总数的 16.67%。其中，《四川省阿坝藏族羌族自治州茂县羌族刷勒日文献》

是羌族释比用于唱经、占卜等的图画经典，内容有祭祀、大葬、婚配、幸运、箭位、蛇神、驱邪、生肖、属相等，反映了羌族游牧、狩猎、农耕、婚丧嫁娶等社会生活内容，不仅是祭祀类的专门宗教文献，也是"羌族核心文化的独特载体"和"羌族的百科全书"，被称为羌族的"易经"。

图18 《四川省阿坝藏族羌族自治州茂县羌族刷勒日文献》

改善档案保管条件。阿坝州档案馆新馆按照《档案馆建筑设计规范》（JGJ 25—2010）、《档案馆建设标准》（建标103—2008）于2019年11月竣工验收。新建的档案馆由档案库房、对外服务用房、档案业务和技术用房、办公室用房等主要功能用房和附属用房及建筑设备组成；建筑面积1.2万平方米，占地面积2421平方米，包括地下室共15层，8～9层规划设计为数字档案馆专用，9～12层为档案库房，面积约3000平方米。此外，各县（市）在灾后恢复重建、西部档案馆建设项目实施过程中，均按标准新建了档案馆库、购置专业设施设备、设立档案特藏室，为重点档案安全保管保护提供了良好的硬件条件，避免了"边保护、边破损"情况的发生。

档案保护稳中有序。客观而言，阿坝州重点档案抢救保护呈现修复工艺要求高、保护数量大等难点，档案部门结合实际制定《重点档案抢救与保护工作计划》，在经费有限的情况下，优先对利用价值高、损毁程度大的重点档案进行抢救保护，确保工作有计划、按步骤推进。在数字转型的背景下，阿坝州积极推进馆藏重点档案数字化工作，清代档案、民国档案、藏文档案、照片档案、实物档案等重点档案数字化已达 80% 以上，并注重加强国家重点档案目录基础体系建设，建立案卷级、文件级目录数据库。2022 年，阿坝州档案馆对藏文土司档案等部分古籍志书档案和部分新中国成立后档案进行了全文数字化扫描，建立了目录数据库。

三、重人才，强队伍，工作水平持续提升

专业人才是顺利推进国家重点档案抢救和保护工作的智力支撑和必要条件。无论是传统的档案抢救修复、史料编纂，还是运用现代信息技术对档案进行数字化加工和开发利用，阿坝州各级综合档案馆均十分重视档案抢救保护专门人才的培养，在专业技术人员严重匮乏的情况下，有计划、有安排地将熟悉馆藏、具有良好业务素质的干部安排在档案编研、数字化加工、抢救修复等岗位锻炼，并选派干部外出培训学习，参加业务交流，使干部在技术技能方面得到提高。近年来，阿坝州档案馆通过公开招考、遴选、考调等方式，引进人才 10 名，极大充实了档案人才队伍。在专业人才的带动下，在抢救保护项目实施过程中，阿坝州档案馆培养带动了一批责任心强、水平能力足、熟悉工作流程的档案抢救保护工作人才，为国家重点档案抢救和保护工作开展提供了智力保障。

四、重保护，强开发，工作成果亮点纷呈

保护、开发、利用好馆藏重点档案资源，深挖其价值，使之更好地服务于阿坝经济社会发展，是阿坝州重点档案抢救保护工作始终遵从的基本理念。

一方面，阿坝州档案馆严格执行《国家重点档案保护与开发项目管理办法》，通过高清数字化扫描、仿真复制、建立完善重点档案数据库等方式，切实减少档案原件翻阅次数，在最大程度上还原档案历史面貌的同时加强对档案原件的保护。近年来通过努力，阿坝州已有 8765 卷 / 件重点档案得到了有效抢救保护。2022 年，阿坝州档案馆深入开展国家重点档案（第二批馆藏古籍志书）的抢救和保护工作，重点对四册的古籍志书《道光〈茂州志〉》进行全文数字化扫描和消毒、除尘、杀菌、清洁、修复、装帧、加固等古籍修复及高仿复制、出版。另一方面，阿坝州档案馆积极组织实施《羌族〈刷勒日〉图经研究》《阿坝州嘉绒藏族土司档案整理与研究》《古籍志书抢救保护》等一批学术价值高、社会影响大的重点档案抢救与保护项目，整理编辑《羌族刷勒日初释》《羌族刷勒日图经研究》《嘉绒藏族土司档案选译（1～5 册）》《理番厅志》《同治〈理番厅志〉》（一套六册）《兰台珍档——阿坝州馆藏档案集萃》《红军长征在阿坝期间党的重要会议档案汇编》《留在抚边的红色记忆》等一系列高质量编研成果，进一步扩大了珍贵档案文献遗产的影响力，为专家学者研究阿坝人文历史、钻研红色文化等方面提供了重要借鉴。

图 19 "走近国家级档案文献遗产——羌族《刷勒日》"丛书

【案例启示】

加强新时代重点档案的系统性抢救、保护与开发，是各级综合档案馆深入贯彻落实习近平总书记对档案工作重要指示批示精神，聚焦"为党管档、为国守史、为民服务"职责使命，基于档案工作"四大体系"建设推动实现档案事业高质量发展的现实要义。四川省各级综合档案馆应坚定文化自信，本着对历史负责、对人民负责的态度，从传承国家民族记忆的高度出发加强国家重点档案的抢救与保护工作，助力构建濒危活态档案文献遗产体系，讲好新时代档案文献遗产保护的"四川故事"。

首先，加强区域空间视野下国家重点档案抢救保护的顶层设计，理顺体制机制，促进四川档案文献遗产保护由"单点管理"走向"多元跨域协同"。在国家重点档案抢救保护、技术研究、人才培养等方面，四川省各级综合档案馆除积极推动与古籍保护、文物保护等机构展开跨行业合作交流外，还应围绕珍贵档案文献遗产保护性开发与创造性转化，与省内外档案文献部门、文化遗产组织、学术科研机构等加强紧密协作，厚植多方力量协同优势，最大程度地降低因基层档案部门人员稀缺、专业保护人才匮乏等对顺利推进重点档案抢救、保护工作而带来的不良影响。

其次，聚焦新时代治蜀兴川总体布局，加强档案资源整合、整理编研和叙事开发，实现档案文献遗产从被动"抢救保护"向主动"阐释利用"转变。当前，四川省各级综合档案馆馆藏国家重点档案抢救工作几近尾声，但以濒危重点档案抢救保护为基础的后续开发利用工作更值得重视，这是其价值得以充分实现的必要前提。在此方面，阿坝州档案馆以品牌化、项目制建设为导向，对于入选名录的《四川省阿坝藏族羌族自治州茂县羌族刷勒日文献》《清代卓克基、沃日等土司藏文档案》等珍贵档案文献遗产予以深度开发及成果转化，并取得卓著成效。按照《"十四五"国家重点档案保护与开发工程实施方案》，四川省各级综合档案馆在今后应重点加强如下方面的工作：一是对列入中国档案文献遗产名录的档案（如《四川省凉山彝族自治州毕摩文献》《明万历年间泸定土司藏商合约档案》等）有针对性地开展预防性保护，并借助网络、新媒体平台等进行广域化传播；二是创新档案资源开发利用模式，积极推动国家重点档案开发由单一成果类型向多层次、多形式、系列化成果转型，努力将档案编研开发成果引入领导决策、学术研究、大众视野之中；三是充分挖掘少数民族特色档案文献，对反映党的民族政策的档案进行重点保护与开发，充分反映在党的民族政策引领下四川民族地区跨越发展的历史性成就，利用档案资源大力培育中华民族共同体意识。

再次，深化政策、资金、人才等多重保障，以国家重点档案抢救性保护与创造性开发为抓手，力促新时代四川档案安全体系建设总体效能稳步提升。聚焦国家重点档案抢救、保护与开发，四川省各级综合档案馆可以围绕宣传贯彻党的二十大精神阐释党的百年奋斗重大成就和历史经验、中国档案文献遗产宣传推介、少数民族历史档案和对外交流合作等，积极申报国家档案局"国家重点档案保护与开发工程项目"，努力拓展资金来源渠道，用以支持本地区国家重点档案保护与开发工作。此外，四川省各级综合档案馆也应持续加强档案抢救保护技术交流与培训力度，注重开展小规模、精准化的技能培训，逐步夯实档案抢救保护技能型人才队伍建设根基，整体提升国家重点档案保护技术水平。

助力中国航空经济之都建设，
高标准创建全国示范数字档案馆

——成都市双流区档案馆创建全国示范数字档案馆案例

【案例背景】

数字档案馆作为现代新型档案馆，是大数据时代档案馆的发展方向，也是"互联网＋政务服务"体系的有机融合。近年来，成都市双流区档案馆认真贯彻落实国家档案局《数字档案馆建设指南》《全国档案事业发展"十三五"规划纲要》精神，抓好档案信息资源数字化、信息管理标准化、信息服务网络化、数据存储安全化建设。在建设全省数字档案馆示范单位基础上，高标准创建全国示范数字档案馆，于2019年11月被国家档案局正式批准为"全国示范数字档案馆"。

【案例描述】

一、建设过程

双流区档案馆在数字档案馆建设过程中，得到国家、省、市局（馆）领导的大力支持，各级领导多次莅临双流检查指导工作。双流区委、区政府高度重视数字档案馆建设，将数字档案馆纳入"智慧双流"统筹建设，与电子政务同部署、同推进。2011年原双流县政府印发《双流县档案馆信息化建设实施方案》，把"档案信息系统建设"写入《数字双流规划——双流县信息化建设总体规划》；2012年《关于加快双流档案馆数字化建设的提案》报原双流县政协；2014年《中共双流县委关于贯彻落实党的十八届三中全会精神全面深化改革的决定》提出"搭建综合性文化服务平台，加快数字档案馆建设"；2016年，数字档案馆建设列入省"十三五"规划，2016年成都市档案局印发《成都市档案事业发展"十三五"规划》，对全面建设数字档案馆做出了具体部署。2018年双流区委、区政府印发《双流区创建"全国示范数字档案馆"工作实施方案》，成立由区委主要领导任组长、区政府主要领导任常务副组长的创建工作领导小组，协调解决创建中的困难和问题，为数字档案馆建设打下坚实基础、提供有力保障。

二、建设目标

双流区档案馆在信息化建设初期，多次组织业务骨干考察学习先进地区经验，召开研讨会、交流会和推进会，确保各项工作高质量推进。2018 年，以区委、区政府启动对标管理模式为契机，对标浙江省海宁市、上海市徐汇区，转变思想、自加压力，确定 2019 年创建"全国示范数字档案馆"的目标，半年内完成创建全国示范数字档案馆项目的论证、立项、规划，项目总投资 797 万元，制定具体实施方案，任务逐项分解，责任到人，狠抓落实，使创建工作扎实有序开展。

三、建设成效

经过不断努力，双流区数字档案馆构建起快捷高效的服务体系，实现了数字档案"为民服务、为民所用"的核心价值和最终目的。

数字档案快捷查阅利用。每位利用者办理查档登记时间平均不超过 5 分钟，档案目录检索响应时间不超过 5 秒，全文信息检索响应时间不超过 20 秒。目前，各类查询已经突破 1.5 万人次，数字档案使用比例逐年提高。

数字档案一体化共享利用。双流区数字档案馆已融入四川省民生档案异地查档跨馆服务机制，接入成都市档案信息资源共享平台。依托双流区政务网建立馆室一体化信息资源整合平台，把区档案馆与全区各立档单位档案室连接起来，实现馆室之间电子文件和数字档案的有效衔接和共享利用。

数字档案多元化利用。双流区档案馆网站作为电子政务的重要组成部分和档案信息资源的有效发布平台，可以面向社会展示宣传档案文化、档案资讯交流互动、信息资源服务利用。一楼档案查询大厅设置触摸屏查询一体机和电子阅览室，提供开放档案、民生档案自助查询。

【案例分析】

成都市双流区档案馆为创建全国示范数字档案馆多措并举，在信息化基础设施建设、数字档案资源建设、管理制度标准建设等方面取得重大成效。

一、档案信息化软硬件建设

双流区财政局每年将信息化建设专项资金和设备运行维护经费纳入年初预算，

确保资金到位，2011 年—2021 年区财政预算共计 2633 万余元用于此项建设工作。其中信息化基础设施设备经费 1233 万余元，档案整理、数字化加工经费 1400 万余元。为双流区档案馆科学规划、扎实推进打牢坚实的经济基础。

扎实推进信息化基础设施建设。一是加强中心机房建设。按照 B 级机房要求建设，在原有机房的基础上拓展到 100 平方米，UPS 配电间、主机房和主控室分区设置，空间相互独立。配置七氟丙烷分区灭火系统、双路供电系统、UPS 不间断电源、精密空调、一体化门禁、视频监控系统、环境参数集中控制系统和综合网管平台，为中心机房安全提供有力保障。二是库房的信息化改造。改造智能密集架、恒温恒湿自动控制系统、一体化门禁安防系统等。三是升级数字化加工用房。配备数字化专用电脑、扫描仪、打印复印一体等，在局域网上开发档案数字化专用平台，安装一体化门禁安防系统和视频监控系统等。

增配数字档案馆核心数据管理设备。为满足数字档案馆系统业务需求，共配备 7 台联想 SR860 服务器。其中局域网的馆内应用系统和政务网的馆室应用系统用曙光虚拟化技术分别部署 3 台服务器，互联网部署 1 台服务器。配备磁盘阵列 3 台和备份一体机 2 台，存储空间达 14T，按近 5 年数据增量加权计算，磁盘阵列冗余可满足至少 20 年数据增长需求。此外，还配备了专业离线备份硬盘、磁带等离线存储设备，满足馆内、省内和省外 3 套全数据备份要求。

搭建完备数字档案馆应用系统。双流区档案馆数字档案馆主要部署有 3 个应用系统。在局域网建立由档案综合管理系统、档案查阅利用系统、电子阅览室系统、触摸屏语音查询系统组成的馆内应用系统；在政务网建立由电子文件中心系统、数字档案室系统、资源共享平台组成的馆室应用系统，目前全区所有立档单位全部纳入馆室应用系统管理；在互联网建立由档案馆网站、互联网采集系统、广播电视资源自动收录系统组成的外网应用系统。馆内应用系统与 RFID 智能档案管理系统相对接，完成调卷、出入库登记、档案位置指示、保管状况描述等辅助实体档案管理。通过数字档案馆各应用系统实现档案接收、管理、保存、利用的全生命周期管理。

构建数字档案馆安全保障体系。一是独立的网络构架。局域网、政务网和互联网相独立，三网完全物理隔离，数字档案馆系统通过了信息安全等级保护二级等保测评。二是网络安全主动防御。配备网御星云防火墙、漏洞扫描、入侵检测、综合日志审计、上网行为管理、360 天擎防病毒软件、PDF 文件防扩散技术等网络安全设施，确保网络传输中的数据安全。三是数据容灾备份。采用本地数据存储与备份容灾一体化系统，制定备份策略，实现每日一次的数据增量备份、每月一次的全数据备份、每年一次的离线备份。离线备份数据分别在馆内、省内和省外三地同步保存。

二、档案数字资源建设

双流档案新馆于 2011 年 1 月投入使用。总建筑面积 14685 平方米，其中库房使用面积 4136 平方米，核定库房容量 100 万余卷。我馆现保存有各种门类档案 17 万余卷 700 万件 3562 万余页。从 1997 年启动机读目录的录入工作，2002 年在全区推广档案专用软件管理档案。2011 年搬迁新馆后，加快档案全文数字化步伐，多措并举开展数字资源建设。

存量数字化。双流区档案馆馆藏档案目录按照国家档案局《档案著录规则》等行业标准要求全部纳入档案综合管理系统。馆藏 17 万余卷案卷级条目和 700 万余件文件级条目完成全部数字化，馆藏档案全文数字化页数达 3562 万余页，数字化率为 97%，其中包含民国档案、农村房屋产权登记档案、下乡知青档案、录音档案、户籍档案、数据库档案等。馆藏照片档案 147 卷 9567 余张，录像档案 17 卷、录音档案 100 余件，已全部完成数字化，数字化率 100%。在存量数字化建设中，按照《纸质档案数字化技术规范》要求严格把控档案数字化质量。每批次档案扫描数据质量的检查，都使用机检和人工抽检相结合的方式，进一步提高和保障馆藏档案数据准确性、规范性和完整性。

增量电子化。建立《双流区电子档案移交和接收实施细则》《双流区档案馆 OA 办公系统电子公文在线归档工作制度》等规范性文件，指导各立档单位开展电子文件收集归档工作。与区政府办积极协作，实现数字档案室系统与区政务 OA 办公系统无缝对接，打通电子档案接收进馆通道，已完成 11 家立档单位 764 件原生电子档案和 4.9 万余件数字化成果在线接收，并通过 CA 认证，形成合法有效的电子签章和相应的数字证书。同时积极探索数码照片、数字音视频等原生电子档案的单套制移交，在全区下发《数码照片、数字音视频归档指南》，累计归档整理数码照片、数字音视频档案 2000 余件，单套制接收 400 余件，拓展了数字资源收集渠道，保证了原生电子档案的元数据要素齐全，提高了电子档案的利用质量。

管理规范化。安全是档案工作的生命线，更是数字档案馆建设的重中之重，双流区档案馆严格按照信息安全工作的要求，打牢"思想底线"，巩固"安全防线"，严控"事故红线"，确保数字档案馆建设和运行安全。分别印发《成都市双流区档案馆中心机房管理制度》《成都市双流区档案馆数字档案馆安全管理制度》等 10 余项数字档案馆相关制度和成立数字档案馆运维工作小组。每年在全馆开展网络信息安全保密培训，构筑"为党管档，为国守史，为民服务"的安全防线；全馆人员签订安全保密协议，实行责任倒查，防止失泄密事件发生。

【案例启示】

《"十四五"全国档案事业发展规划》中提出，"加速数字档案馆（室）建设"。近年来，数字档案馆建设成为各级档案馆的重要建设方向。目前四川省双流区数字档案馆在硬件设备、软件系统、数字档案资源等方面均取得了一定的成绩，获得了长足的进步，也为其他地区开展数字档案馆建设提供了经验启示。

一方面，建立健全组织机制保障。只有明确管理机制和健全组织保障，才能改变数字档案馆建设以往的自下而上摸索、各自为政实施、零打碎敲建设、重复性投入造成浪费等情况，做到全国统一规划，自上而下实施，以中央投入带动地方投入，均衡发展、广泛受益，开辟数字档案馆健康发展的新局面。具体来说，就是在统一规划的基础上，统一档案管理软件，统一数据文件格式，统一技术标准，统一工作规范，纠正"各自为政"的现象，坚持全局观念，解决馆室之间、馆与馆之间信息的互通交流问题，从而为实现档案信息资源共享，稳步推进数字档案馆建设进程做好前提准备。此外还要将数字档案馆建设作为单位信息化领导小组工作会议的常设议题之一，进行专项研究落实，明确具体负责人，各方齐抓共管，共同推进。

另一方面，全面做好人才保障工作。做好数字档案馆建设工作的关键在于建立一支专业化的人才队伍。因此，档案人才队伍建设是数字档案馆建设中不可忽视的保障工作。为此，档案部门应尽快建立起一支以管理型人才为基础，复合型人才为重点，高科技专门人才为骨干的档案干部队伍，以满足数字档案馆建设的需要。具体来说，一是认真做好现职人员的培训工作，分期分批地安排机关工作人员参加有关计算机技术、网络技术、数字化技术、信息管理技术和现代管理技术等知识的培训；二是积极开展多种形式的技术培训和技术交流，组织业务骨干参加档案部门组织的各种活动，经常组织机关干部外出参观学习，努力营造学习新技术和新知识的良好环境。总之，档案管理人员需要培养信息化思维能力，即善于用信息化思维分析和思考问题，善于用信息技术手段开展工作和解决问题，以便更好地适应数字档案馆管理工作，助力数字档案馆建设不断创新发展。

精准施策，物尽其用，
绘好昭觉脱贫攻坚档案管理新画卷
——凉山州昭觉县脱贫攻坚档案案例

【案例背景】

2018 年 2 月 11 日，习近平总书记在四川省凉山彝族自治州昭觉县考察调研时指出"我们搞社会主义，就是要让各族人民都过上幸福美好的生活。"2020 年 1 月 17 日，四川省政府发布《关于批准普格县等 7 个县退出贫困县的通知》，凉山州昭觉县贫困人口全部脱贫，脱贫人口错退率、贫困人口漏评率均低于 2%，群众认可度均高于 90%，村内建有标准中心校、达标卫生院和便民服务中心，公共服务和基础设施建设水平得到提升，稳定脱贫、可持续发展机制基本形成。2021 年 2 月 25 日，全国脱贫攻坚总结表彰大会中，凉山州昭觉县三岔河镇三河村被授予"全国脱贫攻坚楷模"荣誉称号，中共昭觉县委员会被表彰为"全国脱贫攻坚先进集体"。凉山州昭觉县不仅是四川脱贫攻坚战中最后的 7 个贫困县之一，也是全国脱贫攻坚任务最重的"三州三区"之一。为了顺利完成脱贫攻坚任务，昭觉县委、县政府聚焦聚力脱贫攻坚"头等大事"，以精准施策和靶向发力汇集攻坚力量进行挂牌作战、坚持补齐基础设施短板，使得多项惠民工作居全省前列、扫清脱贫奔康"拦路虎"，有效衔接乡村振兴，为阻断贫困代际传递作出重要贡献，向党和人民交了一份满意的答卷。在凉山深处"绣"美图，探索为脱贫致富不断造血的过程中，昭觉县也形成了大量珍贵的、具有重要价值的纪实档案，如"易地扶贫搬迁中'千户彝寨'集中安置点的分房情况""四川省渡改桥项目""火普村的特色养殖业和乡村旅游业"等脱贫攻坚档案。做好脱贫攻坚档案归档工作，不仅是昭觉县档案馆的一项重要政治任务，更为昭觉县留存脱贫攻坚记忆、巩固脱贫攻坚成果提供了重要价值凭证。

【案例描述】

昭觉县档案馆以习近平新时代中国特色社会主义思想为指导，深入学习贯彻习近平总书记对档案工作重要指示批示精神，把脱贫攻坚档案归集、整理、开发、利用等工作作为义不容辞的历史责任和时代使命，闻令而动、全力以赴，认真组织实施，全面完整保存了脱贫攻坚这一伟大历史时期的珍贵档案。

【案例分析】

一、建立责任机制，确保脱贫攻坚档案有人抓有人管

昭觉县将脱贫攻坚档案归档作为收官总结工作的重要内容，以坚强的领导力量统筹协调工作任务，确保各项工作按照既定节点扎实推进，通过业务培训锻造坚韧人才队伍，以严格监督形成精干督导力量。在突出责任导向方面，昭觉县主要从以下三个方向发力：一是完善档案管理工作机制，建立健全县级领导分工负责制度，县委副书记具体分管脱贫攻坚档案工作。建立局、馆联席会议制度，不定期召开会议，研究需局馆联动解决的重要问题和重要事项。建立重要情况互通制度，局馆印发的重要文件相互抄送，避免信息不对称。二是加强档案业务培训，组织开展县、乡、村三级脱贫攻坚档案业务培训，讲解脱贫攻坚档案归档注意相关事宜。强化档案管理主体责任，城乡各专责小组、各乡镇、各村明确一名档案分管领导和兼职档案员，确保脱贫攻坚档案工作有人抓有人管。三是严格督查问效，把脱贫攻坚档案归档工作检查纳入日常检查范围，对工作推进不力的进行全县通报。县委、县政府分管领导多次到场督导并敦促整改相关问题。

二、突出政治导向，确保脱贫攻坚档案应收尽收

昭觉县档案馆始终坚持档案工作姓党的政治属性，将脱贫攻坚档案归集作为第一要务。全县原47个乡镇、23个部门、191个行政村，累计完成文书档案2595盒（52573件）、实物档案8件、习近平总书记来昭视察照片23张，报道5篇，音频1条的归集工作。

一是在制度机制层面，按照《凉山州脱贫攻坚档案管理办法》《昭觉县脱贫攻坚档案工作实施方案》规定，明确脱贫攻坚档案整理标准、保管条件、信息化管理、移交等要求，全力做好脱贫攻坚档案"收、管、存、用"。县档案馆加强与县委农办、县乡村振兴局等部门对接，各乡镇、县级各部门按照《昭觉县脱贫攻坚档案工作实施方案》要求，制定时间、任务表，倒排工期，全力做好脱贫攻坚档案的收集、整理、保管和利用工作。

二是在组织机制层面，县乡村三级形成联动机制、齐抓共管，将精准扶贫档案工作与脱贫攻坚工作同步部署、同步实施、同步检查、同步验收，全方位渗透到脱贫攻坚，同步推进，不留死角。组建业务指导团队，保证脱贫攻坚档案工作专业指导力量，对脱贫攻坚档案业务工作开展质量评估，确保脱贫攻坚档案保质保量。

三是在资源配置层面，配备档案管理现代化设施设备，投入 200 万元解决接收脱贫攻坚档案装具、工作场所和经费等问题，确保把党和国家领导人对彝区人民群众的关怀、能够见证彝区沧桑巨变的文件材料的收集齐全、保管安全、利用便捷。

三、加大开发利用，确保脱贫攻坚档案物尽其用

脱贫攻坚档案记录了贫困地区脱贫攻坚的历史过程和实践经验，保留了宝贵的历史记忆，对于总结经验、回顾历程、评估成效具有重要价值。昭觉县在脱贫攻坚档案开发利用维度上，落实精准要求，下足绣花功夫，积极探索脱贫攻坚档案用处广泛、用到实处，主要体现在以下三方面：

一是紧密联系工作实际，积极落实省、州关于深入做好脱贫攻坚档案信息开发利用，依法依规开放脱贫攻坚档案信息资源，积极推进脱贫攻坚档案信息资源共享，广泛有效地为社会公众提供档案信息服务的相关要求。在注重档案信息安全、管用结合的基础上，紧紧围绕助力脱贫攻坚与乡村振兴有效衔接，努力在夯实脱贫攻坚档案信息开发利用基础上下功夫，让"死档案"变成"活资源"，不断提高档案工作围绕中心、服务大局的能力和水平。

二是在全县 68 个立档单位全面完成脱贫攻坚档案"双套制"移交的基础上，进一步整合档案资源，建立专题数据库进行管理，已基本满足现阶段利用需要。为今后搭建脱贫攻坚档案服务乡村振兴和为社会公众便捷查询服务的信息平台打下基础。适时开展扶贫大事记、扶贫文献汇编、扶贫年鉴、扶贫志书等编纂工作。

三是借助多种档案宣传平台，真实展现昭觉县脱贫攻坚的真实历程。积极发挥档案记忆构建作用，努力构建档案大宣传格局，让档案宣传成为全县宣传工作的重要组成部分，从档案里找故事，让档案活起来，提高档案宣传吸引力。

四、锚定安全方向，确保脱贫攻坚档案安全可靠

脱贫攻坚档案中包含大量的个人和家庭敏感信息，如收入情况、健康状况等。为了确保档案信息的保密性，防止信息泄露和滥用是维护个人隐私权益的基本要求。一方面，昭觉县持续完善档案馆库安全设施，保障脱贫攻坚档案实体安全。县档案

馆新馆于 2021 年 10 月建成投入使用，安装有消防气体灭火自动报警系统、安防监控报警系统、温湿度自控系统、广播系统、档案货载电梯、密集架、防磁柜、消毒柜等相应的档案保管专业设备。同时，昭觉县档案馆成立档案安全工作领导小组，对档案库房、档案保管保护设施实行专人管理，坚持每周开展一次库房安全巡查，健全档案保管、保护等规章制度，完善档案库房"十防"及档案安全应急预案，开展消防安全知识讲座，联合消防大队开展消防实战演练。另一方面，昭觉县积极维护脱贫攻坚档案信息安全，提高脱贫攻坚档案安全保密和外包服务监管。昭觉县档案馆健全并执行档案数据安全管理制度，制定数字档案馆应急预案，每年组织全县干部学习档案保密制度。确保档案信息资源公开共享安全，与数字化加工单位签订安全保密协议。同时，严格执行外部安全管理与应急管理制度，制定档案服务外包安全监管机制，组织人员定期对外包服务开展监督检查，辅以开展档案安全风险评估、隐患排查治理和应急处置演练。

【案例启示】

脱贫攻坚档案生动记录了党中央团结带领人民完成消除绝对贫困的历史任务、承载着迈向现代化进程中彪炳史册的时代印迹，为全面推进乡村振兴提供了坚实的资源支撑，需要在"收、管、存、用"上下足功夫，讲好新时代故事，有效赋能乡村振兴。

夯实组织架构，责任落实到位。脱贫攻坚作为全国性的重大政治任务，涉及范围之广、国家投资之大和脱贫人口之多前所未有。[1]脱贫攻坚档案涵盖法规政策性的文书档案、扶贫项目档案、扶贫资金档案、电子档案和照片档案等，类型丰富、数量繁多，需要建立严密高效的组织和协作体系，划定收集、整理、归档与管理过程中不同部门的职能分工，保障业务的全流程管控和责任的全方位落实。一方面，结合当地实际制定档案管理办法或实施细则，完善档案工作制度与流程，明确归档范围、整理方法、保管条件、利用程序、移交时限、鉴定销毁及信息化管理等要求，促使脱贫攻坚档案管理工作的各个环节都有法可依，有章可循；另一方面，确保组织领导机构健全，专职专业档案人员到位，落实"党委政府统一领导、档案部门监督指导、扶贫部门组织协调、相关单位各负其责"的工作机制，有效整合各类人才资源。同时坚持人才"引进来"和培训"走出去"，培养一批能够运用先进技术的人才，加

① 后开亮.脱贫攻坚档案管理问题和应对策略探讨［J］.档案管理，2022，No.257（04）：123–124.

强脱贫攻坚档案的信息化建设，实现脱贫攻坚档案的现代化管理。

优化开放利用，服务全面覆盖。脱贫攻坚档案是脱贫攻坚实践活动中产生的第一文献，具有收集和存贮功能、文化和记忆功能、资政和决策功能、教育和传播功能，需要广大档案工作者积极探索丰富多样的档案服务方式，利用数字化工具和信息化技术，切实发挥脱贫攻坚档案在乡村振兴中的价值功能。一是强化数字化和信息化建设。各级各类档案馆应当积极推动数字化工具和信息化技术在脱贫攻坚档案的收集、存储和利用过程中的应用，通过建立电子档案数据库和数字资源平台，实现脱贫攻坚档案的在线检索、共享和传播，为决策者、研究者和社会公众提供方便快捷的服务。同时，加强数据安全和隐私保护措施，确保档案信息的安全可靠；二是加强档案的整理和加工，应当积极组织对脱贫攻坚档案的整理和加工工作，提高档案的规范化和标准化水平，通过分类、编目、整理和鉴定等手段，确保脱贫攻坚档案的准确性和完整性，提供可靠的历史依据和参考资料；三是开展档案教育和宣传活动，提升公众对档案价值的认知和理解，通过举办档案展览、主题讲座和宣传活动，向社会传播脱贫攻坚档案的历史价值和实践经验。此外，还可以开展档案教育课程，培养和推广档案学科人才，提升档案馆的专业水平和服务质量。通过上述措施，档案馆可以充分发挥脱贫攻坚档案在乡村振兴中的价值功能，为乡村振兴实践活动提供全面的支持和服务。

紧跟时代潮流，数字转型加快。数字化转型、大数据和人工智能的应用以及拓展数字服务渠道将为脱贫攻坚档案带来更广阔的发展空间，并为乡村振兴工作的持续推进提供有力支持。一是积极推进数字化转型，将脱贫攻坚档案从纸质形式转变为数字化形式，建设数字档案管理系统和数据库，采用数字化扫描、计量、存储和管理乡村振兴档案，不仅可以提高档案的保存和检索效率，还方便用户在线访问和利用档案信息。二是借助大数据和人工智能技术，挖掘和分析脱贫攻坚档案中的有价值信息，发现脱贫攻坚的关键成功因素和经验，为未来的决策提供科学依据。此外，应加强与科研机构和技术企业的合作，利用人工智能技术实现档案整理和分类工作的自动化，提高工作效率和准确性。三是积极拓展数字服务渠道，提供多样化的数字化服务。

结 语

　　5年来，四川省各级综合档案馆坚持以习近平新时代中国特色社会主义思想为指导，深入学习贯彻习近平总书记对四川工作系列重要指示精神和对档案工作重要指示批示精神，全面贯彻落实党中央、国务院决策部署，对标对表新时代档案工作"四个好""两个服务"目标要求，积极履行档案工作职责，不断推进各项档案工作纵深发展，推动档案事业科学发展。四川省各级综合档案馆始终坚持"以历史为基石、以基层为抓手、以服务为导向"开展服务中心大局工作，充分发挥档案在其中的基础性、支撑性作用，为完成脱贫攻坚、全面建成小康社会的历史任务，迈步全面建设社会主义现代化国家新征程贡献档案力量。在档案治理、资源建设、档案利用、档案安全、科技与信息化建设、文化建设、人才队伍建设等方面，都取得了明显进步。

　　一是档案治理体系蕴涵善治、法治、共治要义，更加科学完善、协同高效，全面驱动档案馆工作转型发展、高质量发展。二是资源建设呈现"专题化、数字化、社会化、活态化"四化发展趋势。三是档案利用呈现"制度引领、特色突出、民生为本、塑造品牌"特点。四是在档案"安全制度、基础业务、保管条件、抢救修复、交流合作"方面成绩卓越。五是科技与信息化建设整体发展态势稳中向好。六是档案赋能文化建设成效显著。七是人才队伍建设不断深化。

　　综合档案馆事业发展是一个长期的、系统的工程，仍有许多困难和挑战需要解决。历史车轮滚滚向前，档案事业前进的脚步永不停歇。未来，四川省各级综合档案馆将深入学习贯彻习近平总书记对档案工作重要指示批示精神，进一步围绕中心、服务大局、聚焦主责主业，不断提升服务质量和效能，更好地满足人民群众需求，为四川省乃至全国档案事业发展贡献更多力量。

参考文献

一、著作

［1］冯惠玲.档案学概论［M］.北京：中国人民大学出版社，2023.

［2］加小双.档案资源社会化：档案资源结构的历史性变化［M］.杭州：浙江大学出版社，2019.

［3］徐拥军，等.非物质文化遗产档案管理体系研究［M］.北京：中国文史出版社，2017.

［4］徐拥军，等.数智时代档案治理体系建设研究［M］.武汉：武汉大学出版社，2023.

［5］徐拥军.档案记忆观的理论与实践［M］.北京：中国人民大学出版社，2017.

［6］闫静.1949 年至 1966 年的中国档案学：作为一门独立学科的创建［M］.北京：中国社会科学出版社，2021.

［7］中国人民大学档案事业发展研究中心.中国档案事业发展报告（2022）［M］.北京：中国人民大学出版社，2022.

二、期刊类

［1］"档案开放标准化体系研究"课题组.档案开放审核标准的制定与运用研究［J］.四川档案，2022（4）：42-43.

［2］贲道红.对档案安全体系建设的几点思考［J］.档案与建设，2010（9）：17-18.

［3］曹波.凝心聚力　乘势而上　开启档案事业高质量发展新征程［J］.四川档案，2021（6）：26-27.

［4］丁家友，方鸣，冯洁.论档案内容管理的理论体系与技术路径［J］.档案学研究，2020（1）：19-24.

［5］嘎拉森，徐拥军．档案治理体系的构成要素与实现路径［J］.档案学通讯，2022（6）：61-69.

［6］归吉官，邵晓瑜．新时代我国档案资政服务体系：基本认知、内容框架及结构模型［J］.档案管理，2023（1）：26-29.

［7］锅艳玲，司冬梅．京津冀民生档案整合研究［J］.档案天地，2023（7）：26-29.

［8］韩艳琴．乡村振兴战略视角下脱贫攻坚档案功能发挥探索［J］.兰台内外，2022（24）：38-40.

［9］胡仁浩．跨区域红色档案资源协作开发利用实践与研究——以川渝地区档案馆为例［J］.档案学研究，2023（2）：87-94.

［10］黄新荣，杨艺璇．从抗击新冠病毒肺炎疫情档案的收集看专题档案的建设——基于国内31个省级档案馆的网络调研［J］.档案与建设，2020（6）：4-9.

［11］江雪晴．统筹规划　协调推进　浦口档案信息化建设迈上新高地［J］.档案与建设，2019（11）：68-69.

［12］李孟秋．论档案叙事的发展演变：基于社群档案的分析［J］.浙江档案，2021（6）：23-26.

［13］李明华．当前档案安全应注意的几个问题［J］.中国档案，2018（2）：38-39.

［14］李世华．以数字化转型推动山东档案事业高质量发展［J］.中国档案，2021（12）：38-39.

［15］李扬，武力．从"十三五"到"十四五"看党的新发展理念实践与创新［J］.中共党史研究，2021（2）：5-13.

［16］李元．重点工程档案管理存在的问题及对策［J］.城建档案，2021（10）：56-57.

［17］梁健．新时代档案人才队伍现代化建设研究［J］.兰台内外，2023（12）：39-41.

［18］刘跃进．非传统的总体国家安全观［J］.国际安全研究，2014，32（6）：3-25+151.

［19］陆国强．全面贯彻落实党的二十大精神　奋力书写档案事业现代化和高质量发展新篇章——在全国档案局长馆长会议上的报告［J］.四川档案，2023（2）：5-13.

［20］陆国强．深入贯彻落实习近平总书记重要指示精神　全面提高档案工作质

量和服务水平——在全国档案局长馆长会议上的报告〔J〕.四川档案,2022（2）: 5-11.

〔21〕陆国强.新时代档案事业高质量发展的根本遵循〔J〕.档案学研究,2021(6): 4-5.

〔22〕罗倩,项敏刚.VR技术在档案展览中的应用〔J〕.北京档案,2020（2）: 29-31.

〔23〕毛国兰.新形势下关于档案信息化建设存在的问题及建议〔J〕.办公自动化, 2023（8）: 49-51.

〔24〕倪晓春.关于综合档案馆公共文化空间建设的思考〔J〕.档案学通讯, 2015（2）: 11-16.

〔25〕聂云霞.基于场域理论的档案馆文化生态位重构〔J〕.档案学研究,2023(2): 20-27.

〔26〕牛力,曾静怡.数字编研:一种全新的档案业务模式〔J〕.中国档案, 2022（1）: 70-71.

〔27〕濮寒梅.加强产业功能区档案管理　助推产业功能区能级提升〔J〕.未来 城市设计与运营,2022（4）: 34-37.

〔28〕任越,路璐.美国国家档案馆档案文化活动的特色分析及启示〔J〕.档案 学通讯,2020（4）: 96-102.

〔29〕沈阳市档案局.深化档案共享利用　升为民服务效能——沈阳市民生档案 跨馆利用取得阶段性成果〔J〕.中国档案,2023（5）: 42-43.

〔30〕四川省档案局.抢抓机遇　迎接挑战　聚焦关键　补齐短板——"十四五" 时期全力推进全省档案信息化体系建设〔J〕.四川档案,2021（2）: 18-20.

〔31〕王成.馆藏档案分级保护实现方式的研究〔J〕.北京档案,2011（2）: 22-24.

〔32〕王敏.兰州市融入黄河流域生态保护和高质量发展战略的对策建议〔J〕. 甘肃农业,2023（1）: 10-13.

〔33〕王向女,姚婧.长三角地区红色档案资源整合探析〔J〕.浙江档案,2020(2): 30-32.

〔34〕王英玮,杨千.总体国家安全观视角下《中华人民共和国档案法》的安全 理念〔J〕.档案学研究,2020（6）: 78-85.

〔35〕肖秋会,段斌斌,詹欣然,等.档案馆安全保障现状调查与评估——以武 汉市35个不同类型档案馆为例〔J〕.档案与建设,2018（4）: 9-13.

〔36〕肖秋会,詹欣然,段斌斌,等.基于层次分析法的档案馆安全保障评估指

标体系的构建［J］．档案与建设，2018（4）：4-8.

［37］徐拥军，嘎拉森．"三个走向"：从《"十四五"全国档案事业发展规划》看档案工作发展趋势［J］．图书情报知识，2021（6）：24-26.

［38］徐拥军，郭若涵．联合国教科文组织文献遗产政策及启示——基于"三步执行战略"方法论框架［J］．图书情报工作，2022（6）：15-25.

［39］徐拥军，龙家庆．我国电子文件长期保存格式标准优化策略研究——兼与英、美、加、澳的比较分析［J］．电子政务，2020（8）：113-124.

［40］徐拥军，熊文景．档案治理现代化：理论内涵、价值追求和实践路径［J］．档案学研究，2019（6）：12-18.

［41］徐拥军，张丹．北京奥运档案管理的"中国模式"［J］．图书情报知识，2022（3）：32-40.

［42］许丽．红色文化资源数字化保护与创新发展路径［J］．人民论坛，2021（1）：139-141.

［43］闫静，谢鹏鑫，张臻．新《档案法》背景下国家综合档案馆档案开放审核的挑战及对策［J］．北京档案，2022（7）：7-10.

［44］杨文，蒋纯纯．坚守档案安全底线　构筑档案安全防线——2021年我国档案安全体系建设发展报告［J］．中国档案，2022（4）：34-35.

［45］杨文，姚静．档案学科建设与人才培养的数字转型——基于图书情报与档案管理一级学科更名为信息资源管理的思考［J］．图书情报工作，2023（1）：99-107.

［46］游群风．透析档案编研的文化功能［J］．档案学通讯，2004（5）：61-63.

［47］张雪，张美芳．档案实体分级分类保护方法研究［J］．北京档案，2016（12）：31-32.

［48］张臻．中国涉密档案解密管理体系研究——基于双重生命周期理论的视角［J］．档案学通讯，2021（1）：96-99.

［49］郑捷．强基固本提质效　科学规划促转型——宜宾市档案馆积极推进数字档案馆建设［J］．四川档案，2022（4）：21.

［50］周耀林，姬荣伟．我国档案馆安全协同治理机制研究——巴西国家博物馆火灾后的思考［J］．档案学研究，2018（6）：44-51.

三、会议论文类

［1］周耀林，陶琴，孙洪鲁，等．档案安全保障现状与发展的研究报告［C］//

中国档案学会.回顾与展望——中国档案事业发展研究报告.2010：179-211.

四、报纸类

［1］官明.四川确保脱贫攻坚档案工作高质量按时收官［N］.2021-05-31（1）.

［2］胡启书.奋力谱写档案事业高质量发展新篇章　更好服务中心大局和人民群众［N］.中国档案报，2021-11-22（3）.

［3］李珂.提升档案信息化发展水平　实现远程利用社会共享——河南省数字档案馆建设概述［N］.中国档案报，2020-06-11（1）.

［4］李玉娥，赵诣.数字赋能档案治理体系和治理能力现代化［N］.中国档案报，2023-03-22（3）.

［5］陆跃帅.聚焦"收、管、用、督"四环节　加强档案工作闭环管理［N］.中国档案报，2023-04-17（3）.

［6］汪东.四川泸州档案信息化建设跑出"加速度"［N］.中国档案报，2023-05-04（2）.

［7］王琳婧.福建"数智档案"亮相第六届数字中国建设峰会［N］.中国档案报，2023-05-11（1）.

［8］王晓华.山东青岛市档案馆　馆藏实体档案分级保护工作取得进展［N］.中国档案报，2023-01-30（2）.

［9］王月."建设省档案馆新馆和数字档案馆（室）"列入四川省"十四五"规划纲要［N］.中国档案报，2021-05-27（1）.

［10］吴静红.山西太原市档案馆建立城市群档案工作合作交流机制［N］.中国档案报，2022-08-29（2）.

［11］徐拥军，嘎拉森.档案安全是国家安全的重要基石［N］.中国档案报，2022-11-07（3）.

［12］杨秀丽.四川泸县档案馆　持续推进民生档案数字化工作［N］.2023-04-10（2）.

［13］佚名.聚兰台英才合力　筑档案强国之基——全国档案系统"三支人才队伍"选拔工作侧记［N］.中国档案报，2023-01-09（1）.

五、电子资源类

［1］SAN.关注！全国第一张档案职业技能等级证书正式发布了［EB/OL］.

（2021-02-23）［2023-06-03］.https：//www.sohu.com/a/468013557_121123743.

［2］郭晓静.共用一张卡——川渝通办让办事有速度服务有温度［EB/OL］.（2022-12-30）［2023-07-23］.https：//www.cqrb.cn/content/2022-12-30/1330075_pc.html.

［3］靳凤林.弘扬中华民族家庭美德［EB/OL］.（2022-02-07）.［2023-05-23］.http：//theory.people.com.cn/GB/n1/2022/0207/c40531-32346545.html.

［4］寇敏芳.四川将建大熊猫光影档案中心［N/OL］.（2020-07-23）［2023-04-24］.http：//www.zgdazxw.com.cn/news/2020-07/23/content_308629.htm.

［5］崂山区档案馆.青岛市崂山区档案馆征集成果丰硕［N/OL］.（2022-10-12）［2023-04-24］.http：//www.zgdazxw.com.cn/news/2022-10/12/content_337087.htm.

［6］李晓东，周洪双.羌族现存唯一典籍《刷勒日》编撰出版［EB/OL］.（2021-09-08）［2023-05-20］.http：//www.xinhuanet.com/culturepro/20210908/2224a72eabd34cfb9246de658e096f22/c.html.

［7］陆国强.全面贯彻落实党的二十大精神　奋力书写档案事业现代化和高质量发展新篇章——在全国档案局长馆长会议上的报告［R/OL］.（2023-02-16）［2023-03-19］.https：//www.saac.gov.cn/daj/yaow/202302/edef53f544bb4eea8bfacd87fd8a223e.shtml.

［8］内江市档案局.内江市档案局收到群众致谢锦旗［EB/OL］.（2018-12-29）［2023-07-27］.http：//www.scsdaj.gov.cn/scda/default/infodetail.jsp?infoId=7cd6300089164376906d9f16ef4f8f36.

［9］全国人民代表大会常务委员会.中华人民共和国档案法［EB/OL］.（2020-06-20）［2023-05-20］.http：//www.npc.gov.cn/npc/c30834/202006/14a5f4f6452a420a97ccf2d3217f6292.shtml.

［10］山西省人民代表大会常务委员会.山西省档案管理条例［EB/OL］.（2023-04-12）［2023-04-27］.http：//www.sxpc.gov.cn/zyfb/zxfg/art/2023/art_d7d3ba3c41a249d2a1ed4f3ca30d315e.html.

［11］数字罗塞塔计划.在博物馆大火的数字藏品适合档案馆吗？［EB/OL］.（2022-08-23）［2023-04-25］.https：//www.sohu.com/a/573982277_121424855.

［12］四川档案.四川省档案馆"十四五"发展规划［EB/OL］.（2021-12-29）［2023-04-03］.http：//scsdaj.gov.cn/scda/default/infodetail.jsp?infoId=0ff4e0c6ad494146899eedce2e626848.

［13］四川档案.图解：四川省档案事业发展"十三五"规划［EB/OL］.（2016-10-25）［2023-04-01］.http：//scsdaj.gov.cn/scda/default/infodetail.jsp?infoId=f165b5ab0ac94b85a525674d9b48c320.

［14］四川日报.文化强省"强"在什么地方［N/OL］.（2019-05-07）［2023-04-24］.https：//www.sc.gov.cn/10462/12771/2019/5/7/67f2ce8d82a74e4ba109cd8d07cfd802.shtml.

［15］四川省档案馆."大熊猫档案管理规范的研究与运用"科技项目通过验收［N/OL］.（2019-07-11）［2023-05-30］.http：//www.zgdazxw.com.cn/news/2019-07/11/content_288023.htm.

［16］四川省档案局.查档"小窗口"服务"大民生"［EB/OL］.（2022-10-14）［2023-07-27］.http：//www.scsdaj.gov.cn/scda/default/infodetail.jsp?infoId=7da711bef36348d5b34024d65c074e01.

［17］新华社.中共中央　国务院关于实现巩固拓展脱贫攻坚成果同乡村振兴有效衔接的意见［EB/OL］.（2020-12-16）［2023-04-20］.http：//www.gov.cn/zhengce/2021-03/22/content_5594969.htm.

［18］新华社.中共中央　国务院印发《关于新时代加强和改进思想政治工作的意见》.［EB/OL］.（2021-07-12）［2023-04-19］.http：//www.gov.cn/zhengce/2021-07/12/content_5624392.htm.

［19］新华社.中共中央印发《关于深化人才发展体制机制改革的意见》［EB/OL］.（2016-03-21）［2023-05-13］.https：//www.gov.cn/xinwen/2016-03/21/content_5056113.htm.

［20］徐春艳.哈尔滨市档案馆召开党史学习教育总结会议［N/OL］.（2022-02-28）［2023-04-24］.http：//www.zgdazxw.com.cn/news/2022/02/28/content_330581.htm.

［21］袁巧娟，刘哲蒙.雅安市"三位一体"稳步推进国家级数字档案馆建设［EB/OL］.（2022-08-17）［2023-05-13］.http：//m.chinaarchives.cn/mobile/category/detail/id/39930.html.

［22］中华人民共和国国家档案局.国家档案馆档案开放办法［EB/OL］.（2022-07-01）［2023-07-23］.https：//www.saac.gov.cn/daj/xzfgk/202207/9dc96f7f635247c18ae1a9ec15c24dea.shtml.

［23］中华人民共和国国家档案局.国家档案局关于印发《国家重点档案专项资金管理办法》的通知［EB/OL］.（2017-05-19）［2022-04-25］.https：//www.saac.gov.

cn/daj/gfxwj/201910/19ac4cbd67b043e39c7db7e83bd98bd6/files/ccc0fd5f8dd2493a85415
0e76388194a.pdf.

［24］中华人民共和国国家档案局.全国档案查询利用服务平台正式上线
［EB/OL］.（2022-07-10）［2023-04-20］.http：//www.gov.cn/xinwen/2022-07/10/
content_5700302.htm.

［25］中华人民共和国国家档案局.四川省各市（州）积极推进数字档案馆建设
［EB/OL］.（2013-10-21）［2023-07-23］.https：//www.saac.gov.cn/daj/c100254/201310/
778373e632344b51b86d41ef5e4bcd6e.shtml.

［26］中华人民共和国国家档案局.中办国办印发《"十四五"全国档案事业
发展规划》［EB/OL］.（2021-06-09）［2022-05-25］.https：//www.saac.gov.cn/daj/
toutiao/202106/ecca2de5bce44a0eb55c890762868683.shtml.

［27］中华人民共和国国家档案局.中华人民共和国档案法实施条例（修订草案
征求意见稿）［EB/OL］.（2022-04-15）［2023-01-15］.https：//www.saac.gov.cn/daj/tz
gg/202204/4307b30717574518a9748923037211b7.shtml.

后　记

　　《四川省综合档案馆事业发展报告（2018—2022）》共 20 余万字，就 2018 年—2022 年四川省综合档案馆事业发展情况进行调查、分析、研究。这是全面系统地回顾、总结四川省综合档案馆事业发展取得的成就和面临的挑战，提出促进高质量发展的对策建议，为四川省综合档案馆事业发展提供系统指导。

　　四川省综合档案馆事业发展调查、分析、研究是一项系统工程，中国人民大学信息资源管理学院档案事业发展研究中心为本报告的诞生给予了大力支持，省档案馆各处（室）、各市（州）档案馆、各县（市、区）档案馆为本报告提供了丰富翔实的素材。在此，谨向为本书的编辑和出版付出辛勤劳动的同志表示衷心的感谢。

　　由于时间仓促，本报告难免存在疏漏和不尽如人意之处，恳请广大读者提出宝贵意见和建议，一起为推进档案事业现代化而努力！

2023 年 10 月